SCALALOGIA Band IX

SCALALOGIA

Schriften zur internationalen Treppenforschung
Band IX

Deutsches Zentrum für Handwerk und Denkmalpflege
Propstei Johannesberg, Fulda e.V.
Fulda 1999

Friedrich Mielke

Treppen der Gotik und Renaissance

Deutsches Zentrum für Handwerk und Denkmalpflege
Arbeitsstelle für Treppenforschung

Titelbild:
Mergentheim, Schloß, Nordtreppe, B. Berwart 1574
Durchmesser 4,95 m, Spindelauge 0,61 m, Laufbreite 1,87 m
Landesbildstelle Württemberg, Neg. Nr. 23532

Die Deutsche Bibliothek – CIP-Einheitsaufnahme

Treppen der Gotik und Renaissance / Friedrich Mielke. Deutsches
Zentrum für Handwerk und Denkmalpflege, Arbeitsstelle für
Treppenforschung. – Fulda : Dt. Zentrum für Handwerk und
Denkmalpflege Propstei Johannesberg, 1999
(Scalalogia ; Bd. 9)
ISBN 3-931991-22-9

1999
Deutsches Zentrum für Handwerk und Denkmalpflege
Propstei Johannesberg, 36041 Fulda
ISBN 3-931991-22-9

Druck:
Fuldacr Verlagsanstalt GmbH, Fulda

INHALT

Vorwort des Herausgebers	7
Vorwort des Autors	9
Einleitung	10
1. Position der Treppen im Gebäudegrundriß	14
2. Außentreppen und Freitreppen	28
3. Reittreppen und Reitrampen	42
4. Zwillingswendeltreppen	44
5. Geradarmige Treppen	52
6. Vermeidung gefährlich schmaler Auftrittflächen	56
7. Laufbreiten	62
8. Stufen	66
9. Handläufe	78
10. Treppengeländer	82
11. Dekorationen	102
12. Räume	116
13. Treppentürme	120
14. Verbesserung der Belichtung	126
15. Resumee	128
Anmerkungen	133
Literatur	136
Verzeichnis der Namen	140
Verzeichnis der Orte	142

Vorwort des Herausgebers

Die seit 1953 betriebenen Forschungen zur Scalalogie von Professor Dr.-Ing. Friedrich Mielke sind seit 1980 in der von ihm geleiteten »Arbeitsstelle für Treppenforschung« konzentriert. In fast fünf Jahrzehnten hat Friedrich Mielke, engagierter Denkmalpfleger, Architekt und Universitätsprofessor, in seiner Arbeitsstelle umfangreiches Wissen und einen reichen Bestand an Arbeitsmaterialien zusammengetragen sowie den Wissenschaftszweig der Scalalogie begründet. Ihre Aufgaben sind die Erforschung historischer Treppen und deren Verhältnis zum Individuum. Die Materialien der weltweit einzigen Arbeitsstelle für Treppenforschung, viele tausend Dokumentationen zu Treppen des In- und Auslandes, Fotomaterial – allein etwa 3000 Aufnahmen von Treppen –, eine umfangreiche Bibliothek mit Treppen-Fachliteratur, Zeichnungen, Modelle und plastische Geländerteile bilden einen einzigartigen Bestand, dessen Ertrag in zahlreichen Publikationen, Ausstellungen und Vorträgen seinen Niederschlag gefunden hat.

Der Band IX der SCALALOGIA-Buchreihe mit dem Titel »Treppen der Gotik und Renaissance« erscheint in Herausgeberschaft des Deutschen Zentrums für Handwerk und Denkmalpflege (ZHD) in Fulda-Johannesberg. Hintergrund ist die Korrespondenz zwischen dem Leiter der Arbeitsstelle und dem Leiter des ZHD, in deren Verlauf das gemeinsame Interesse, die scalogischen Erkenntnisse der Wissenschaft, der Denkmalpflege und dem Handwerk zugänglich zu machen, deutlich wurde.

Treppen wurden lange Zeit mißachtet, vernachlässigt oder unterbewertet, mit der bedauerlichen Konsequenz, daß sie in der Vergangenheit bei Sanierungsverfahren oftmals ausgebaut und vernichtet wurden. Bestenfalls gelangten einige Teile in das örtliche Museum oder den Antiquitätenhandel. Dabei sind sie wichtige Glieder historischer Bausubstanz und darüber hinaus ein Teil unserer Kulturgeschichte, gewissermaßen der Menschheitsgeschichte. Beides verbindet sich in der Scalalogie. Da jede historische Forschung nicht Selbstzweck ist, sondern ihre Relevanz im Dialog mit Gegenwart und Zukunft entfaltet, kommt der Herausgabe des Werkes in Fulda eine besondere Bedeutung zu. Als national wie international anerkannte Institution, die sich für denkmalpflegerische Belange und den Erhalt des kulturellen Erbes einsetzt, die vor allem aber als Dienstleistungseinrichtung beratend und gutachterlich tätig und seit fast 20 Jahren als Fortbildungsstätte für Handwerker, Architekten und an der Denkmalpflege Beteiligten etabliert ist, bietet das ZHD der Scalalogie ein Forum, besonders Zimmerleuten und Tischlern, die zu »Gesellen für Restaurierungsarbeiten« und »Restauratoren im Handwerk« fortgebildet werden, aber auch zukünftigen »Architekten in der Denkmalpflege« praxisnahe Studienmöglichkeiten in planerischer oder handwerklicher Hinsicht. Früher verfügten Baumeister und Handwerker über die notwendigen Erfahrungen, Formgefühl und das handwerkliche Können im Treppenbau. Diese Kompetenz ist fast völlig verloren gegangen, ein Umstand, der dazu auffordert, den Architektennachwuchs und junge Handwerker in der fachgerechten Restaurierung historischer Treppen und der Treppenbaukunst zu schulen. Die Arbeitsstelle für Treppenforschung in Konstein stellt hierzu beste Möglichkeiten bereit.

Im vorliegenden Band reflektiert der Verfasser vergleichend herausragende Beispiele der Treppenbaukunst des Sakral- und Profanbaus aus den klassischen Epochen der Gotik und Renaissance, ihre jeweilige Stellung im Gebäudegrundriß, ihre Konstruktionsprinzipien und ihre künstlerische Ausführung. Dabei gelingt eine Gesamtschau kulturgeschichtlicher Phänomene um das Verhältnis des Menschen zu Treppen – als Planer, Erbauer und Nutzer. Einmal mehr wird deutlich, daß die künstlerischen Äußerungen das neue Lebensgefühl der Renaissance nur ungenau widerspiegeln, stets mit teilweise erheblichen zeitlichen Verzögerungen. Alle Beispiele und Vergleiche beweisen, daß es keine auf wenige Jahre zu begrenzenden Anfänge und Enden eines »Stiles« gibt. Dabei leitet das Bauen seine Aufgaben aus der Nutzbarkeit für materielle und ideelle Zwecke ab. Die kunsthistorischen Kategorien bleiben ein Hilfsgerüst zur »Erklärung« kulturhistorischer Phänomene im Zusammenhang mit historischen Treppen.

Professor Manfred Gerner
Leiter des Deutschen Zentrums für
Handwerk und Denkmalpflege

Vorwort des Autors

Der Titel verheißt die Beschäftigung mit zwei bekannten und, wie es scheint, genau umrissenen Epochen. Diese Meinung wird durch die Praxis von Kunsthistorikern bestärkt, die in ihrem Ordnungsstreben die Geschichte der Kunst und damit der menschlichen Kultur zu gliedern suchen, damit sie übersichtlich und wissenschaftlich handhabbar wird. Es ist eine Art Normungsvorgang, der nach unverwechselbaren Termini verlangt. Die Vorgänge des Lebens sind jedoch nicht normierbar. Jede Einteilung einer Entwicklung muß zwangsläufig mit konträren Erscheinungen rechnen. Jeder Spruch fordert den Widerspruch heraus. Jede Höhe ist für den Antipoden eine Tiefe. Jeder Kulminationspunkt einer Epoche ist der Beginn des Übergangs. Ja, man kann ebensogut die weitaus größeren Zeiten der Wandlung als die eigentlich kreativen und damit am meisten bemerkenswerten Zeiten eines geschichtlichen Prozesses schätzen. Alles ist relativ und absolute Werte sind verdächtig. Das gilt auch für die als fixe Größen behandelten Epochen der Gotik und Renaissance. Sie dienen in der vorliegenden Arbeit als Objekte eines Versuches, der mit Hilfe von Treppen durchgeführt wurde. Treppen rangieren in der kunsthistorischen Beurteilung nicht an vorderster Stelle, haben aber den Vorzug, enger mit der menschlichen Lebensweise, mit dem Wollen und Können ihrer Auftraggeber, ihrer Erbauer und Benutzer verbunden zu sein als jeder andere Bestandteil des Bauwesens. Treppen können Objekte des Kunstschaffens sein, müssen es aber nicht. Das ist ihr Vorteil. Sie spiegeln das Empfinden ihrer Entstehungszeit genauer als es die dekorativen Künste vermögen. Wenn die Renaissance – wie behauptet wird – Ausdruck eines neuen Lebensgefühls gewesen ist, muß sich dieser neue Ausdruck von dem vorangegangenen alten unterscheiden und auch im Bau von Treppen nachweisen lassen.

Dieses Thema hat mich seit Jahrzehnten beschäftigt. Eine erste Fassung ist für einen Vortrag 1979 am »Centre d'études supérieures de la Renaissance« der Universität in Tours mit dem Titel »Les escaliers allemands de la fin du Moyen Âge et de la Renaissance« geschrieben worden. Er erschien deutsch 1980 im »kunstspiegel« und französisch 1985 im Kongreßbericht »L'escalier dans l'architecture de la Renaissance«. Damit war das Thema für mich nicht erschöpft. Es ist zu vielschichtig und tiefgründig, als daß es in einem Aufsatz abzuhandeln wäre. Ich habe deshalb die Kriterien vermehrt und mich noch einmal an die Arbeit gemacht. Daß ich das Thema nicht für alle Zeiten gültig behandeln kann, weiß ich. Was bleibt, mögen andere, jüngere Forscher aufgreifen und fortführen. Den Kollegen, die mit Rat, Auskunft und Abbildungen halfen, das Werk zustandezubringen, sei an dieser Stelle aufrichtig gedankt.

Professor Dr.-Ing. Friedrich Mielke
Konstein 1999

Einleitung

Der Begriff Renaissance wird als Stilstufe aufgefaßt, die sich vom Mittelalter, speziell von der vorangegangenen Gotik, distanziert, ja gegensätzlichen Impulsen folgt. In einer vordergründigen Simplifizierung wird behauptet, daß die Baukunst der Gotik vertikal tendiere, die der Renaissance aber horizontal. Dergleichen Symptome erklären jedoch nicht das Wesen der Epochen. Gibt es denn ein »Wesen der Architektur« oder reflektiert nicht vielmehr die geschaffene Form die Wünsche ihrer Erbauer, der Bauherren ebenso wie der Baumeister? Und was heißt hier »Form«? Ist beispielsweise der Spitzbogen symptomatisch allein für die mittelalterliche Gotik? Gibt es ihn nicht auch im 16., 17. und 18. Jahrhundert, ganz zu schweigen von der wiedererwachten Liebe zum Mittelalter im 19. und 20. Jahrhundert? Die Impulse der Zeiten durchdringen und überlagern sich. Sie lösen sich nicht zu einem bestimmten Datum ab, wie die Läufer einer Staffel. Einmal erworbene Eigenheiten können schwächer werden, ganz gehen sie selten verloren. Sie bleiben zeitweise im Verborgenen, aber sie wachsen neu, wie Pflanzen aus den Wurzelstöcken.

Wann beginnt eine Stilstufe? Fühlten sich alle deutschen Bauherren und Baumeister der Renaissancekunst verpflichtet, seit die Brüder Georg und Jakob Fugger 1509-1512 erstmals einen Kapellenraum in der Augsburger Kirche St. Anna italienisch dekorieren und 1518 weihen ließen?[1] Gewiß nicht. Mit quantitativen Analysen läßt sich feststellen, daß die meisten Bauten des 16. Jahrhunderts noch in den herkömmlichen Techniken und in den herkömmlichen Formen entstanden sind. Mehr noch, der gotisch konzipierte Bau von Wendeltreppen erreichte in jener Zeit, die in Deutschland allgemein der Renaissance zugerechnet wird, seine Höhepunkte. Das konstruktive Wunderwerk des großen Wendelsteins (K. Krebs 1535 f.) am Schloß Hartenfels in Torgau und die unübertroffen gewendelte Treppe mit sieben Wangensäulchen (B. Berwart 1574) im Schloß zu Mergentheim sind zwar oberflächlich mit Renaissance-Ornamenten dekoriert, aber völlig gotisch gedacht und ausgeführt. Echte Renaissance-Bauten, das heißt Werke eines neuen, italienisch inspirierten Architekturverständnisses waren Ausnahmen für gebildete, weitgereiste Alamodebauherren. Diese stellten ihren Kunstsinn zur Schau und blieben allein deswegen in der Minderheit, weil Renaissance-Baumeister nördlich der Alpen zunächst heranwachsen mußten. Südlich der Alpen hat man sich der antiken Kunst stets mehr verbunden gefühlt als der Gotik. Hier brauchte man das Neue nicht erst zu lernen, man kannte es längst, weil man mit ihm und in ihm lebte. Ganz anders dagegen die Situation im Norden Europas. Erst nachdem die italienischen Bauweisen durch persönliche Studien am Ort verstanden waren, konnte sich in Deutschland eine strukturelle, nicht allein dekorative Kunst der Renaissance entwickeln. Aber die kam dann erst nach 1600 zum Zuge, 1615-1620 zum Beispiel mit dem Augsburger Rathaus von Elias Holl; zwei Jahrhunderte nach dem Beginn der Renaissance in Italien.

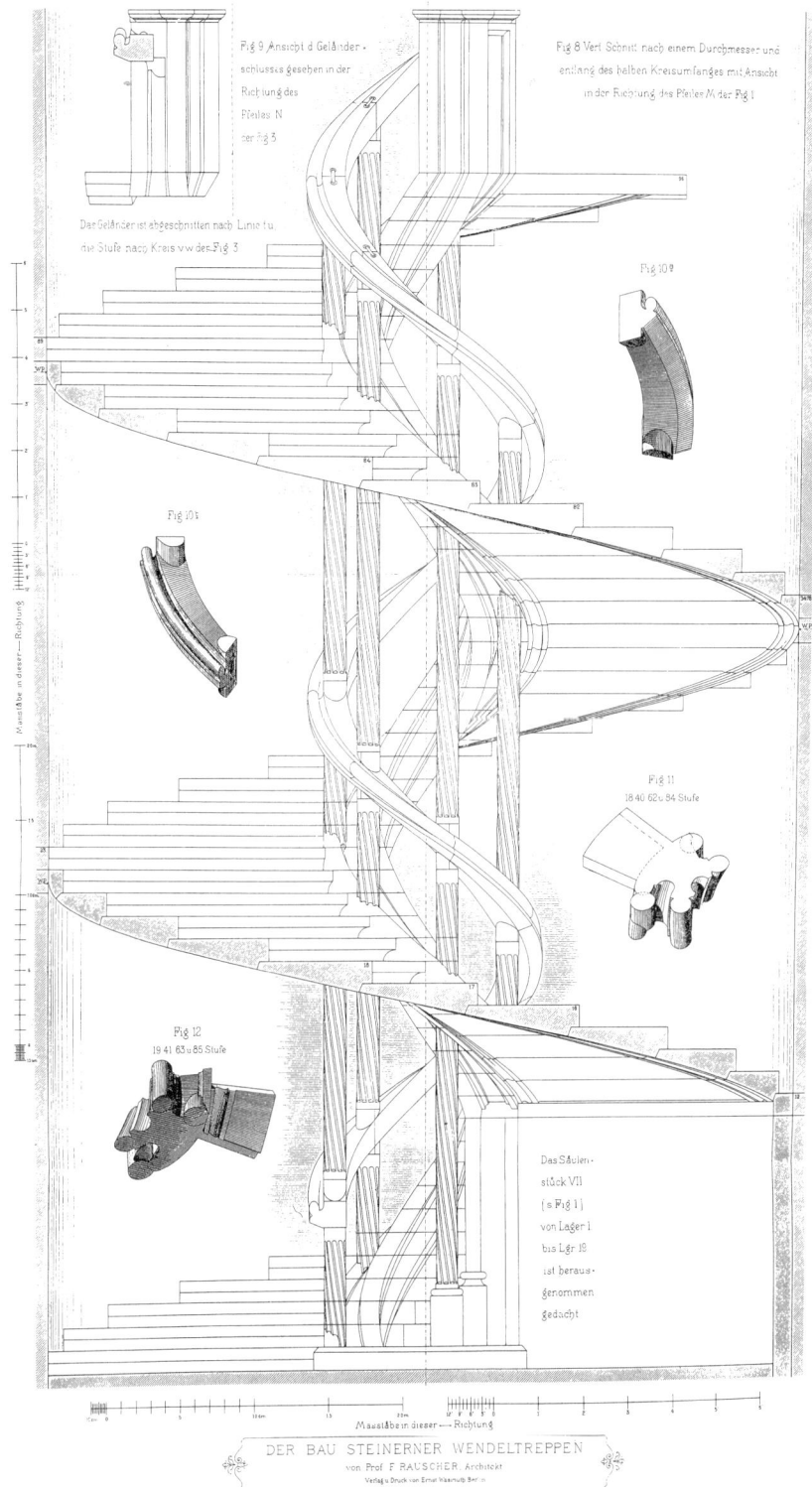

BAD MERGENTHEIM, Schloß,
rechtsgewendelte Treppe mit
Hohlspindel, 7 Wangensäulchen
und Handlauf;
Blasius Berwart 1574, 1:50.
F. RAUSCHER 1889, Bl 42

Wenn wir den sogenannten Geist einer Zeit erfassen wollen, ist es wenig zuträglich, ihn in einem applizierten Formenapparat zu suchen. Der Geist einer Zeit wird von Menschen repräsentiert, von ihnen empfunden und dargestellt. Modeerscheinungen sind meist nur Anpassungskriterien, keine Äußerungen endogener Charaktere. Wollen wir wissen, ob sich Lebensweisen grundsätzlich geändert haben, müssen wir Indikatoren prüfen, die mit den Menschen unmittelbar verbunden sind. Mittelbare Formen und Dekorationen eines Ambientes sind nur in einem beschränkten Grade aussagefähig. Der betroffene Mensch hat sie vielleicht nicht gewollt, hat keine Möglichkeiten der Beeinflussung oder Änderung, nolens volens muß er sich mit dem abfinden, was ihm zugeordnet wurde. Er ist nicht Schöpfer, kaum Verbraucher, nur Dulder. Die gotischen Treppengiebel der Stadt Augsburg verraten noch im 16. und 17. Jahrhundert eine Baugesinnung der Bürger, die wenig mit den Renaissanceschöpfungen ihres großen Baumeisters Elias Holl gemein hat. Und kratzt man an den Fassaden der »barocken« Stadt Salzburg, kommt fast überall eine Bausubstanz zutage, die in weitaus früheren Zeiten entstanden ist und deren Räume möglicherweise noch gotisch konzipiert blieben, als die Fassaden einen neuen Putz nach italienischer Manier erhielten.

Die bildenden Künste spiegeln die Epoche ihrer Entstehung nur zu einem Teil. Die Kunst des Bauens, der Bildnerei und der Malerei sind immer elitär gewesen. Nur wenige Personen konnten es sich leisten, den gerade zeitgemäßen Strömungen zu folgen. Da die Menschen der zu untersuchenden Epochen nicht mehr zur Verfügung stehen, müssen wir uns mit jenen Exponenten ihrer Existenz befassen, die allgemeiner Natur sind, die möglichst viele, am besten alle Menschen betreffen. Dazu gehören in erster Linie körpernahe Gebrauchsgegenstände, wie Kleidung oder Treppen. Treppen müssen allen Menschen dienen, ohne Unterschied, ob weiblich oder männlich, alt oder jung, arm oder reich. Es kommt allein auf das Steigevermögen an und dieses hängt von der körperlichen Kondition ab, die wiederum durch Training und Gewohnheit erworben wird. Nehmen wir als Beispiel die Treppen norwegischer Bergbauern und vergleichen diese mit den gleichzeitigen Treppen mitteleuropäischer Landleute des Flachlandes[2], so wird deutlich, daß die unterschiedlichen Schreitgewohnheiten zu ebenso unterschiedlichen Steigegewohnheiten geführt haben. Der längere Schritt des Bergsteigers erlaubt dem Treppenbauer, für ihn die Stufen höher zu machen als sie im Flachland üblich sind. Gewohnheiten werden an Stufen meßbar. Analoge Feststellungen lassen sich bei Rassen, Völkerschaften und Stämmen machen. So unterschiedlich die Sprachen und Mundarten sind, so unterschiedlich früher die Trachten, Sitten und Gebräuche waren, so unterschiedlich sind auch die dazugehörigen Treppen. In historischen Städten mit noch stabiler Tradition lassen sich ortstypische Treppen finden, die andernorts nicht mehr anzutreffen sind. Als allgemeine, den spezifischen Gewohnheiten ihrer Benutzer auf das engste verbundene Kommunikationsmittel sind Treppen untrügliche Indikatoren des Wollens und Könnens der Menschen ihrer Entstehungszeit. Da niemand eine Treppe steigen kann, ohne sie mit den Füßen zu berühren, werden die Maße der Stufen zu Gradmessern der menschlichen Leistungsfähigkeit. Unter dieser Prämisse lassen sich nicht nur die Eigenheiten verschiedener Orte, sondern auch die Charakteristika verschiedener Epochen vergleichen.

Allgemein ist man der Auffassung, daß mit der Renaissance ein neues Lebensgefühl, eine neue Anschauung von der Welt eingezogen sei und die klerikal-scholastischen Denkweisen des Mittelalters, die in der Gotik ihre typischen Formen geschaffen hatten, verdrängt habe.

Wenn dem so ist, müssen sich auch die Interpretationen des Lebens in der Architektur geändert haben. Da die Lebensweise jedoch weniger durch die Dekorationen als durch die direkt mit ihr verbundenen Ordnungssysteme der Architektur gespiegelt werden, wird es richtig sein, die erwähnten Veränderungen an jenem Teil allen Bauens zu prüfen, der den engsten Kontakt mit Menschen zu halten genötigt ist, mit der Treppe.

1. Position der Treppen im Gebäudegrundriß

Im frühen mehrgeschossigen Wohnbau ebenso wie im mittelalterlichen Burgenbau hatte die Treppe zwei gegensätzliche Aufgaben zu erfüllen. Als Hilfsmittel zur Überwindung der Geschosse war sie unabdingbar, zugleich aber sollte sie ungebetenen Personen nicht zur Verfügung stehen. Es galt, mit demselben Instrument die erwünschte von der unerwünschten Kommunikation zu trennen. Die Lösung fand sich in der Mobilität des Steigemittels, das ein Baumstamm oder auch eine Leiter sein kann. Beide sind variabel einsetzbar, an jeder Stelle des Grundrisses, innen ebenso wie außen. Will eine unbefugte Person sich ihrer bedienen, sind sie leicht zu entfernen, in das obere Geschoß zu ziehen oder im äußersten Notfall auch zu verbrennen. Dergleichen Vorzüge besitzt eine immobile, massive Treppe nicht. Ihre Position ist unverrückbar, aber auch dauerhaft und vielleicht sogar repräsentativ, wenn man dieses Attribut einer zum Beispiel aus Lehm gestampften Stufenfolge bescheidener Häuser zubilligen will. Gedacht ist hier an die in Vorderasien ausgegrabenen Ruinen zahlreicher Wohnbauten, in denen sich Aufstiege bescheidensten Zuschnitts feststellen lassen. Die massive Ausführung hat jedoch bewirkt, daß die Treppen einen bestimmten, unveränderlichen Platz im Hausgrundriß bekamen. Auf und mit ihren Stufen ist es nicht mehr möglich, zwischen erwünschten und nicht erwünschten Gästen zu unterscheiden. Die Treppe läßt sich nicht mehr als Mittel der Differenzierung verwenden. Man kann sie auch nicht beiseite legen, wenn der für den Aufstieg vorgesehene Platz für andere Zwecke gebraucht wird. Die massive Treppe ist zu einem festen Bestandteil des Grundrisses avanciert. Mit ihrer unveränderlich gewordenen Existenz ist sie nicht nur Kommunikationsmittel, sondern mehr noch ein Ordnungsfaktor des Haus-Baues und der Haus-Nutzung. In diesem Stadium der Entwicklung waren die Bauherren und Baumeister von vornherein genötigt, den Platz der vertikalen Kommunikation genau zu planen. Eine spätere Änderung ist zwar grundsätzlich möglich, aber aufwendig und teuer.

Eine Haus-Ordnung zu schaffen, ist immer dann nicht allzu schwierig, wenn es sich um eingeschossige Bauten handelt. Die Addition von Iglus, afrikanischer Hütten, vorderasiatischer Lehmbauten oder süditalienischer Trulli bereitet wenig Probleme. Ist ein flaches Dach vorhanden, das man nutzen möchte, wird der Aufstieg oft außen postiert. Der Wohn-Raum bleibt unberührt. Dort beschränkt sich die Kommunikation auf die Bewegung in der Horizontalen. Dieser Grundsatz, die vertikale Kommunikation auszugrenzen, sie zu verdrängen, ihr Problem garnicht erst entstehen zu lassen, ist das Prinzip aller Flachbauten, seit Urzeiten bis heute, bis zu den modernen Bungalows. Mies van der Rohes Pavillon für die Weltausstellung in Barcelona 1928 wäre ganz nach dem Geschmack von Leone Battista Alberti gewesen, der die Auffassung vertrat, »*Ea de re illud aiunt, scalis nimirum impediri operum descriptiones. Sed qui volent scalis non impediri, scalas ipsas non impediant*«[3].

Leone Battista Alberti (1404-1472), der berühmte Kunsttheoretiker, Architekt, Bildhauer und Maler, dachte zweidimensional in Grundrissen. Die dritte Dimension mußte ihm suspekt sein, weil sie Probleme aufwirft, die seine angestrebten idealen Proportionen gefährden. Folgerichtig ordnete er in seinem Werk über die Architektur, der ersten bedeutenden Schrift dieser Art in der Renaissance, das Kapitel über die Treppen bei den Kaminen, Brunnen und Kloaken ein, deren Funktion ebenfalls vertikal tendiert.

Wie sehr und wie lange das zweidimensionale Planen verbreitet, ja beliebt gewesen ist, beweisen die zeitgenössischen städtebaulichen und gärtnerischen Entwürfe. Selbst auf dem abschüssigen Gelände von Freudenstadt tat Heinrich Schickhardt 1599 so, als ob eine Ebene zu bebauen wäre. Der Hortus palatinus, den Salomon de Caus 1615 bis 1618 neben dem Heidelberger Schloß anlegte, mußte terrassiert werden, um fünf horizontale Flächen zu schaffen. Marie-Luise Gothein urteilte: »*Der Heidelberger Garten ist das beste negative Beispiel dafür, wie sehr ein harmonisch proportional entworfenes Treppensystem den Aufbau eines Terrassengartens unterstützt ... Seinen Treppen aber mangelt jede künstlerische Konstruktion, sie sind nichts weiter als steile halsbrecherische Verbindungswege von Terrasse zu Terrasse*«[4]. Das heißt, der Architekt hat noch zu Beginn das 17. Jahrhunderts, die Chancen einer Gestaltung mit der dritten Dimension nicht zu nutzen gewußt.

Zur selben Zeit, als Burgen noch additiv, wohl nach einem fortifikatorischen, nicht aber nach einem architektonischen Gesamtkonzept gebaut wurden, war der Kirchenbau längst künstlerischen Prinzipien verpflichtet und konnte sich deshalb weitaus früher als der Profanbau mit den durch Treppen entstehenden Problemen befassen. Nördlich der Alpen wurde der Anfang mit der Palastkapelle (786 - ca. 800) Karls des Großen in Aachen gemacht. Die zwei Wendeltreppen zur Empore des Kaisers sind symmetrisch angelegt und haben eine Laufbreite von 1,30 m. Die Symmetrie ihrer Lage im Grundriß und die spiegelbildliche Führung der Aufstiege beweisen, daß in diesem Bau die Treppen nicht mehr als notwendige Übel angesehen wurden, sondern als repräsentationsfähige Bestandteile der Architektur. Sie sind ihr zwar noch nicht inkorporiert, haben aber an der Eingangsseite bedeutungsvolle Positionen bekommen. Sie stellen sich den Ankommenden wie Symbole dar, welche die Honneurs der kaiserlichen Kapelle zu übernehmen bestimmt sind[5]. Eine vergleichbare Stellung erhielten die Treppenturmpaare an den Münstern in Essen (1039-1058), Bonn (1060-1070) und einigen anderen Gotteshäusern. Der unabdingbare Zwang zur symmetrischen Ordnung des geometrischen Konzeptes erlaubte nicht, den Treppen eine beliebige Stellung im Grundriß zu überlassen. Er bewirkte, daß diese im Sakralbau um Jahrhunderte früher architekturfähig wurden als im Profanbau. Erst als auch die Grundrisse der Profanbauten den Regeln der Baukunst unterworfen wurden, konnte der Treppenbau von ihrer neuen Wertstufe profitieren und als gleichberechtigter Partner künstlerischer Gesamtkonzepte einbezogen werden.

PRAG, der Veitsdom vor seiner Vollendung, Turm und südliches Querschiff mit Peter Parlers Marientreppe 1372 f. Federzeichnung: V. Morstadt 1826.
▷ *Z. WIRTH: »Prag in Bildern«, Prag 1954, Abb. 158*

Die Entwicklung des deutschen Schloßbaues wurde dadurch sehr gehemmt, daß große Vorbilder fehlten. Anders als in Frankreich, wo der König selbst Vorbilder schuf, indem er verschwenderische Schloßbauten errichten ließ, hat der deutsche Kaiser kein Exempel seiner persönlichen Architekturauffassung statuiert, wenigstens nicht in Mitteleuropa. Seine Residenzen in Wien und Prag trugen mehr den Charakter von Burgen als von Schlössern, geschweige Renaissance-Schlössern. Der einzige Palast, den zum Beispiel Kaiser Karl V. initiierte, wurde in Spanien, neben der Alhambra von Granada, 1526 von Pedro Machuca begonnen. Weit von Deutschland entfernt und erst im 17. Jahrhundert vollendet, konnte auch er für die Architektur seiner Zeit keinen Akzent setzen. Es blieb deshalb den diversen Landesfürsten überlassen, ob und wann sie sich der aus Italien direkt und indirekt über Frankreich importierten Renaissance-Baukunst annehmen wollten. Typische Entscheidungen für die italienische Renaissance sind die Residenzen in Landshut und Heidelberg. Aber weder die bayerischen Herzöge noch die Kurfürsten der Pfalz konnten eine politische Führung im Reich übernehmen. Doch im Bereich der neuen Schloßarchitektur stellten sie sich an die Spitze der adligen Bauherren im damaligen Deutschland.

In Landshut ließ sich Herzog Ludwig X. von Bayern 1536-1539 eine Residenz von dem Augsburger Baumeister Bernhard Zwitzel errichten. Er war einer der ersten Fürsten, die ihre Burg auf der Höhe eines Berges verließen und sich ein neues Domizil in der Ebene suchten. Kaum war der Bau begonnen, reiste der Herzog nach Mantua. Als Gast des Fürsten Federigo Gonzaga gewann er derart nachhaltige Eindrücke von der avangardistischen italienischen Architektur, daß er schon 1537 eine Erweiterung seiner Landshuter Residenz planen und bis 1543 ausführen ließ. Nach dem württembergischen Schloß Glatt (1534 f.) und neben dem niederländischen Schloß Breda (1536-1538) geriet dieser Erweiterungsbau zu einem der ersten Renaissancepaläste in Zentraleuropa.

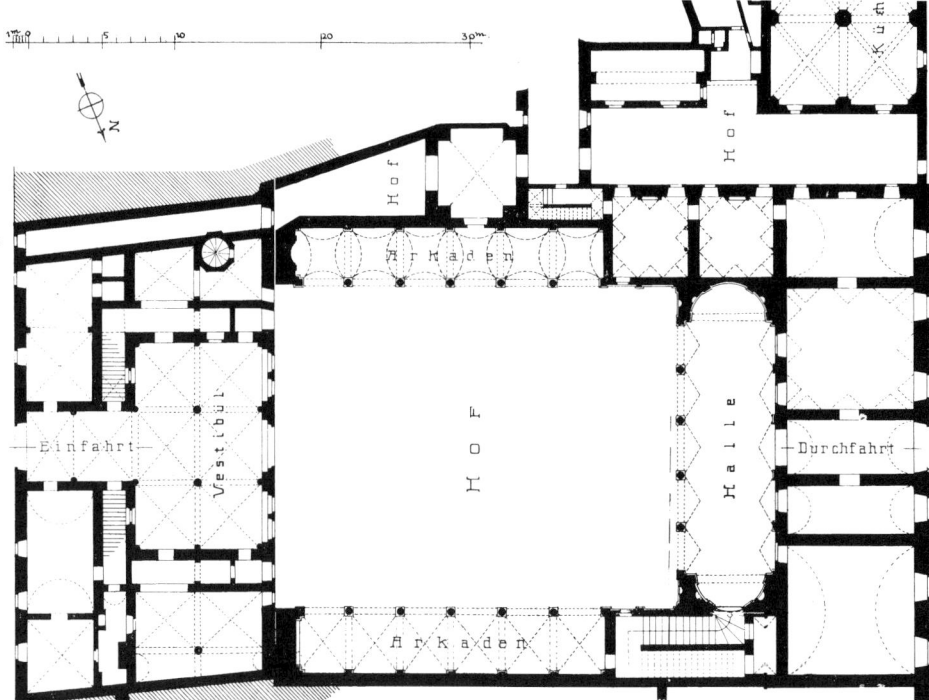

LANDSHUT, Stadtresidenz 1537–1543, M 1:500.
▷ *F. MIELKE 1966, Abb. 261*

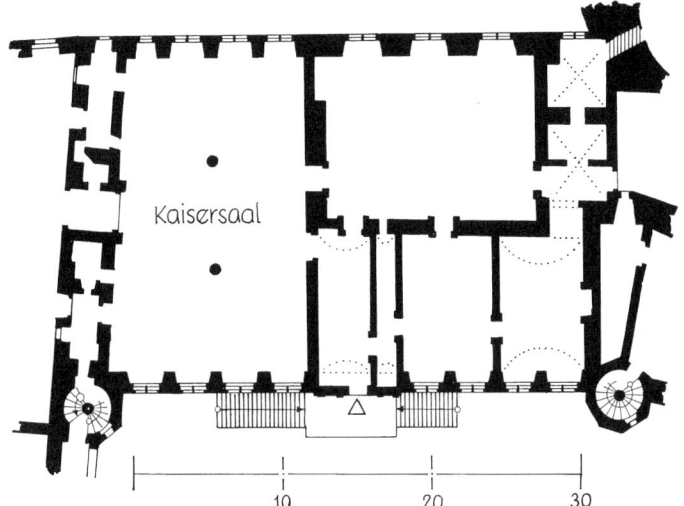

*HEIDELBERG, Schloß, Ottheinrichbau, 1556–1566, M 1:500.
Zeichnung: F. Mielke 1996*

Auch der 1556-1566 entstandene Ottheinrichbau des Heidelberger Schlosses wurde einem älteren Ensemble eingefügt. Wenn von einem Meisterwerk der Renaissancearchitektur gesprochen und geschrieben wird, so ist stets nur die Fassade gemeint. Der Grundriß läßt jede südländische Grandezza vermissen. Es gibt kein säulenumstandenes Vestibül, keinen Hof, keine Loggien. Der Bauplatz ließ dergleichen nicht zu. Aber es wurde auch nicht versucht, nach außen offene Räume zu schaffen, wie etwa bei dem ebenfalls im 16. Jahrhundert ausgebauten französischen Bergschloß Biron bei Monpazier. Allein die Fassadenkomposition des Ottheinrichbaues wird gerühmt. Albrecht Haupt bemerkt die oberitalienische Konzeption und die flämische Art der Ausführung[6]. Die zweiläufige Freitreppe davor jedoch entspricht deutschen Baugewohnheiten.

Die beiden Beispiele aus Landshut und Heidelberg zeigen die zu jener Zeit aktuelle Situation. In Landshut war die Absicht vorherrschend, den auf einem Berg zwangsläufig beengten Bauplatz zu verlassen und in der Ebene eine neue Dispositionsfreiheit zu gewinnen. Das ist gelungen, wenn auch mit der Einschränkung, daß dem ersten Bau noch das italienische Element fehlt, das dem zweiten Bau zu eigen wurde. Immerhin konnte im Grundriß bereits die als »italiänische Stiege«[7] bezeichnete gerade einläufig zweiarmige Treppe mit Wendepodest einen Platz finden.

In Heidelberg ist das räumliche Problem nicht gelöst. Der Grundriß könnte auch aus der Gotik stammen. Die Geschosse des Palastes waren nur über Wendeltreppen zu erreichen, die zu den Türmen der seinerzeit bereits vorhandenen Nebengebäude gehören. Auf ein eigenes Treppenhaus hatte man verzichtet. Immerhin ist die Stellung der Türme zur neuen Fassade nicht zufällig und deshalb nicht unwichtig. Sie stehen nicht mehr an beliebiger Stelle im oder am Bau, wie an dem 1572 begonnenen Neuen Schloß in Baden-Baden, sondern flankieren die Palastfront. Da früher gebaut und für den Neubau nützlich, wurden sie in die Fassadenkomposition einbezogen.

OFFENBACH a.M., Isenburgsches Schloß, 1564–1572, M 1:500.
▷ *F. MIELKE 1966, Abb. 90*

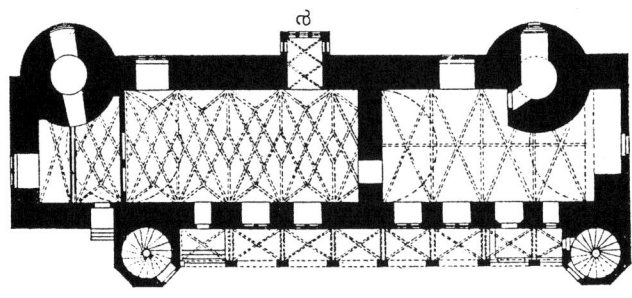

Mit einem vergleichbaren Grundriß ist wenig später, 1564-1572, in Offenbach am Main das Isenburgsche Schloß entstanden. Die erstrebte Ordnung des Grundrisses spiegelt sich in der strengen Symmetrie der Fassade. Es ist dieselbe Gesinnung, die mehr als 700 Jahre zuvor die Sakralbauten in Aachen, Essen und Bonn bestimmt hat. Die seinerzeit dort grundlegend formulierte Konzeption wurde in der Renaissance übernommen. Der Treppenturm avanciert zu einem unverzichtbaren Bestandteil der Schloßbauten, nicht nur als schmückendes Beiwerk, nicht nur als dekoratives Element der Fassadengestaltung, sondern als Ordnungsfaktor der Grundrißbildung.

Als der Baumeister Arnold von Westfalen 1471 die Albrechtsburg in Meißen begann, war es andernorts noch üblich, von der Treppe direkt in den Saal und von einem Raum direkt in den nächsten zu gehen. Flure kannte man nicht, bestenfalls gab es äußere Laufgänge, Umgänge, Loggien oder ähnliche Kommunikationsmittel, von denen man in einzelne Zimmer gelangen konnte, ohne zuvor andere Zimmer durchqueren zu müssen. Dieses Konzept beherrscht noch den Grundriß des Offenbacher Schlosses. Inzwischen aber hatte man gelernt, die Verbindungsgänge in das Gebäude einzubeziehen und sie zu einhüftigen Fluren zu machen. Dergleichen Flure gehörten bereits zu mittelalterlichen Kaiserpfalzen und einigen Burgen, zum Beispiel zum Palas der Wartburg. Sie sind Nachahmungen der klösterlichen Kreuzgänge. Dort fehlte allerdings die Ergänzung der horizontalen Kommunikation durch eine gleichartige Ordnung der vertikalen Kommunikation. Indem die Flure der Renaissancebauten alle Treppen miteinander verbinden, ergibt sich ein perfektes Erschließungssystem für das ganze Gebäude, horizontal zwischen den nebeneinanderliegenden Räumen, vertikal zwischen den Geschossen.

Als Moritz von Sachsen 1547 Kurfürst geworden war und – dieser neuen Würde entsprechend – Dresden zu seiner Residenz machte, wurde das dort vorhandene Schloß erheblich erweitert, indem man 1549 einen großen Schloßhof absteckte. Es entstand ein annähernd rechteckiger Baukomplex mit vier Trakten, in deren Ecken je eine monumentale Wendeltreppe vorgesehen war. Das Ordnungssystem beschränkt sich nicht nur auf die Gebäudeansichten, sondern beginnt auch die Ordnung der Kommunikationswege geometrischen Prinzipien mit an den Hofseiten entlangführenden Fluren zu unterwerfen. Solche Flure finden wir ein halbes Jahrhundert später in dem Schloß Johannisburg (1605-1614) bei Aschaffenburg. Dort ist der Grundriß um zwei sich im rechten Winkel kreuzende Achsen symmetrisch – den mittelalterlichen Donjon ausgenommen. Dem nach geometrisch fehlerfreier Harmonie strebenden Ideal der Renaissance ist der Baumeister Georg Riedinger sehr nahegekommen, indem er das dreidimensionale Erschließungssystem perfekt ausbildete.

So sehr die Strenge des Grundrisses das Aschaffenburger Schloß der Renaissance zuweist, so sehr ist es in seinem dekorativen Aufbau barocken Tendenzen verhaftet. Es steht an der Grenze zweier Kunstauffassungen und ist in dieser Prägung eine typisch deutsche Schöpfung. In einem französischen Reisebericht des 17. Jahrhunderts wird seine Erscheinungsform als »architecture Allemande« bezeichnet, und der weitgereiste Monsieur de Moncony, Conseiller du Roy, meinte 1676, es sei »un des plus beaux Casteaux qu'on puisse voir«.

Parallel zur Anordnung der Treppentürme in der Ecke zwischen zwei Trakten zeichnet sich in der Renaissance ein architektonisches Konzept ab, das nur bedingt für diese Epoche typisch ist. Es hat seine Vorläufer in den eintürmigen Kirchenfronten des Mittelalters, in Ulm oder in Freiburg, in den Freitreppen der Kaiserpfalzen und der bürgerlichen Rathäuser. Kirchen, Pfalzen und Rathäuser waren stets auch Orte der Rechtsprechung. Diese verlangte nach einem von mehreren Seiten gut sichtbaren Platz, der zugleich die Würde der Obrigkeit zu demonstrieren in der Lage war. Voraussetzung für die Rechtsprechung war also ein erhöhter Standort möglichst in der Mitte des Gebäudes, ein Altan oder Balkon, verschiedentlich »Verkündkanzel« genannt. Die hohe Position zu erreichen, sind Freitreppen geeignet, besonders dann, wenn sie mit zwei Läufen einer Mitte zustreben. Um die Autorität der rechtsprechenden Person auch architektonisch zu unterstreichen, überbaute man den Platz mit einem Baldachin. Baldachine sind Würdezeichen. Daß sie außerdem als Wetterschutz nützlich sein können, ist lediglich eine willkommene Zugabe. Baldachine sind seit Jahrtausenden gebräuchlich gewesen, als Überdeckung der Sedfestpavillone für ägyptische Pharaonen, als Thronhimmel weltlicher und geistlicher Machthaber, als Traghimmel bei Prozessionen, als Schalldeckel über Kanzeln und als Bekrönung steinerner Heiligenfiguren. Die architektonische Kombination von Freitreppe, Altan und Baldachin findet sich bereits vor 848 an der westgotischen Königshalle in Naranco bei Oviedo (E)[8] und später vorzugsweise an Rathäusern und Gerichtsbauten bis in das 19. Jahrhundert.

DRESDEN, Schloß,
NW-Treppenturm, 1549.
▷ *G. v. BEZOLD 1908, Fig. 21*

MARBURG a. d. Lahn,
Rathaus, 1512–1514.
▷ G. v. BEZOLD 1908, Fig. 169

Die Architekten der Renaissance standen in einer sehr langen Tradition, als sie den Treppenturm in die Mitte eines Traktes setzten.

Beispiele:

1471-1485	MEISSEN, Albrechtsburg
1490 f.	INNSBRUCK, Hofburg, W-Trakt
1512-1514	MARBURG a.d.L., Rathaus
1530-1533	DESSAU, Schloß
1532-1536	TORGAU, Schloß Hartenfels
1538-1540	BERLIN, kurfürstliches Schloß
1543-1546	VELLBERG, Schloß
1. H. 16. Jh.	WALDBURG (Württemberg), Schloß
1555-1562	KOSWIG (Anhalt), Schloß
1562-1564	ALTENBERG, Rathaus
1569 f.	BRIEG, Rathaus
1572 f.	ROTHENBURG o.d.T., Rathaus
1588	BUTZBACH, Solmser Schloß
1591	SCHWERIN, altes Bischofshaus
1592-1597	HELMSTEDT, Juleum
1596	WASUNGEN (Thüringen), Statthalterhof
1604-1626	KRAUTHEIM (Württemberg), Johanniterhaus
1610 f.	ÖHRINGEN, Schloß
1614	PFUNGSTADT (b. DARMSTADT), Rathaus
1631	NEHLEN (Kr. SOEST), Herrenhaus
1650	HOFLÖSSNITZ (b. RADEBEUL), Schloß
1650-1685	SPYKER (Rügen), Schloß

Mitten vor der Front eines Baues wird der Wendeltreppe eine besonders große Auszeichnung zuteil. Im Turm verborgen, partizipiert sie dennoch von seiner Stellung. In Torgau und Berlin hatten die Baumeister die Treppe zur Schau gestellt, indem die Wandung des Turmes soweit wie möglich geöffnet wurde. In Rothenburg bleibt die außerordentliche Kühnheit der Wendelkonstruktion äußerlich unsichtbar. Sie offenbart sich erst, wenn man den Eingang passiert hat. Der kostbarste Teil des Hauses wird nicht außen präsentiert sondern im Innern. Ungeachtet der baulichen Einheit von Treppe und Turm, vertritt nur der Turm Aufgabe und Rang der Treppe gegenüber der Öffentlichkeit. In seiner zentralen Position ist er nicht dazu bestimmt, die Fassade zu flankieren. Er wird selbst flankiert und eingefaßt von den Flächen der Gebäudeansicht wie ein Edelstein in seiner Fassung.

Wenn jemals Höhepunkte in der Treppenbaukunst der Renaissance markiert worden sind, dann an den Schlössern in Meißen, Torgau und Berlin. Dort vereint das Können der Meister alle Kunstfertigkeit, alles Repräsentationsverlangen und alle Bequemlichkeit des Aufstiegs. Es gibt nichts, was zu ihrer Zeit vergleichbar gewesen wäre. Auch die französische Baukunst bietet keine Treppe, die diesen drei Schöpfungen der deutschen Renaissance an die Seite gestellt werden könnte. Selbst die viel gerühmten Escaliers d'honneur in Blois (1515-1524) und in Chambord (1524 beg.) sind nur vordergründig eindrucksvoll. Studiert man ihre Konstruktion, wird ein starkes Sicherheitsbedürfnis offenbar, das die deutschen Baumeister weitgehend ignoriert hatten. Außerdem sind nur wenige der französischen Wendeltreppen derart demonstrativ vor die Fassade gesetzt wie die deutschen. Viele Treppen haben ihren Platz

rechte Seite:
MEISSEN, Albrechtsburg,
Arnold v. Westfalen 1471–1485,
Hofansicht mit Treppenturm,
1. Obergeschoß, M 1:500.
▷ C. BÖTTCHER 1909, Fig. 67,
▷ O. STIEHL 1908, Fig. 102

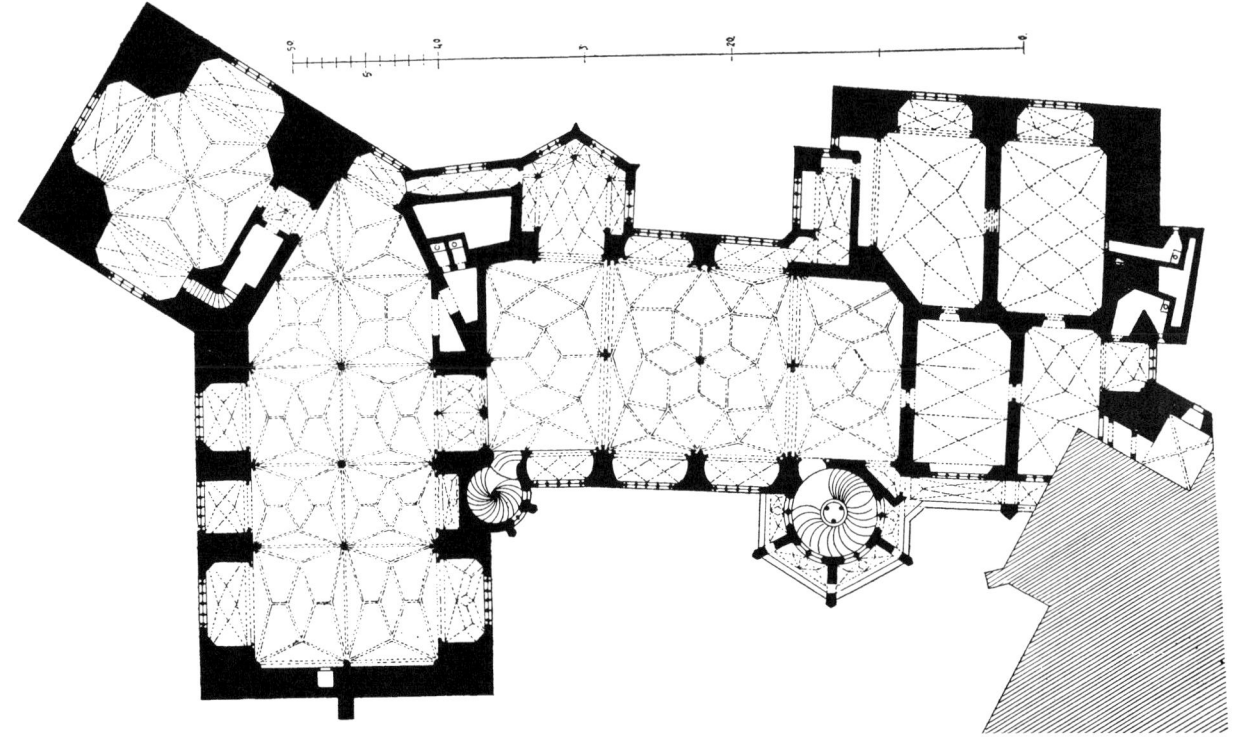

21

BLOIS (F, Loir-et-Cher), Schloß, Treppenturm (1515–1524) am Trakt François I.

TORGAU (Sachsen), Schloß Hartenfels, Großer Wendelstein, K. Krebs 1535–1536

hinter der Hauptansicht im Innern des Gebäudes, wie in Châteaudun (1523) und La Rochefoucauld (1528-1538), oder sind in der Gebäudefront überhaupt nicht zu bemerken, wie in Oiron (vor 1544). Die Komposition der Fassade hat in Frankreich den Vorrang. Vielfach wird eine Lösung ohne sichtbare Treppe gesucht. Das Extrem dieser Tendenz bietet das Schloß Chambord. Dort ist die Haupttreppe in das Zentrum verbannt, wo sie die Ansichten unmöglich stören kann. Nur über dem Dach darf die Treppe in Erscheinung treten, als Dachreiter sozusagen oder als Pünktchen auf dem I.

Nimmt man die Lage der Treppe zum Kriterium, ist es nicht leicht, zwischen mittelalterlichen und nachmittelalterlichen Grundrißlösungen zu unterscheiden, weil Treppen wegen der vordringlichen transitorischen Funktion und wegen ihres in Türmen manifestierten Symbolcharakters zu Ordnungsfaktoren der Architektur bestimmt sind. Die strenge Symmetrie des Kirchenbaues zum Beispiel verlangte danach, selbst den Servicetreppen spiegelbildliche Positionen zuzuweisen.

CHÂTEAUDUN (F), Schloß,
M 1:500.
▷ *W. PRINZ 1985, Abb. 558*

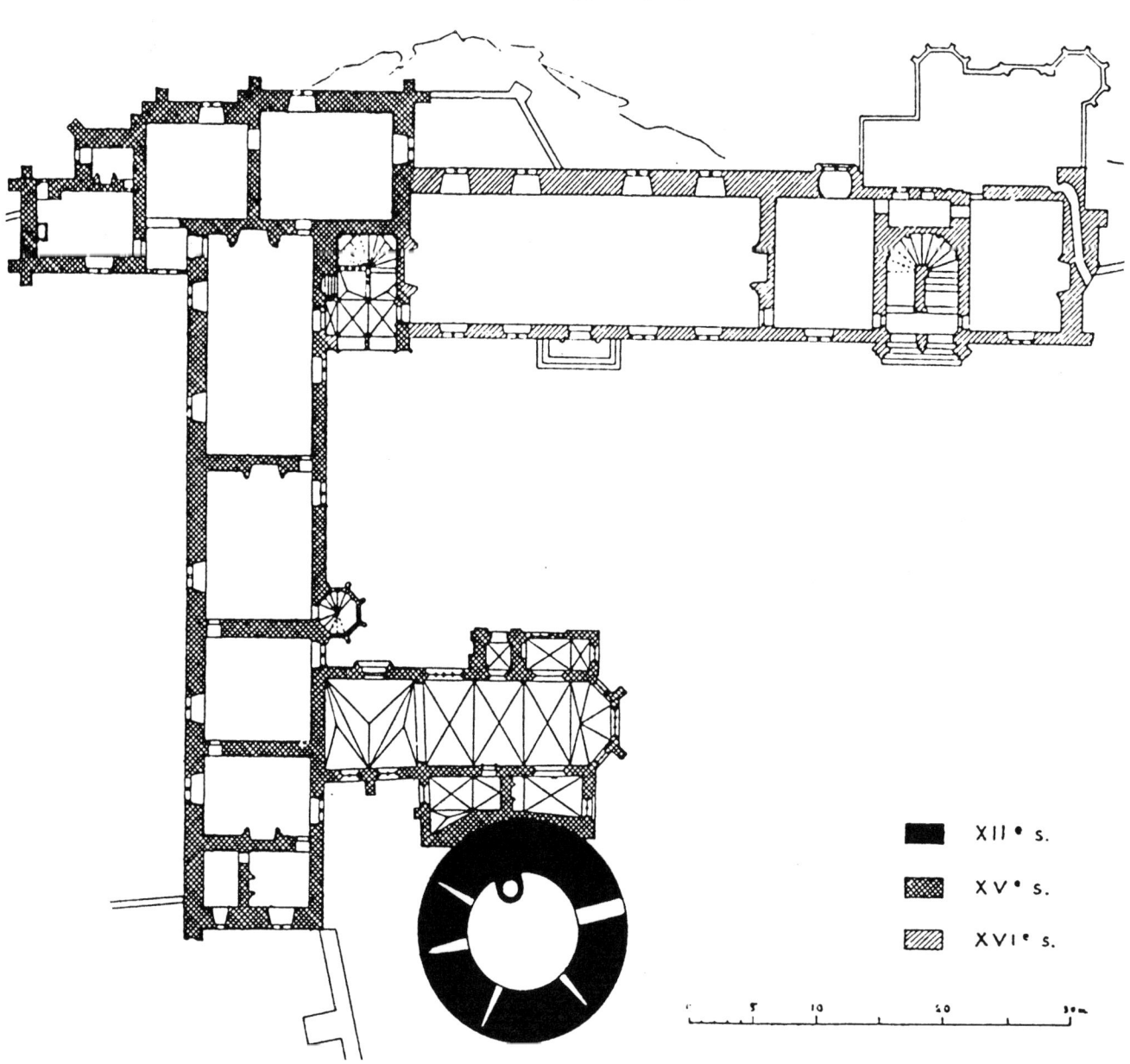

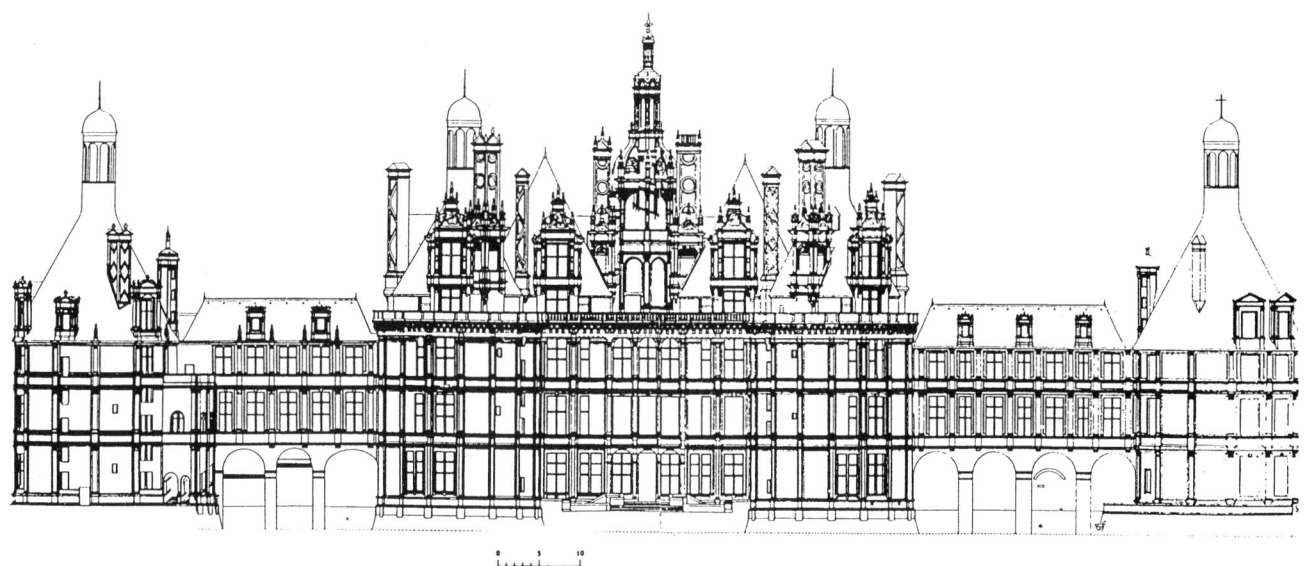

CHAMBORD (F), Schloß, photogrammetrische Aufnahme der Frontseite o. M.

CHAMBORD (F), Donjon, axonometrische Darstellung.
▷ J.-L. DELAGARDE: »Schloß Chambord an der Loire«, Darmstadt 1985, Abb. 13

INNSBRUCK, Hofburg, W-Trakt; Aquarell von A. Dürer 1495. (Wien, Albertina).
▷ *W. WAETZOLDT: »Dürer und seine Zeit«, Wien 1935, S. 256/7*

STUTTGART, Altes Schloß.
▷ *E. PAULUS: »Die Kunst=und Alterthums=Denkmale im Königreich Württemberg«, 1906, S. 28*

Untersucht man dieses Phänomen genauer, wird deutlich, daß im Mittelalter zwei Planauffassungen nebeneinander existierten.

Bei der einen Konzeption dominierte das Schema auch dann, wenn die Treppen in der Ansicht des Gebäudes nicht bemerkbar sind. Ein Beispiel mag die 1182-1233 gebaute Stiftskirche St. Veit in Ellwangen (Württemberg) bieten. Ihre Umfassungswände werden von vier geradarmigen Mauertreppen durchzogen, die genau spiegelbildlich angeordnet sind.

Bei der anderen Konzeption wird die Symmetrie der Treppenposition auch äußerlich betont. Sie ist Teil der Architektur.

Alternative Konzeptionen mußten auch andere Gesichtspunkte gelten lassen. Bei Burgen dominierte die von der Topographie abhängige Verteidigungsfähigkeit, und bei etlichen Domen rangierte die städtebauliche Präsentation vor den Prinzipien der Symmetrie. Ein Musterbeispiel ist der Veitsdom auf dem Hradschin in Prag. Seine Schauseite ist nicht die Eingangsseite im Westen, sondern die Südseite. Sie wird aus der Sicht vom 3. (inneren) Burghof und von der Stadt bestimmt. Über der Goldenen Pforte des Domes, seitlich etwas nach rechts versetzt, hatte Peter Parler 1372 eine – von der Funktion her unbedeutende – gestaffelte Wendeltreppe postiert, die wegen ihrer kunstvollen Ausführung als besonderer Akzent der Fassade anzusehen ist. Die Unbekümmertheit um Grundriß-Prinzipien, die Gestaltung aufgrund historischer oder topographischer Gegebenheiten, sind dem Denken gotischer Baumeister nicht fremd.

Ihre Kollegen der Renaissance dagegen zwängten sich selbst in das Korsett angeblich antiker Schemata. Der 1599 von Heinrich Schickhardt entworfene Stadtplan für Freudenstadt und der Hortus Palatinus (S. de Caus 1615-1618) am Heidelberger Schloß sind Exempel eines ohne Rücksicht auf das Gelände projektierten Ideals. Auf Treppen übertragen, äußert sich dieses Ideal in einer Grundrißposition, die entweder die Mittelachse eines Traktes oder aber symmetrisch die Ecken mehrerer Trakte bevorzugt. Der erste Fall wird bereits 1436-1445 durch das Rathaus in Kalkar repräsentiert. Im Schloßbau kommen Treppentürme in der Mitte vor breitgelagerten Haupt- oder Nebentrakten nach bisheriger Kenntnis erst gegen Ende des 15. Jahrhunderts vor. Wenn wir von dem formal noch gotisch anmutenden, dennoch moderner konzipierten Wendelstein auf der Albrechtsburg (1471-1485) in Meißen absehen, gehört zu den frühen Beispielen auch der nach 1490 entstandene Westtrakt der Hofburg in Innsbruck. Er ist unter Maximilian I. nach burgundischen Anregungen gebaut worden, Albrecht Dürer hat ihn 1495 in einem Aquarell dokumentiert.

Der zweite Fall, die Eckposition, scheint erst seit der Mitte des 16. Jahrhunderts praktiziert worden zu sein.

Beispiele für Wendeltreppen in der Eckposition

1549-1550	DRESDEN, Schloß, NO-Treppe im Großen Hof
1550-1568	STUTTGART, Altes Schloß
1560-1563	BÜCKEBURG, Schloß
1564-1572	OFFENBACH a.M., Isenburgsches Schloß
1565-1569	KULMBACH, Plassenburg
1588-1599	HAMELN, Schloß Hämelschenburg

»Prospect Des Churfürstlichen
Pfältzischen Resident Schlosses
und Lustgartens zu Heidelberg«.
▷ Mattheus MERIAN:
»Topographia Palatinus Rheni ...«,
1645, Reprint 3. Aufl. Kassel 1982

LINZ a. Rhein, Rathaus 1827.
▷ *H.NEU / H.WEIGERT: »Die Kunstdenkmäler der Rheinprovinz«, Bd. 16 Düsseldorf 1940, S. 255*

2. Außentreppen und Freitreppen

Zur Zierde eines Gebäudes gehören nicht nur wohlproportionierte Fassaden und reiche Portale, sondern auch Eingangstreppen. In seinen 1788 publizierten »Untersuchungen über den Charakter der Gebäude; über die Verbindung der Baukunst mit den schönen Künsten und über die Wirkungen, welche durch dieselben hervorgebracht werden sollen« betont der anonyme Verfasser, »*... wie sehr eine Treppe von mehrern Stufen ein Gebäude veredelt*«[9]. Diese Erkenntnis ist keine Neuheit des 18. Jahrhunderts, wohl aber eine Errungenschaft der Renaissance, vornehmlich der bürgerlichen Baukunst im 15. und 16. Jahrhundert mit ihren Nachwirkungen im 17. Jahrhundert. Vor Schlössern sind aufwendige Freitreppen seltener gebaut worden als vor Rathäusern. Schloßportale bleiben zweckmäßigerweise ebenerdig, um Reitern und Wagen nicht hinderlich zu sein. Die Ratsherren dagegen suchten ihre mindere Machtposition durch imposante, möglichst doppelläufige Treppen zu kompensieren, die in einem Altan mit Verkündkanzel kulminieren. Es ist eindrucksvoll, weil für alle Bürger sichtbar, wenn die Herren des Rates, Schritt für Schritt gravitätisch und prunkvoll gekleidet, zu der ihnen gebührenden Position auf höherer Ebene emporschreiten. Ihrem Charakter nach ist die Freitreppe einer Bühnentreppe vergleichbar, einer Treppe auf der Bühne, die allein dazu dient, einen Prominenten oder eine Gruppe von Darstellern gesteigert in Szene zu setzen. In der Freitreppe drückt sich das Imponiergehabe der Stadtväter aus, anspruchsvoll gegenüber den Bürgern, aber auch herausfordernd gegenüber dem Adel mit seinen Schloßbauten. Deshalb ist die Freitreppe durchaus nicht immer Teilhaberin der Architektur des Baues. Sie ist davorgesetzt als eigenständiges Werk, selbständig in der Aussage und in der künstlerischen Gestalt.

Noch Ende des 14. Jahrhunderts gab es in einige Orten primitive Außentreppen selbst vor Amtsbauten. Als Beispiel mag das Rathaus von Bischofstein in Ostpreußen dienen. In Linz am Rhein hatte sich ein ähnliches Gebilde bis in das 19. Jahrhundert vor dem Rathaus erhalten. Derartige Außentreppen sind keineswegs geeignet, die Würde einer Stadtverwaltung zu demonstrieren. Dagegen strebte das gegen Ende des Mittelalters erstarkende Bürgertum danach, an der Stelle simpler Außentreppen repräsentative Freitreppen zu bauen. Die dafür investierte Schmuckfreude steht für den Reichtum des Ortes, der Geltungsanspruch soll die Nobilitierung ersetzen. Das Stadtwappen konkurriert ohnehin mit dem Ritterwappen. Auch wenn der Adel in der Stadt Paläste baute, dominierte die Civitas.

Entwicklungsgeschichtlich ist zu beobachten, daß einige Freitreppen vor Rathäusern ihre Herkunft von den schlichten einläufigen Außentreppen nicht verleugnen können. Ungeachtet allen Aufwandes an Dekoration bleiben Lauffigur und Ausstattung des Treppenganges bescheiden. Auch fehlt hier und dort ein schützendes Dach, beziehungsweise ein Gehäuse. Das Geltungsstreben richtet sich allein nach außen, zum Ambiente, zur Straße oder zum Platz davor.

NÖRDLINGEN, Rathaustreppe 1618.
Foto: M. Baur, Nr. S 3018

Beispiele für einläufige Freitreppen vor Rathäusern

1499	OCHSENFURT
A. 16. Jh.	GOSLAR
1532 f.	DUDERSTADT; Schutzdach 1674
1536-1538	OSCHATZ
1537 f.	GÖRLITZ
1590	GRETTSTADT
1594	LÜBECK; Kopie 1894
1618	NÖRDLINGEN
1630 f.	GRAZ (A), Landhaus (1557-1565)

Außentreppe am Palast Wilhelms des Eroberers; Umzeichnung nach dem Teppich von Bayeux, E. 11. Jh.
▷ *O. STIEHL: »Der Wohnbau des Mittelalters«, Leipzig 1908*

In Frankreich finden sich zahlreiche Schöpfungen ähnlicher Art wie in Deutschland mit geraden einläufigen Aufstiegen, bei denen man im Zweifel sein kann, ob sie den Außentreppen oder den Freitreppen zuzuordnen sind. Wenn die Daten korrekt sind, ist dieser Typ nicht an eine bestimmte Epoche gebunden. Er kommt im Mittelalter ebenso vor wie in der Renaissance. Der direkte Zugang in das Hauptgeschoß, verbunden mit guter Belichtung und guter Sicht – von innen ebenso wie auch von außen – ermöglicht eine repräsentative Selbstdarstellung gegenüber der Öffentlichkeit. Dieses Verlangen ist zeitlos. Allein in den Dekorationen folgte man dem Zeitgeschmack. Eine Symbolik in Form und Zahl der Stufen ist nicht erkennbar. Es überwiegt das in die Ausstattung investierte Renommee.

Von den vielen Beispielen seien hier nur drei Objekte genannt:
Der escalier de Bellegarde (1615) neben der Tour de Bar am Herzogspalast in Dijon. Hautecœur nennt eine Treppe aus dem 13. Jahrhundert in Meaux[10] und Heinrich v. Geymüller bildet den Aufstieg zum Justizpalast in Paris ab, der, unter Louis XII. (1498-1515) gebaut, im Jahr 1737 abgebrannt ist[11].

Neben den einläufigen Freitreppen gibt es gleichzeitig Freitreppen, ebenfalls vor Amtsgebäuden, mit zwei symmetrischen Läufen. Obwohl die Verdopplung des Aufstiegs das gesellschaftliche Renommee bereichert, ist sie nicht als Steigerung der einläufigen Typen zu verstehen.

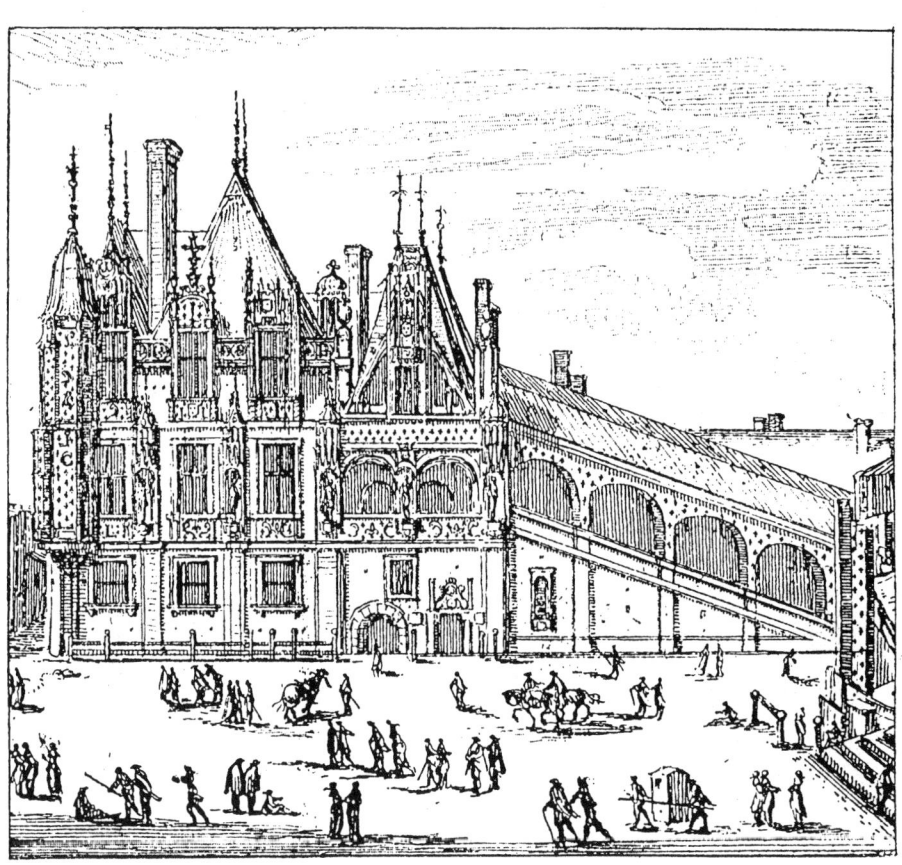

PARIS, Justizpalast, Chambre des Comptes.
▷ *H. v. GEYMÜLLER: »Die Baukunst der Renaissance in Frankreich«, Stuttgart 1898, S. 72*

DIJON,
Schloß der Herzöge von Burgund,
La Tour de Bar mit dem escalier
de Bellegarde (1615).
▷ L. HAUTECŒUR:
»La Bourgogne«, T.II, Paris 1929

*DEIR-el-BAHARI,
Grab einer Musikantin des Gottes
Amun, Papyrushandschrift mit der
Darstellung des Totengerichts vor
dem Herrscher des Totenreichs,
dem Gott Osiris.
21. Dynastie 1185-950 v.Z.,
New York Metropolitan-Museum.
▷ I. WOLDERING: »Ägypten«,
Baden-Baden, 1979, S. 59*

Offenbar haben beide ihre eigene Genese. Die einläufigen Freitreppen stammen von den primitiven Außentreppen ab, die doppelläufigen setzen eine jahrtausendealte Tradition fort, in der Symmetrie gleichbedeutend mit Herrschaftsanspruch und Gerechtigkeit ist. Die Waage des Gerichts ist ein Parallelbeispiel. Osiris, der Gott des altägyptischen Totenreiches, besaß bereits eine große Waage, mit deren Hilfe er über die Toten urteilte[12]. Seit eben dieser Zeit gelten die gleichseitigen Treppenanlagen als Aufstiege mit hohem Symbolgehalt. Da die Obrigkeit der Städte der Gerechtigkeit ebenfalls verpflichtet sein soll, sind die symmetrischen Freitreppen eine Art Garantiesiegel, oder zumindest ein Hoffnungszeichen, für den Inhalt des Rathauses, von dem man eine ausgewogene Amtsführung erwartet. Die Tugend, symbolisiert durch eine Treppe, möchte Schmuck des Ortes sein.

Beispiele für symmetrisch doppelläufige Freitreppen

1422 beg.	KARLSTADT a.Main, Rathaus
1487-1512	OSNABRÜCK, Rathaus
1504	BRESLAU (PL), Rathaus
1507	BIETIGHEIM, Rathaus, Umbau 1608
1512	DETTELBACH a.Main, Rathaus
1530 f.	PÖSSNECK (Thüringen), Rathaus
1537 f.	HANAU, Rathaus
1544	VOLKACH a.Main, Rathaus
1552	MÜLHAUSEN (F), Rathaus
1554	MOLSHEIM (F), Metzig, Haube des Podestes 1607
1564	OLMÜTZ (ČR), Rathaus
1587 f.	STRASSBURG (F), Große Metzig
1594	LEIDEN (NL), Rathaus, Kopie 1930
1595	VENLO (NL), Rathaus
1603	GOUDA (NL), Rathaus (1448-1450)

Selbstverständlich fehlt es nicht an Dekorationen aller Art, an architektonischen und bildhauerischen. Dabei fällt die Mischung der Formen auf. Gotisches Dekor reicht bis ins 17. Jahrhundert, Renaissance-Elemente treten etwa hundert Jahre früher auf.

DETTELBACH am Main, Rathaus Freitreppe 1512.
▷ A. GRISEBACH: »Das deutsche Rathaus der Renaissance«, Berlin 1907, Abb. 39

Es ist unzulässig, die Würdigung des symmetrisch zweiläufigen Treppentyps nur auf Rathäuser einzuschränken. So alt das menschliche Verlangen nach Ausgewogenheit, Gleichheit und Gerechtigkeit ist, so lange gibt es auch ein Bemühen, diese Parität gleichnishaft darzustellen – nicht nur in den Formen von Treppen. Immerhin hat die altägyptische Vorstellung von der Waage des Gerichts ihre scalalogische Entsprechung in dem um 1417-1379 gebauten Amenophis-Totentempel in Karnak. Seine spiegelbildlich angelegten Treppenläufe sind die vielleicht frühesten Beispiele dieses Typs, die wir kennen. Daß der Palast in Persepolis (518 v.Z. ff.) die Herrscherqualitäten der Achämenidenkönige Darius I. (522-486) und Artaxerxes I. (465-423) durch doppelläufige Freitreppen ebenso zu manifestieren hatte wie der zweifache Aufstieg vor der um 848 A.D. entstandene Königshalle in Naranco (E-Asturien) die Geltungsansprüche Ramiro I., ist naheliegend.

Daneben aber ist nicht zu übersehen, daß die Bedeutung der symmetrischen Treppenanlage schon frühzeitig säkularisiert worden ist. Die Praxis der Verkehrsführung und -trennung trat an die Stelle transzendenter Begriffe. Beispiele bieten das Amphitheater (2. Jh. v. Z.) in Pompeji und die Befestigungsanlagen in Resafa (Syrien, 1. H. 6. Jh.).

*ROM, Belvederehof des Vatikan,
Doppelkegeltreppe;
D. Bramante ~ 1510.
▷ S. SERLIO: »Tutte l'opere ...«,
Venezia 1619, III 120,
Reprint 1964*

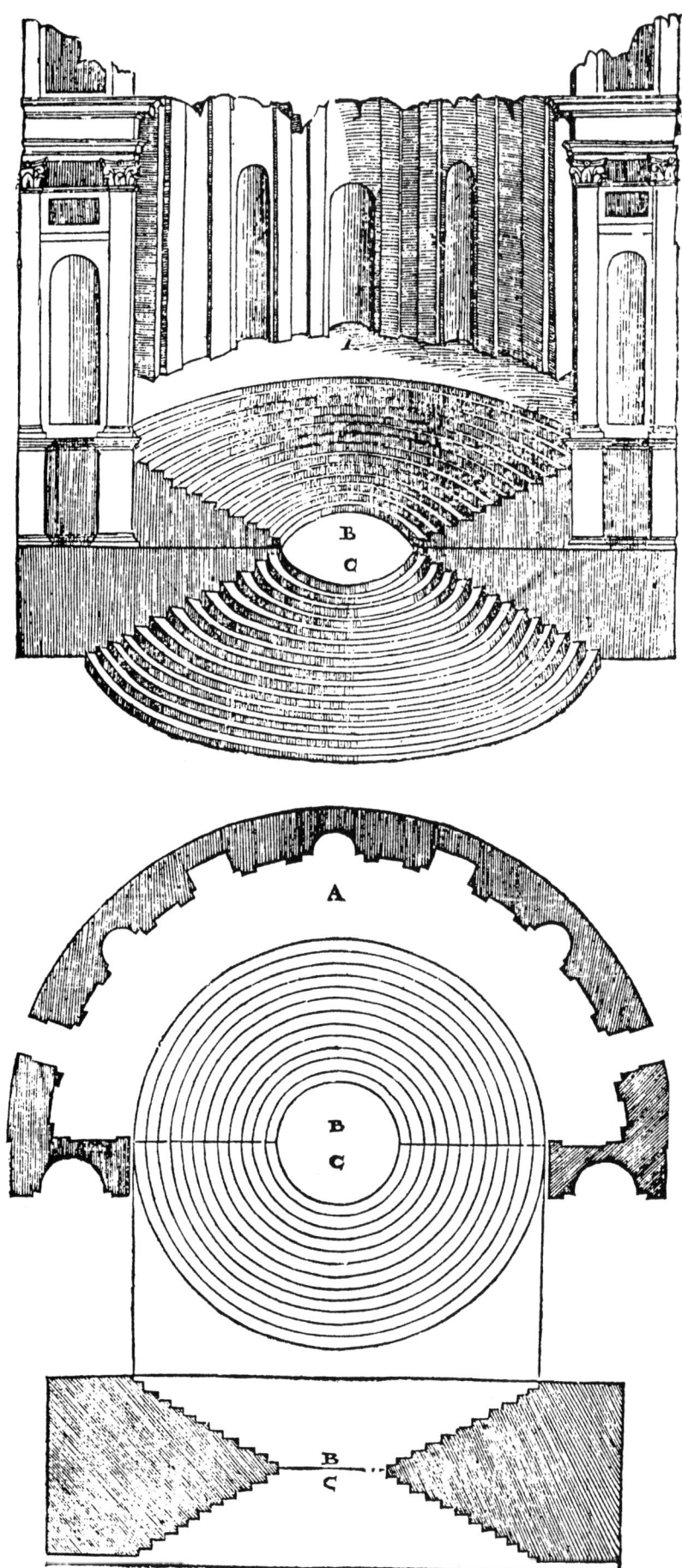

Während nördlich der Alpen eine gewisse Einheitlichkeit in der Systematik von Freitreppen zu erkennen ist, gefielen sich die südländischen Baumeister der Renaissance als Individualisten. Gewiß gibt es auch in Italien zweiläufig symmetrische Aufstiege, z.B. Michelangelos Treppenanlage auf dem römischen Kapitol vor dem Palazzo Senatorio (1582-1605), aber sie blieben Einzelschöpfungen, sie formierten keinen überall verbindlichen Typ für bestimmte Gebäude. Glaubte man Freitreppen zu benötigen, scheint jeder Fall einzeln behandelt worden zu sein, so speziell wie ein Juwelier seine Pretiosen für anspruchsvolle Kunden fertigt. Dafür einige Beispiele:

Als Bramante zu Beginn des 16. Jahrhunderts den Belvederehof in Rom zu gestalten hatte, ließ er die Gartenachse in einer riesigen Konche enden. Vorbilder boten die antiken Exedren und die Apsiden des Kirchenbaues. Schwierigkeiten bereitete dagegen der Höhenunterschied des Geländes. Er wurde durch Terrassen bewältigt, zwischen denen Treppenläufe üblichen Typs vermitteln. Nur vor der großen Konche konnte ein geradarmiger Aufstieg nicht mit dem Rund des abschließenden Baues harmonieren. Für diese Situation erfand Bramante einen Übergang besonderer Art. Er kombinierte die konvexen Rundungen des seit dem Altertum bekannten Kegeltreppentyps mit ebensovielen konkaven Stufen und erfand den neuen Typ einer Doppelkegeltreppe. Plastik und Hohlplastik, verbunden durch ein kreisrundes Podest, zu kombinieren, war ein Geniestreich. Er bereicherte das bisherige Repertoire der Lauffiguren, die – von Pyramidentreppen und Kegeltreppen abgesehen – nur aus Stufen bestanden, die sich wie aufgefädelt reihen. Angeregt durch die prekäre Situation im Belvederehof des Vatikan, wandelte Bramante die zielgerichtete Stufenfolge in eine Plastik, die von allen Seiten eines Halbkreises steigbar ist.

Bramantes Doppelkegeltreppe fand ihre erste Resonanz in Serlios Schriften[13], und in Italien ab 1547 beim Schloßbau in Caprarola. Mit Serlios Berufung 1540 an den Hof König Franz I. von Frankreich, wurde man auch dort mit diesem Treppentyp bekannt, zuerst in Fontainebleau (1541-1546), dann in Anet (1547 ff.) und in Lyon (1548). Der französische Baumeister Salomon de Caus (~1576-1626), Hofarchitekt Louis XIII., führte die erste deutsche Doppelkegeltreppe im Hortus Palatinus, im Palastgarten des Heidelberger Schlosses, aus.

unten:
ROM, Belvederehof des Vatikan, Längsschnitt.
▷ *J. DURM 1914, Abb. 34*

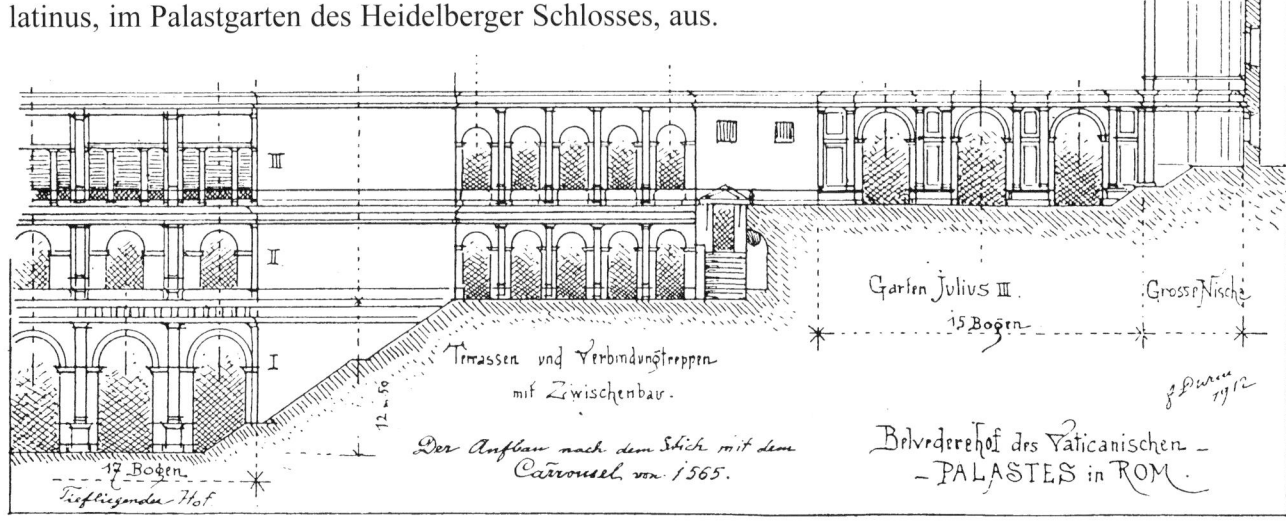

*ROM, Belvederehof des Vatikan,
Ansicht in der Tiefenachse.
▷ J. DURM 1914., Abb. 33*

Peter Murray behauptet, die 1519-1526 von Diego de Siloe gebaute Escalera Dorada in der Kathedrale von Burgos (E) sei »*nachgewiesenermaßen von Bramantes Plan für den Cortile del Belvedere abgeleitet*«[14]. Seine Erkenntnis führt in die Irre, weil in Rom das bedeutendste scalalogische Ereignis in der Doppelkegeltreppe zu sehen ist. Wenn sich Siloe überhaupt von Bramante beeindrucken und anregen ließ, dann kann es nur die große Treppenanlage mit dem verdoppelten zweiarmigen Aufstieg gewesen sein, die das Niveau der 2. Terrasse mit der 3. Terrasse verbindet. Doch dieser symmetrische Treppentyp war in der Renaissance weder neuartig noch besonders kunstvoll. Bekanntlich gab es ihn bereits verbreitet. Er gehört zu den Standards und mag wegen der im Belvederehof gesteigerten Ausmaße Diego de Siloes Aufmerksamkeit erregt haben. Daß er diesen geradarmigen Typ für das nördliche Querschiff der Kathedrale in Burgos übernahm, zeugt nicht von Originalität und architektonischer Phantasie, wie sie vor ihm Bramante und nach ihm Michelangelo und Ammanati bewiesen haben. Wenn die Escalera Dorada dennoch Anerkennung fand, so wegen der spektakulären Vergoldung und wegen der bildhauerischen Dekorationen. Es sind applizierte Qualitäten, keine ingeniösen Ideen, die Laufführung oder Stufenbildung formen. In ihrer Struktur ist die Treppe in Burgos konventionell. Aber gerade diese Eigenschaft erlaubt einen Maßstab, der ihre nahezu gleichzeitig entstandenen Vergleichsbeispiele in Rom und in Florenz sehr hoch qualifiziert einstuft.

*BURGOS (E), Kathedrale,
Escalera Dorada
(Vergoldete Treppe),
Diego de Siloe 1519-1526.
▷ Bildarchiv Foto Marburg*

Ein ähnliches Juwel wie im Belvederegarten des Vatikan entstand ein halbes Jahrhundert später in Florenz. In der zur Kirche S. Lorenzo gehörenden Bibliothek, in der Biblioteca Laurenziana, existiert eine Freitreppe, die Kunsthistorikern verwirrend zu sein scheint, Architekten aber verständlich ist, weil sie ein vorzügliches Beispiel ist für die Vertauschbarkeit von Außen- und Innenraum.

Der Lesesaal befindet sich etwa dreieinhalb Meter über der Vorhalle. Diesen Niveauunterschied galt es durch eine Treppe zu überbrücken. Für sie machte Michelangelo, seinerzeit in Rom tätig, einige Skizzen. 1525 sah er eine symmetrische Anlage vor, deren Läufe seitlich an den Wänden emporführen sollten. 1555 folgten Entwürfe für eine freistehende dreiläufige Treppe in der Türachse des Vorraumes. In einer Skizze staffelte Michelangelo die Stufen auch in der Querachse, indem er die Wangen wie Tritte behandelt. Die Stufen des mittleren Laufes liegen tiefer als die entsprechenden Stufen der beiden Außenläufe. In einer anderen Skizze sind die Stufen des zentralen Laufes als Kreissegmente geschweift, als gehörten sie zum Sektor einer Kegeltreppe. Gründe für die neue Aufteilung des Aufstiegs in drei Läufe wurden vermutet. Georg Kauffmann schreibt: »*Der mittlere Aufgang soll für den Großherzog reserviert sein, die beiden seitlichen Untergebenen dienen ... Beim Besteigen der geländerlosen Nebenläufe macht sich ein Gefühl der Unsicherheit bemerkbar ...*«[15]. Das könnte heißen, die gerundeten Stufen sind die präsentableren, allein den hohen Herrschaften würdigen. Für sie leistete man sich beidseitig Geländer, die Suite mußte ohne Steigehilfe auskommen. Sollte sie bewußt verunsichert werden?

1557 machte Michelangelo ein Modell und schickte es nach Florenz, wo Bartolomeo Ammanati 1560 die Treppe baute. Seine Ausführung folgt den Vorstellungen Michelangelos nur mit eigenen Vorbehalten. Die Ausführung der Treppe ist raffinierter, um nicht zu sagen durchtriebener als der Entwurf. Man bemerkt leicht, daß Ammanati – mehr als Michelangelo – diese Treppe als Plastik verstanden hat, war er doch ebensosehr Bildhauer wie Baumeister. Für den Aufbau der Treppenanlage schien es wichtig zu sein, daß er sich zur Mitte hin steigert. Vier etwa gleichwertige und parallele Geländer würden sich Konkurrenz machen. Die gestalterische Absicht war offenbar entscheidender als ein eventuell vorhandenes Sicherheitsbedürfnis, zumal nicht gewiß ist, ob die seitlichen Läufe wirklich für nachgeordnete Personen gedacht waren, wie Kauffmanns Phantasie spekuliert.

Ammanati hat ein Zwischenpodest eingefügt, auf dem die Nebenläufe enden. Die seitlich steigenden Personen müssen an dieser Stelle zum Mittellauf überwechseln. Kauffmanns These einer flankierenden Begleitung findet an dieser Stelle ihr Ende. Ab hier muß die Suite hinter dem Herrn hersteigen. Auffällig ist ferner, daß die seitlichen Läufe bis zum Zwischenpodest mit einer Stufe mehr ausgestattet wurden als der Hauptlauf. Dadurch ergeben sich für sie flachere Stufen als für die Mitteltreppe. Der Dienerschaft (?) werden die bequemeren Tritte von etwas mehr als 17 cm Höhe[16] angeboten. Die Herrschaft muß Stufenhöhen von im Mittel 19 cm steigen.

FLORENZ,
Biblioteca Laurenziana,
Freitreppe im Innenraum,
Modell: Michelangelo 1557,
Ausführung: Ammanati 1560

FLORENZ,
Biblioteca Laurenziana,
Freitreppe im Innenraum,
Skizzen von Michelangelo 1557

Die Eingangstreppe zur Libreria stellt alle im Kapitel über »Die Stufen« gewonnenen Erkenntnisse infrage. Das Streben nach Bequemlichkeit kommt hier nicht den sozial Höhergestellten zugute sondern ihren Untergebenen. Hat die italienische Renaissance ihre eigene Gesetzlichkeit, die sich nicht mit anderen Ländern vergleichen läßt? Die Antwort wird »ja« und »nein« lauten müssen. Eine Eigengesetzlichkeit im Treppenbau ist dadurch gegeben, daß antike Treppen in der Regel höhere Stufen hatten als sie in späteren Zeiten üblich wurden. In dem vornehmen Wohnhaus, der »Casa del bel cortile«, in Herkulaneum (Ercolano) hat die zwischen 62 und 79 A.D. gebaute Treppe zum Obergeschoß Stufenhöhen von minimal 21 cm und maximal 28 cm[17]. Noch um 300 A.D. bekamen die sogenannten Kaiserthermen in Trier Stufen, die zwischen 24 cm und 32 cm hoch sind[18]. Für die Erben römischer Bauweisen, für Italiener, waren hohe Stufen nie problematisch, auch nicht in öffentlichen Versammlungsstätten. Sie waren alltäglich, selbst für die Teilhaber der Renaissance.

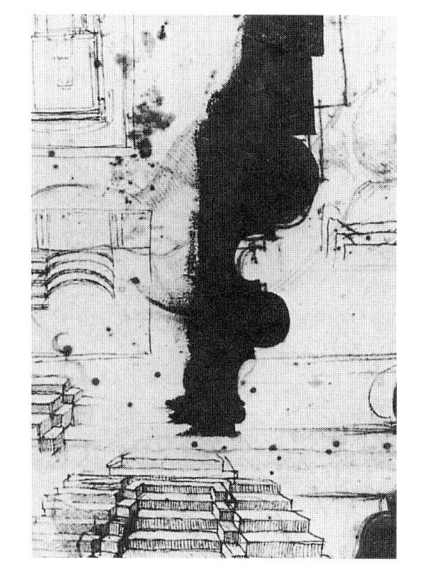

Der andere Gesichtspunkt, der sich nicht auf die Antike und ihre Folgen stützen kann, ist soziologischer, nicht ergometrischer Natur. Um ihn zu verstehen, mag das Beispiel der Stadtsilhouette hilfreich sein. Zu allen Zeiten haben die tonangebenden Persönlichkeiten und Familien darauf Wert gelegt, mit ihren Bauten im Stadtbild deutlich präsent zu sein. Selbstverständlich gebührte Gott die höchste Ehre. Ad majorem Dei gloriam bildeten die Türme und Kuppeln der Kirchen die Höhepunkte jeder Stadtsilhouette. In der nächsten Zone darunter ragten die Spitzen der urbanen Gemeinschaftseinrichtungen und die Türme der maßgebenden Geschlechter empor. Erst in dritter Position ergab die Masse der Bürger den massiven Unterbau. Fazit: Nur die Hochgestellten dürfen hoch hinaus. Auch im 20. Jahrhundert demonstrieren die Skylines der Großstädte, wer das Sagen hat.

*FLORENZ,
Biblioteca Laurenziana,
Freitreppe im Innenraum, M 1:100,
Modell: Michelangelo 1557,
Ausführung: Ammanati 1560.
▷ J. C. RASCHDORFF: »Palast-
Architektur von Oberitalien und
Toskana«, Florenz 1888*

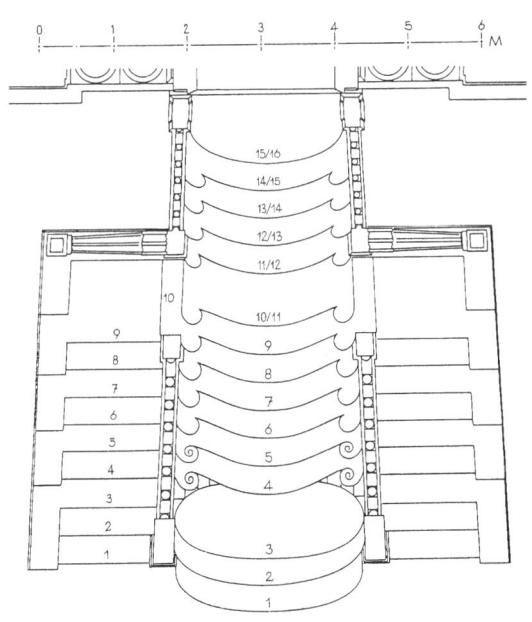

*FLORENZ,
Biblioteca Laurenziana,
Freitreppe im Innenraum, M 1:100
Modell: Michelangelo 1557,
Ausführung: Ammanati 1560.
Antrittarme (Höhe 191 cm)
Mitte: 10x18,5-19,5/36-36,5 cm
Seiten: 11x17,3-17,4/37-37,5 cm
Austrittarm (Höhe 97 cm)
5x19,0-19,5/36,9 cm.
▷ J. C. RASCHDORFF 1888*

39

Im dänischen Schloß Kronborg (1574-1585) gibt es 17 Treppen, in der Mehrzahl Wendeltreppen. Durch genaue Messungen ließ sich feststellen, daß die durchschnittliche Stufenhöhe etwa 18 cm beträgt. Für die Dienstleute machte man Kellertreppen von minimal 16 cm, aber die Prachttreppe für den König im sogenannten Trompeterturm hat Stufen von 20 cm Höhe[19]. Sie ist eine Wendeltreppe, die zum Festsaal im obersten Geschoß führt und die von allen Gästen, der Hautevolee des Landes, gestiegen werden mußte. Den Höchstgestellten hatte man die höchsten Stufen des Schlosses vorbehalten. Im Bereich des Prestiges waren Stufenhöhen keine Maßeinheit, auch kein Merkmal für Bequemlichkeit, sondern Statussymbol.

Derartige Kriterien kann man schon an mittelalterlichen Kanzeltreppen beobachten, deren Stufen vielfach höher sind als die Tritte der Aufstiege zu den Emporen. Steigungen zwischen 22 und 29 cm sind oft anzutreffen. Abgesehen davon, daß muslimische Minbare für christliche Kanzeln Vorbild gewesen sein könnten[20], ist die symbolische Aussage wichtig: Der Aufstieg zur Kanzel ist einer Himmelstreppe vergleichbar. Von der Kanzel verkündet der Geistliche Gottes Wort. Da Gott die höchste Instanz ist, gebühren ihm die höchsten Stufen, gleichgültig, ob sie beschwerlich sind oder nicht.

Die Eingangstreppe zur Biblioteca Laurenziana hat den Charakter einer Freitreppe, obwohl sie sich in einem Innenraum befindet. Die Kriterien einer Freitreppe sind nicht an die Position vor oder in einem Gebäude gebunden[21]. Der Charakter von Freitreppen setzt nicht voraus, daß sie im Freien stehen müssen. Ihr Typus ist frei von architektonischen Bindungen. Sie sind allein dem Prestige des Bauherrn verpflichtet. Als Paradestück des Empfanges können sie die Honneurs des Hauses sowohl vor der Eingangstür wahrnehmen als auch hinter ihr.

Im Innern des Hauses ist ein Schutz vor Witterungsunbilden, ein Dach, überflüssig. Vor dem Hause hat man diese exponierte Position verschiedentlich mit dem Vorzug des schützenden Raumes kombiniert, indem der Treppe ein eigener Vor-Bau, dem Baukörper vorgesetzt, zugestanden wurde. Die in kunsthistorischen Schriften zu lesende Bezeichnung des Vorbaues als Risalit ist irrig, weil Risalite Gliederungselemente einer Fassade sind, also primär keine Auswirkung auf den Innenraum haben müssen. Bei dem Vorbau aber handelt es sich um ein spezielles Gehäuse für die integrierte Freitreppe. Vorzügliche Beispiele zeigen – eine Epoche später – der Neubau des Schlosses Weißenstein 1711-1718 in Pommersfelden und der Umbau 1744-1756 des Potsdamer Stadtschlosses unter König Friedrich II. von Preußen. Ihre den Eingangspavillon ausfüllenden, nur zur Beletage führenden doppelläufigen Aufstiege können nicht als Geschoßtreppen bezeichnet werden. Es sind Freitreppen im Innern des Gebäudes, sowohl als Typ als auch in der Funktion. Wollte man das umschließende Gehäuse entfernen, würde diese Funktion alle Zweifelnden überzeugen. Das Gehäuse ist lediglich ein Wetterschutz, hatten doch viele Außen- und Freitreppen ein Dach oder sogar ein bergendes Gehäuse bekommen, ohne daß ihre Eigenschaft als Eingangstreppe in Frage gestellt wäre.

DINKELSBÜHL, Georgenkirche, Freitreppe im Innenraum,
N. Eseler von Alzey / N. Eseler 1448-1499.
Treppenanlage mit 2 geraden, symmetrisch entgegengesetzten Läufen und einem
gemeinsamen Hauptpodest vor dem Portal zur Sakristei
Linker Lauf: 3 +10 Steig. 23-25/26 cm,
rechter Lauf: 3 + 10 Steig. 24/28 cm,
Laufbreiten 80-66 cm.
Die Zahlen der Stufen entsprechen der Hl. Dreifaltigkeit und den 10 Geboten.

GÖRLITZ, Rathaus,
Freitreppe mit Verkündkanzel,
W. Roskopf d.Ä./A. Walther 1537 f.;
Justitia auf der Säule,
A. Walther 1591.
▷ C. BÖTTCHER 1909, S. 106

3. Reittreppen und Reitrampen

Seit ihrer Domestizierung sind Tiere unentbehrliche Helfer der Menschen. Bei der Vergrößerung der Marschgeschwindigkeit, beim Tragen und Ziehen von Lasten haben Tiere der menschlichen Bequemlichkeit Vorschub geleistet. Nicht ohne Mühe, aber immerhin sitzend, kann ein Reiter größere Strecken in kürzerer Zeit zurücklegen, als es ihm zu Fuß möglich wäre. Ohne Pferde hätte man auch keine Burgen auf schwer zugänglichen Bergen errichten können. In den Burgen selbst nutzte man sie bei Turnieren, sofern der Hof dafür groß genug war.

Frühe Reitrampen in Gebäuden sind selten. Ein römisches Beispiel, unter Kaiser Hadrian 130-139 gebaut, findet sich in der Engelsburg. Im Mittelalter rangierten die Kirchen- und Klosterbauten an erster Stelle. Erst verhältnismäßig spät, als die Zeit des Rittertums vorbei war, kam man auf den Gedanken, den Vorzug des Reitens nicht vor dem Tor enden zu lassen, sondern in das Gebäude zu verlängern. *Beispiele:*

Reittreppen

~1500	PRAG (ČR), Hradschin, Palast
~1500	BRODENBACH (Mosel), Burg Ehrenburg
1507	BOLOGNA (I), Palazzo d'Accursio (heute: Municipio)
1531ff.	GRÜNAU bei NEUBURG a.d.Donau, Altes Schloß
1537-1543	LANDSHUT, Stadtresidenz
1540 ff.	BERLIN, Kurfürstliches Schloß
1559-1560	STUTTGART, Altes Schloß
1560-1594	BERLIN-SPANDAU, Zitadelle
1565-1566	BAYREUTH, Altes Schloß
1578-1586	WOLFEGG (Württemberg), Schloß
1587 ff.	ANSBACH (Mittelfranken), Schloß
1594 ff.	LAUTERBURG bei AALEN, Schloß
1595-1597	WEIKERSHEIM, Schloß
1599 ff.	WÜLZBURG bei WEISSENBURG, Festung
1613-1614	NELAHOZEVES (ČR), Schloß

Reittreppen haben niedrige und sehr tiefe Stufen, meist mit ansteigendem Auftritt. In der transitorischen Funktion gleichen sie den Reitrampen. Diesen gegenüber besitzen sie den Vorzug, daß ihre Stufen flacher sind als die Rampenneigung auf gleichem Grundriß. Sie wurden gebaut, als der Adel seine Burgen durch Schlösser ersetzte und als das Verlangen nach Bequemlichkeit des Wohnens auch die Kommunikationswege einschloß. In der Technikgeschichte sind sie Vorläufer der Aufzüge und Fahrtreppen.

In Frankreich setzte sich das Streben nach Commodité bei den Treppen etwas früher durch als in Deutschland. Die im 15. Jahrhundert entstandene Wendeltreppe im Schloß Montreuil-Bellay (Maine-et-Loire) wurde durch die Reiterkünste der Herzogin von Longueville bekannt. Mit ihren Stufenhöhen von 17 cm gehört sie nicht zu den Reittreppen.

Verwandt mit den Reittreppen sind die Reitrampen, die den Vorzug besitzen, auch für Fahrzeuge brauchbar zu sein. Berühmt wurden die ~1500 gebauten Wendelrampen am Schloß Amboise (F-Loire)[22].

BOLOGNA, Palazzo d'Accursio,
Municipio/Palazzo Comunale,
Reittreppe, Bramante (?) 1507.
▷ Foto: F. Mielke 26.8.1977

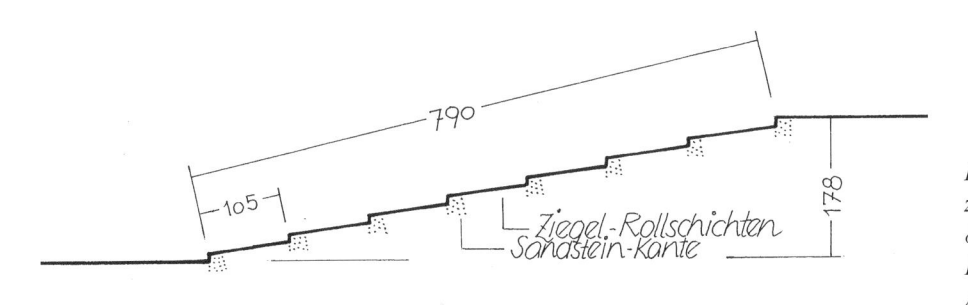

PRAG, Hradschin, Reittreppe
zum Wladislawsaal, ~ 1500,
8 Steig 6-8/ ~ 105 cm,
Laufbreite 353 cm.
Aufmaß: N. Stannek 27.9.1985.
Zeichnung: F. Mielke 1996

4. Zwillingswendeltreppen

Etliche Bauwerke, die der Renaissance zugerechnet werden, wurzeln in der Gotik. Die im Mittelalter entwickelten Techniken und Kunstfertigkeiten wirkten weiter, dienten mit neuem Dekor einem veränderten Geschmack und bildeten auch noch eine Grundlage für die Bauideen des Barock. In der Fachliteratur des 17. Jahrhunderts sind typisch gotische Stufen keine Seltenheit[23]. Und es ist auch kein Zufall, wenn sich in der 1715 ff. gebauten Kirche[24] des Schlosses Ludwigsburg bei Stuttgart, in der von Balthasar Neumann 1730-1734 entworfenen Kirche Gößweinstein[25] und in der Benediktinerabteikirche Amorbach (1742-1747) gotische Stufenprofile finden. Das nach den schweren Kriegszerstörungen 1945 von Sandsteindekorationen und Putz weitgehend entblößte Mauerwerk der Potsdamer Garnisonkirche (Ph. Gerlach 1730-1735) offenbarte, daß die tektonische Struktur des Turmes mit Spitzbögen konstruiert war.

Als Peter Parler 1372 am Prager Veitsdom, oberhalb des Goldenen Portals, eine kleine Servicetreppe vorsehen mußte, wurde unter seinen Händen das Nebensächliche zu einem Paradestück der Architektur. Er erfand die gestaffelte Wendeltreppe. Er steigerte den Schwierigkeitsgrad durch quadratische Grundrisse (statt der bis dahin kreisrunden) und reduzierte die umschließende Wandung auf das Minimum weniger dünner Stützen. Das Treppengehäuse ist so durchsichtig, daß der Treppenlauf in allen Einzelheiten vom Platz vor der Kirche verfolgt werden kann. Sein Werk war als artistische Höchstleistung erfunden und ausgeführt, allein, um an der Schauseite des Domes, oberhalb des Hauptportales, einen beachtenswerten Akzent durch die Kunst des Treppenbaues zu setzen. Daß dies eineinhalb Jahrhunderte später (1419-1439) auf dem Straßburger Münsterturm durch Johannes Hültz eine maximale Steigerung erfahren würde, konnte er nicht ahnen.

Ebenso wenig konnte Peter Parler wissen, daß sich die von ihm geradlinig konzipierte Staffelung seiner Treppe unter anderen Bedingungen zu einem neuen Typ von Wendeltreppen wandeln würde. Die heute ostslowakische, einst reichsunmittelbare Stadt Košice (deutsch: Kaschau, ungarisch: Kassa) war im ausgehenden Mittelalter ein derart bedeutender Handels- und Wallfahrtsort, daß im dortigen Elisabethdom (~1380 – ~1440) ein besonderes Oratorium für den ungarischen König eingerichtet werden mußte. Als Platz war eine Empore über der Südvorhalle des Querschiffes bestimmt worden, vergleichbar etwa der Kaiserloge im Aachener Münster (786 – ~800) oder der Westwerk-Empore in der 848 geweihten Abteikirche von Corvey an der Weser. Das Problem bestand darin, für den König und sein Gefolge eine Treppe zu entwerfen, die der Würde der steigenden Personen angemessen ist. Die Höhe der Empore und der verfügbare Platz, eingeschränkt durch das Portal, ließen eine große Treppenanlage nicht zu. Es mußte eine Lösung gefunden werden, die wenig Grundfläche benötigt, aber so eindrucksvoll ist, daß sie dem Anspruch eines Aufstiegs für höchste Persönlichkeiten genügt.

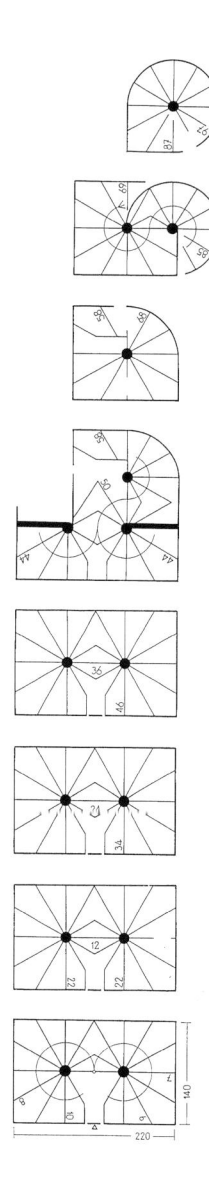

KOŠICE (Slowakische Republik), Elisabethdom (~ 1380- ~1440) Zwillingswendeltreppe ~ 1440. Aufmaß/Zeichnung: M. Schmiedlová

rechte Seite:
KOŠICE (Slowakische Republik), Elisabethdom (~1380-~1440), südliches Querschiff, Zwillingswendeltreppe ~ 1440.
▷ *L. VAYER 1968, Abb. 13*

KOŠICE (Slowakische Republik), Elisabethdom (~1380-~1440), Grundriß M 1:500. Umzeichnung: F. Mielke

44

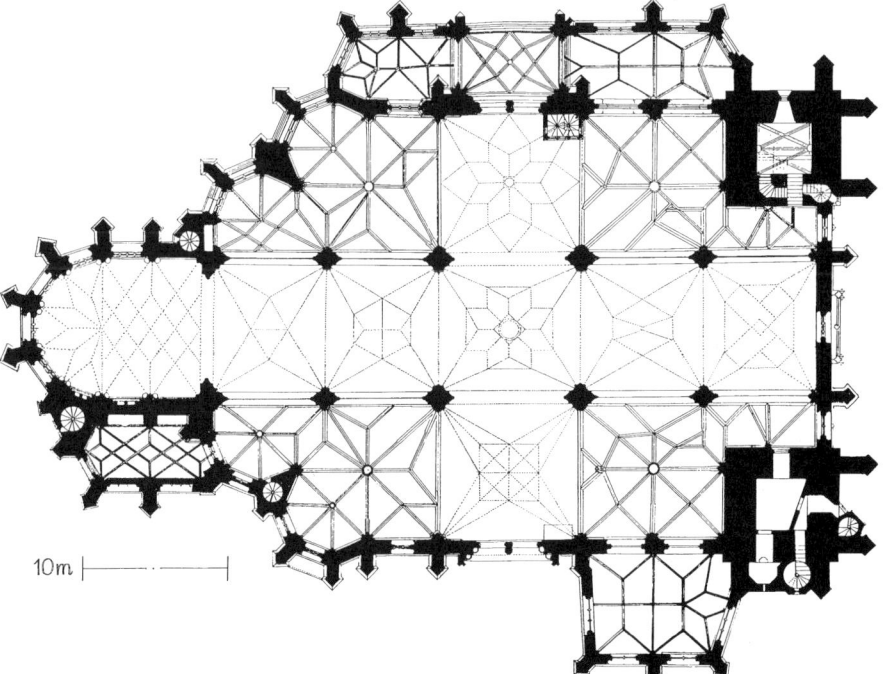

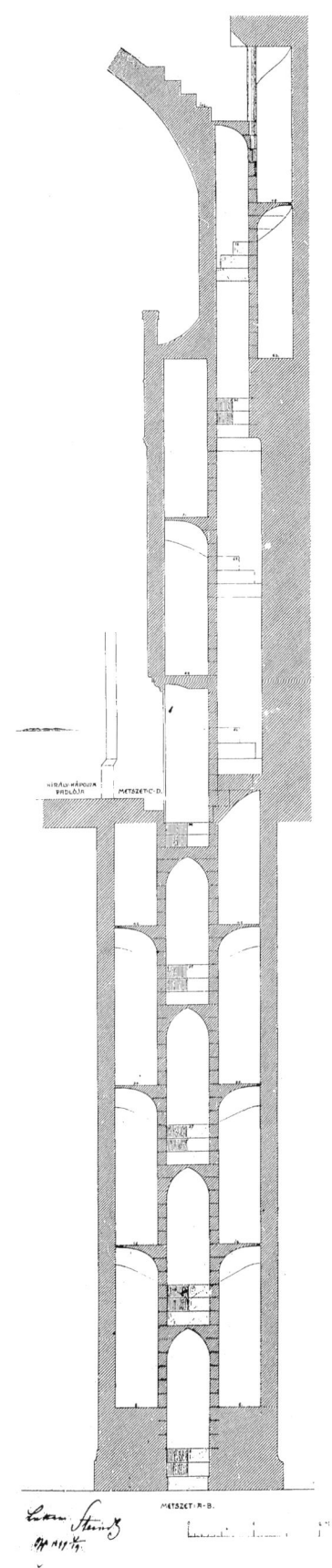

KOŠICE (Slowakische Republik),
Elisabethdom (~1380- ~1440),
Zwillingswendeltreppe, Schnitt.
Aufmaß/Zeichnung: Steindl 1899

rechte Seite:
KOŠICE (Slowakische Republik),
Elisabethdom (~1380- ~1440),
südliches Querschiff, Aufriß
Zwillingswendeltreppe ~1440
M 1:100.
Quelle:
Országos Müemléki Felügyelöség,
Budapest I

Der uns leider nicht namentlich bekannte Baumeister erfand eine ungewöhnliche Treppe, konstruktiv nicht sonderlich riskant, auch nicht reich dekoriert, aber mit einer intelligenten Laufführung. Er muß die um ca. 70 Jahre ältere gestaffelte Wendeltreppe am Prager Veitsdom gekannt haben, denn auch sein Entwurf geht vom Prinzip einer Staffelung aus. Aber er sah nicht nur einen Treppenlauf vor, sondern zwei, und verzichtete – wegen des erwähnten Platzmangels – auf eine gerade fortlaufende Staffelung. Seine Treppe ist duozentrisch, jeder der beiden Läufe wird um beide Spindeln hin- und zurückgeführt. Zwei spiegelbildlich kombinierte Wendeltreppen sind zu einer Zwillingswendeltreppe vereint. Wer die Stufen steigt, hat nach 360° die Wahl, entweder nur die Rechtswendelung oder nur die Linkswendelung zu bevorzugen oder aber den ganzen Grundriß in der Form einer 8 zu nutzen und die beiden Läufe rechtsherum und linksherum zu wechseln. Mit diesen drei Möglichkeiten lassen sich verschiedene persönliche Eigenheiten befriedigen. In dem skelettierten Gehäuse, das Ein- und Aussichten gleichermaßen erlaubt, ist dieser Aufstieg von wahrhaft königlicher Genialität, auch wenn uns die Laufbreite von etwas mehr als 60 cm sehr eng erscheinen mag. Vermutlich ist die Beschränkung nicht dem Baumeister anzulasten, sondern allein aus der Knappheit der verfügbaren Basisfläche zu begründen.

Mit der Zwillingswendeltreppe im Elisabethdom zu Košice verbinden sich zwei scalalogische Ereignisse: der bis dahin nicht gekannte neue Treppentyp und sein Anspruch, Personen höchsten Ranges zu dienen. Das wurde gegen Ende des 15. Jahrhunderts deutlich, als Kaiser Maximilian I. 1494-1500 in der Grazer Burg einen neuen Trakt bauen ließ und man als Aufstieg ebenfalls eine Zwillingswendeltreppe wählte. Ähnlich wie die Königstreppe im Kaschauer Elisabethdom ist die Grazer Treppe keineswegs bequem. Ihre Laufbreite erreicht nur ein Maximum von 91 cm und ihre Stufen sind bis zu 23 cm hoch. Wenn dennoch dieser Typ allen anderen Typen vorgezogen wurde, muß er Besonderheiten aufweisen, die den übrigen Treppen nicht zu eigen sind. Vielleicht war es die Symmetrie seiner beiden Läufe, welche ihn von allen anderen Wendeltreppen distanziert, obwohl er selbst dem Wendelprinzip verhaftet ist. Die Ausgewogenheit des Aufstiegs hat ihre eigene Würde, die eines Herrschers würdig zu sein scheint und die mit den zu dieser Zeit im 15. Jahrhundert aufkeimenden Idealen harmoniert.

Die Daten 1440 und 1499 für die erstmalige Konstruktion von Zwillingswendeltreppen, speziell für höchstgestellte Persönlichkeiten der jeweiligen Hierarchie, zeigen dreierlei an:

Erstens war es zu allen Zeiten üblich, einem Herrscher mit dem neuesten, spektakulärsten und teuersten Objekt zu dienen, das man zu schaffen in der Lage ist.

Zweitens bieten Zwillingswendeltreppen drei unterschiedliche Lauffiguren: Linkswendelung, Rechtswendelung und einen links-rechts wechselnden Treppenlauf. Eine derartige Vielfalt an Steigemöglichkeiten war zuvor unbekannt. Vielfalt aber bedeutet Reichtum, und die Priorität des Reichtums gebührt dem Herrscher.

⊢——————————————·————————⊣ 10 m

Drittens ermöglichen die drei Lauffiguren, einen individuellen Steigeweg zu wählen. Es entfällt der Zwang, allein einer einzigen Drehrichtung zu folgen. Das alternierende Steigen bietet nicht nur Abwechslung, sondern auch eine gewisse Entspannung, vielleicht sogar Annehmlichkeit, alles Eigenschaften, die der unerbittlichen Konsequenz gotischer Wendeltreppen fremd sind. Mit der Erfindung von Zwillingswendeltreppen bahnten sich neue Möglichkeiten im Treppenbau an, die mit den Tendenzen der Renaissance harmonieren.

Außer den beiden Exemplaren in Košice und Graz sind noch zwei andere bekannt geworden, die dem 16. Jahrhundert zugerechnet werden müssen. Sie befinden sich in der Eferdinger Pfarrkirche (1505, Oberösterreich) und an einem erst 1715-1719 gebauten Bürgerspital in Kirchberg am Walde (Niederösterreich). In beiden Fällen läßt sich nachweisen, daß der jetzige Standort nicht der ursprüngliche ist. Beide Zwillingswendeltreppen sind transloziert worden. Woher sie genommen wurden, konnte bisher nicht ermittelt werden. Die für sie benötigte handwerkliche Qualifikation, die hohen Herstellungskosten und der diesem Typ zugesprochene königliche Habitus lassen vermuten, daß es keine simplen Häuser gewesen sind, für die sie gebaut wurden.

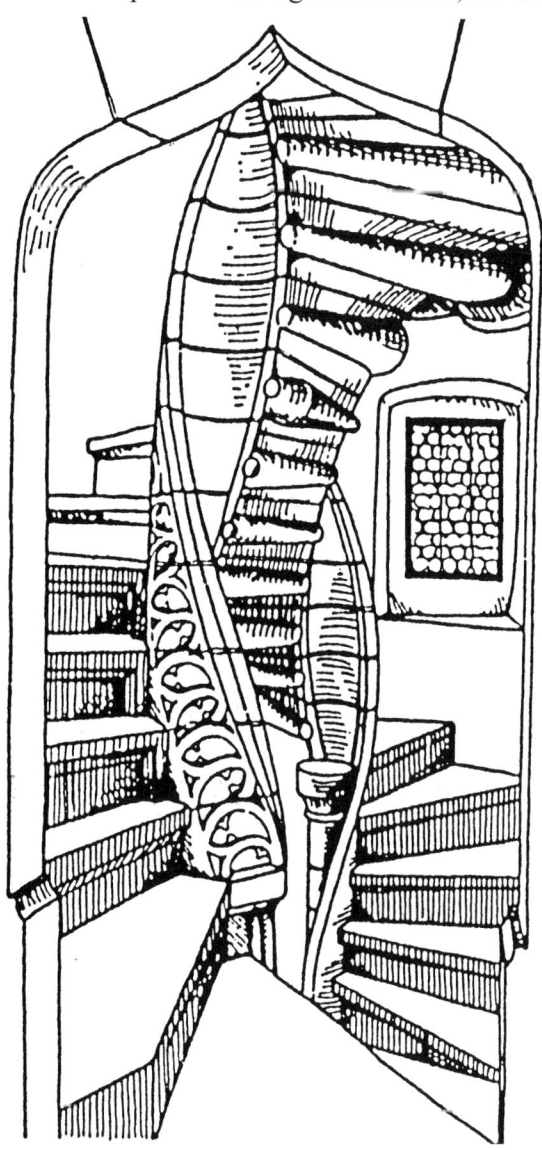

GRAZ (A, Steiermark) Burg, Zwillingswendeltreppe ~1500

Schnitt A–B

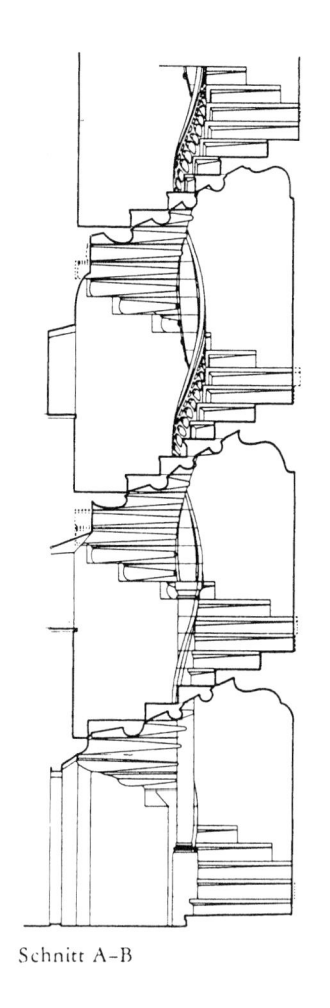

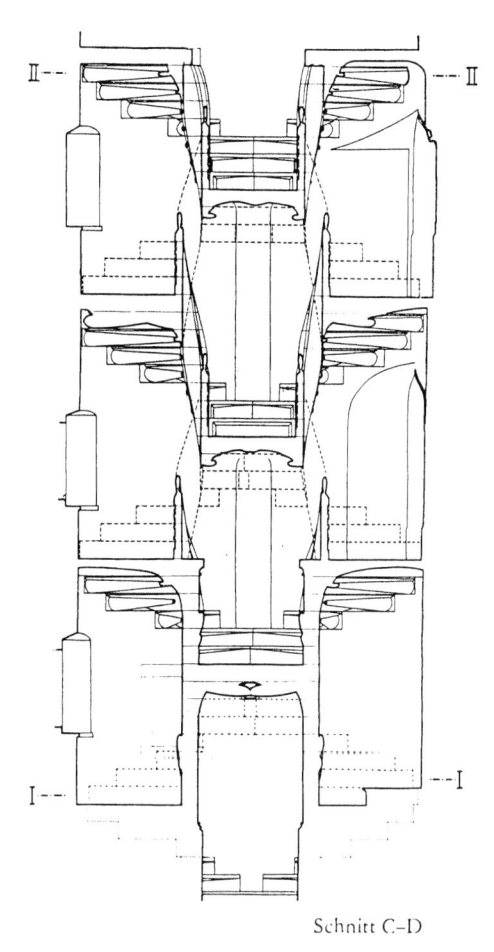

Schnitt C–D

*GRAZ (A, Steiermark) Burg,
Zwillingswendeltreppe ~1500
M 1:100.
▷ GRAZ, Technische Hochschule,
Lehrkanzel für Baukunst,
Aufmaß/Zeichnungen: K. Janisch,
E. Milowiz, H. Zellwegen 1964)*

Schnitt II–II

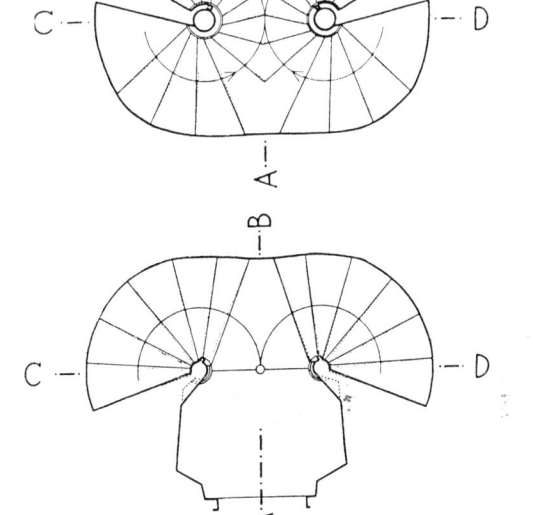

Schnitt I–I

49

KIRCHBERG am WALDE (A),
Bürgerspital 1715-1719,
Grundriß M 1:500
Zwillingswendeltreppe 16. Jh.,
M 1:100
Aufmaß
I. und F. Mielke 28.5.1973,
Zeichnung: F. Mielke

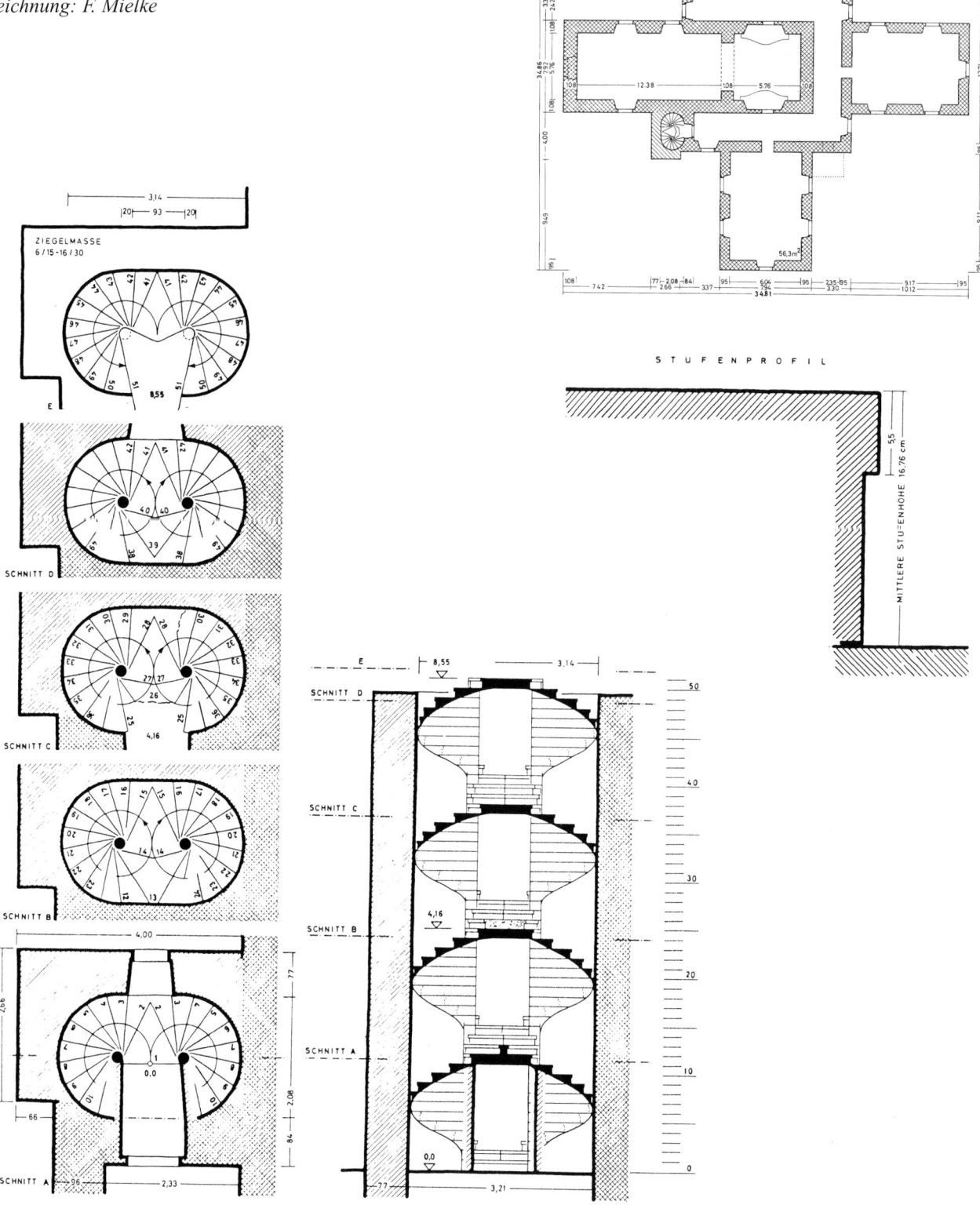

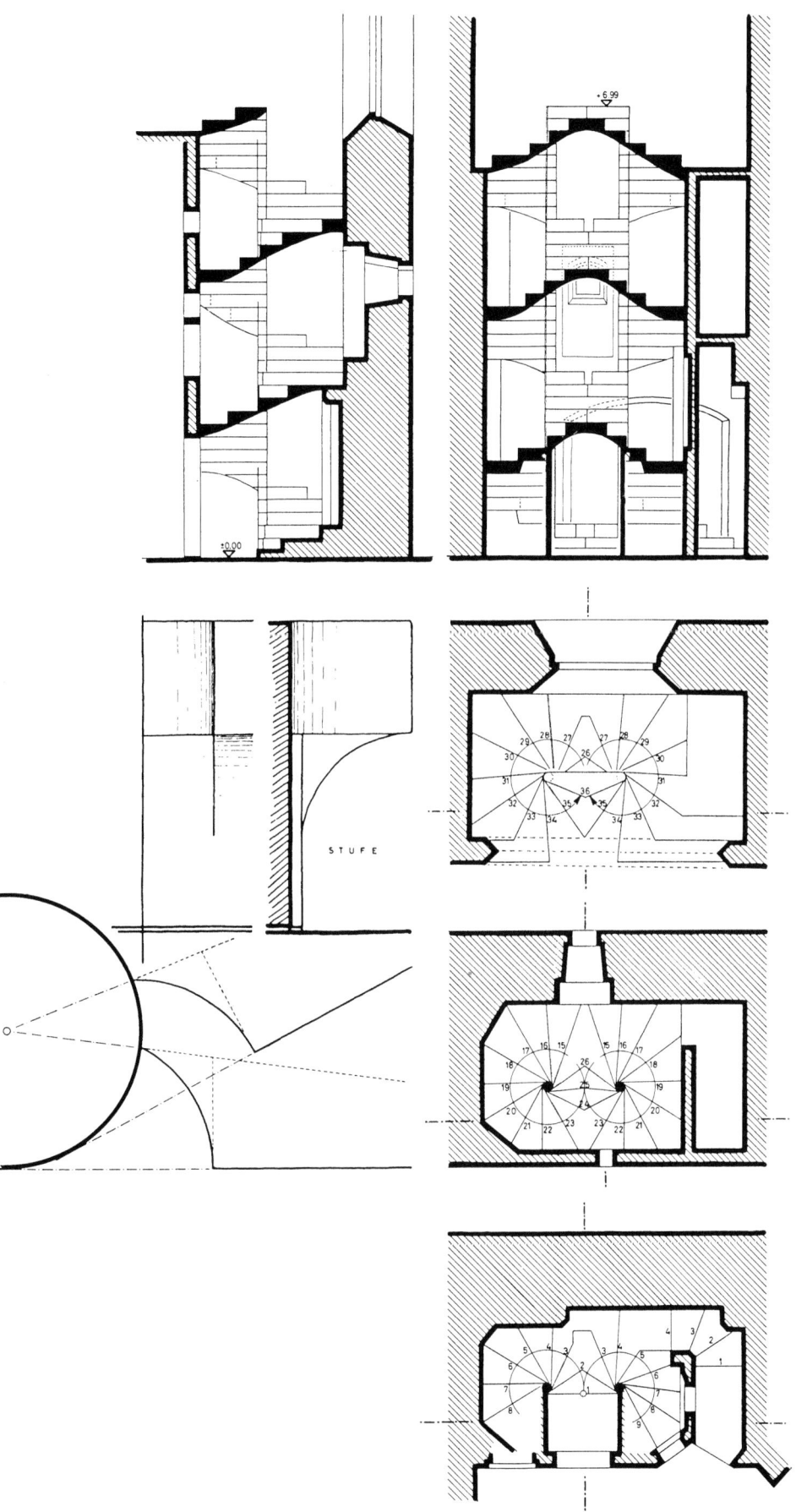

EFERDING (A), Pfarrkirche,
Zwillingswendeltreppe 1505,
M 1:100
Aufmaß:
P. und F. Mielke 3.4.1972,
Zeichnung: F. Mielke

5. Geradarmige Treppen

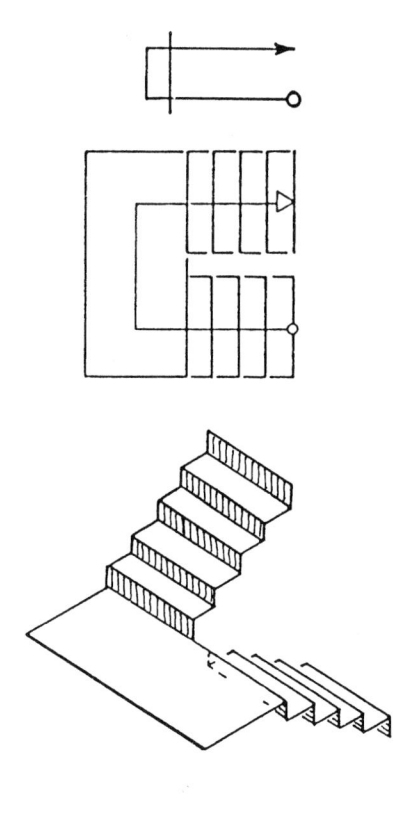

Nicht nur Laien, auch Wissenschaftler neigen zu Simplifizierungen, zu Standardbegriffen, welche die Vielschichtigkeit der Ereignisse fokussieren, sie zu einem Schlagwort bündeln, ihnen einen Stempel aufdrücken. So wird die Gotik mit Spitzbögen und Wendeltreppen identifiziert, die Renaissance soll an ihren Ornamenten und an geradarmigen Treppen kenntlich sein. Den Treppentyp mit zwei parallelen geraden Armen, die durch ein Wendepodest verbunden sind, nannte man noch im 17. Jahrhundert »italiänische Stiege«[26]. Die Benennung kennzeichnet nur den Sachverstand der Zeit, nicht aber die historischen Tatsachen. Treppen mit zwei geraden Armen und Wendepodest gab es bereits im 2. Jahrtausend v.Z. auf Kreta und im Vorderen Orient, sowie an altgriechischen und römischen Bauten. Auch in Deutschland war dieser Typ bekannt, längst bevor an eine italienische Renaissance gedacht werden konnte[27]. Dennoch wird seine Existenz ganz speziell mit der Renaissance und den durch sie bewirkten gesellschaftlichen Änderungen verbunden.

Als erstes Gebäude, das die Architekturideale der Renaissance verkörperte, wird das Ospedale degli Innocenti (Findelhaus) in Florenz bezeichnet. Filippo Brunelleschi (1377-1446) entwarf es 1419. Bei der Ausführung 1421-1444 bekam es Treppen des beschriebenen zweiarmigen Typs. Da die italienische Baukunst tonangebend war, übernahm man auch die als neu und renaissancetypisch angesehene Lauffigur, ohne um ihre jahrtausendealte Geschichte bekümmert zu sein. Zwar baute man im Mittelalter vermutlich ebenso viele geradarmige Freitreppen und Mauertreppen wie Wendeltreppen, doch Wendeltreppen hatten wegen ihrer schwierigeren und dadurch auch teueren Konstruktion den höheren Prestigewert. Das zeigt sich beim Bau der riesigen Wendelsteine ebenso wie bei den »Himmelstreppen«[28]. Aber gerade die gewendelten repräsentativen Aufstiege des 16. Jahrhunderts mit ihren extrem skelettierten Gehäusen wurden sehr bald schon als unvollkommen, ja als unzweckmäßig empfunden. Sie konnten zwar Geltungsansprüche befriedigen, nicht aber dem verfeinerten höfischen Zeremoniell genügen. Selbst auf Wendelstufen, deren Breite erlaubt, daß zwei Personen nebeneinander steigen, muß einer immer mit schmaleren Auftritten vorliebnehmen. Wer an der Innenseite steigt, ist stets gehandikapt. Der Kavalier, der seine Dame geleiten möchte, bekommt hier Schwierigkeiten.

In allen Zeremonienbüchern ist verzeichnet, daß der gesellschaftlich Höherstehende auch auf der Treppe höher stehen darf als der weniger hoch Stehende. Die stufenweise Graduierung kann aber nur dann wirken, wenn man sie sehen, beobachten und beachten kann. Auf einer Wendeltreppe sind nur wenige Stufen überschaubar. Es ist eine lächerliche Position, hinter einer Spindel zu stehen, um die Honneurs zu machen, oder aber der Person seiner Verehrung so nahe rücken zu müssen, daß der obligatorische Bückling in einen Bodycheck auszuarten droht. Solche Unannehmlichkeiten lassen sich auf einer geraden Treppe vermeiden. Wer oben steht, wird schon von unten gesehen. An den Stufen abzählbar, sind die Grade der gesellschaftlichen Stellung zu positionieren. Die steigbare Scala wird zu einer Scala der Ränge und Ränke.

War einst die Kirche der Hauptauftraggeber gewesen, so konkurrierten seit dem Mittelalter mit ihr der Adel und das Bürgertum. Die Vermehrung der Bauaufgaben bewirkte eine Diversifikation des Bauhandwerks. Die Spanne zwischen Höchst- und Minderleistungen dehnte sich. Komplizierte Wendeltreppen zu konstruieren, gelingt nicht jedem. Doch geradarmige Treppen zu bauen, ist keine Kunst, das kann auch ein wenig befähigter Handwerker. Mit der Minimierung der technischen Anforderungen und der Baukosten wuchs die Verbreitung dieses Typs. Das auf Treppen vorführbare Prestigedenken wurde wichtiger als die in Treppen investierte Leistung.

Beispiele:
Geradarmige Treppen der Renaissance in Zentraleuropa

1490-1493	AUGSBURG, Annastr.19, Fuggerhaus
1502-1509	PRAG (ČR), Hradschin, Ludwigstrakt, Nebentreppe
1529	BERKHEIM (Württbg.), Pfarrhof
1529	EBERSBERG (Bayern), Marienpl.1, »Hofwirtshaus«
1534-1535	GLATT (Hohenzollern), Schloß
1536-1538	BREDA (NL), Nassau-Schloß
1537-1543	LANDSHUT, Stadtresidenz
1549-1556	JÜLICH, Schloß
M. 16. Jh.	ERBACH, Schloß
1553-1554	WISMAR, Fürstenhof
1557-1559	LUZERN (CH), Palast Lukas Ritter
1558-1559	HORST im BROICHE, Schloß
1558-1565	GÜSTROW, Schloß
1558-1570	RHEYDT, Schloß
1560-1565	INNSRUCK (A), Hochschloß Ambras, Osttreppe
1562 ff.	MÜNDEN, Schloß
1563-1567	MÜNCHEN, Münzhof
1568-1572	AUGUSTUSBURG (Sachsen), Schloß
1575-1577	STETTIN, Schloß
1578	SIERSDORF (Kr.Jülich), Deutschordenskommende
1593	BERLIN, Kurfürstliches Schloß
1594-1595	LAUTERBURG (Württbg.), Schloß
1597-1607	ZEIL (Württbg.), Schloß
1612-1616	MÜNCHEN, Residenz, Kaisertreppe
1615-1620	AUGSBURG, Rathaus

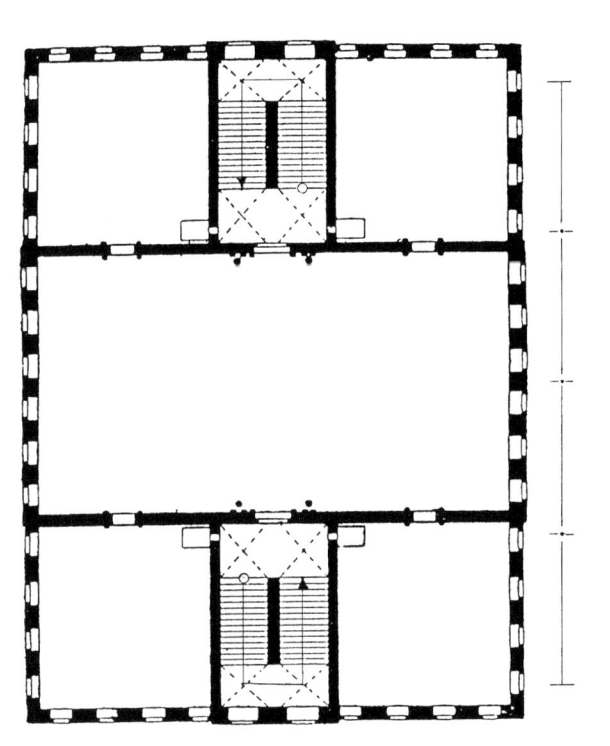

AUGSBURG, Rathaus,
Elias Holl 1615-1620,
M 1:500

Geradarmige Treppen in Italien

1421-1444	FLORENZ, Ospedale degli Innocenti
1424-1438	VENEDIG, Palazzo Ducale, Scala Foscara
1438-1445	ROM, Convento di S. Marco
1443 ff.	ROM, Palazzo Medici
1456-1462	FIESOLE, Kirche und Kloster Badia Fiesolana
1459	ROM, Kreuzgang von S. Lorenzo
~1459 ff.	PIENZA, Palazzo Piccolomini
1465 ff.	ROM, Palazzo Venezia, Nord- u. Ost-Treppe
1465 ff.	URBINO, Palazzo Ducale
~1485 ff.	ROM, Palazzo della Cancelleria
~1514	ROM, Palazzo Farnese
~1514	ROM, Palazzo Baldassini
1518 ff.	ROM, Palazzo dei Tribunali
~1550	VERONA, Palazzo Pompei

Geradarmige Treppen in Frankreich

~1500-1504	GAILLON, château (Entwurf)
~1510	JOSSELIN, château
1513-1521	CHENONÇEAU, château
1514-1524	BURY, château (Plan von Du Cerceau)
1518-1520	AZAY-le-RIDEAU, château
~1520	NANTOUILLET, château
~1525	MONTAL, château
~1530	ASSIER, château
1530-1534	BESANÇON (Doubs), palais Granvelle
1533	FLÉVILLE, château
~1535	CHÂTEAUBRIANT, château
1535	PAU, château
1535	VILLEGONGIS, château
1535	La ROCHE-GENÇAY (b.POITIERS), château
1538-1541	ÉCOUEN, château, Südflügel
1540	PONCÉ, château
1546 f.?	SERRANT (b.ANGERS), château
1548	SAINT-LÉGER en YVELINES, château
1548	PARIS, hôtel Carnavalet
1553	PARIS, hôtel de Rocquencourt
1554	PARIS, maison de Philibert de l'Orme
1560	VERNEUIL, château (nach Ducerceau)
~1565	PAILLY (Haute-Marne), château
1567 f.	SAINT-GERMAIN, château La Muette (Lit. Ph.de l'Orme)
1572-1577	PARIS, hôtel de la Reine
1580 f.	WIDEVILLE, château
1582	PARIS, hôtel de Nevers
1586	PARIS, palais Abbatial de Saint-Germain-de-Prés
1594-1600	CHATELLERAULT (Vienne), hôtel de Sully
1597	CADILLAC, château
E. 16. Jh.	NICE, palais Lascaris
1607	BRISSAC, château

Geradarmige Treppen in Großbritannien

In England sind die Verhältnisse anders. Während Publikationen des Architekturfaches noch zu den Seltenheiten gehörten, hatten fremdländische Einflüsse es schwer, den Kanal zu überqueren. Die in heimischer Tradition erwachsenen Treppenformen konnten sich auf der Insel länger behaupten als auf dem Kontinent. J. Alfred Gotch schrieb schon 1901, daß in der englischen Renaissance die geraden drei- und viermigen Treppen »*the most usual types*« sind, und bezeichnete den vierarmigen Typ mit Eckpodesten als »*the more frequent*«[29], als den gebräuchlichsten. In der Tat findet man in englischen Fachbüchern nur gelegentlich zweiarmige Treppen mit Wendepodest als Haupttreppe. Als Beispiele mögen das 1523-1525 gebaute Castle Sutton Place bei Guildford und Ockwells Manor House (Berkshire) aus dem Anfang des 17. Jahrhunderts gelten. Zu dem seltenen Fall einer zweiarmigen Haupttreppe mit Wendepodest in Sutton Place bemerkt Alfred Gotch: »*We find symmetry in plan and elevation, and ornament which is strongly marked with Italian character*«[30]. Als Servicetreppen sind zweiarmige Treppen mit Wendepodest häufiger gebaut worden, nicht weil sie italienisch anmuten, sondern weil sie platzsparend sind.

Für *main staircases* wurden raumgreifende Läufe bevorzugt, die in einer großen Halle dominieren, wo sie das Imponiergehabe des Hausherrn unterstützen.

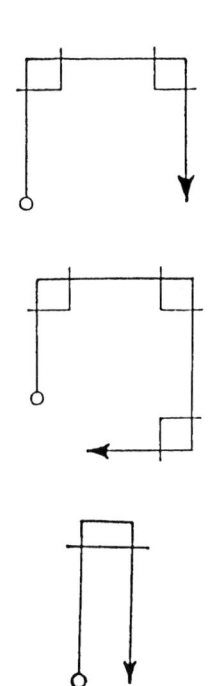

CHEVERNY (F), château,
Marmortreppe 1634,
2x16 Steig 16/35 cm,
Laufbreiten 238-242 cm

6. Vermeidung gefährlich schmaler Auftrittflächen

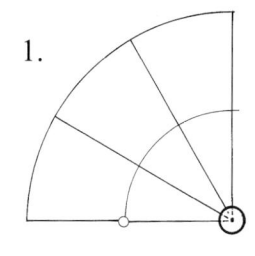

Bei geradarmigen Treppen mit regelmäßig rechteckigen Auftrittflächen der Stufen gibt es keine Stellen, die den Benutzern gefährlich werden könnten. Anders ist es bei Wendeltreppen. Ihre Stufentiefe verringert sich zum Zentrum so sehr, daß sie dort kaum steigbar ist.

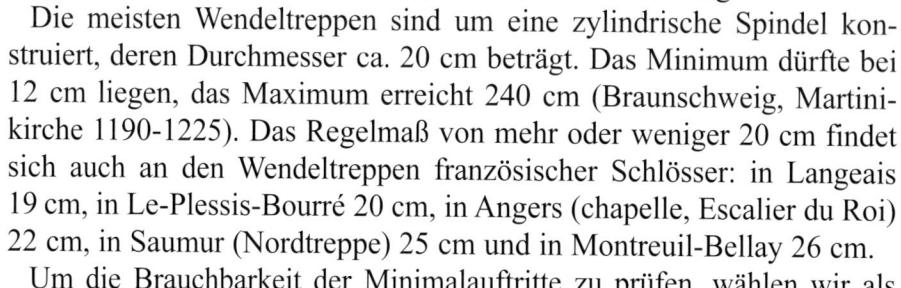

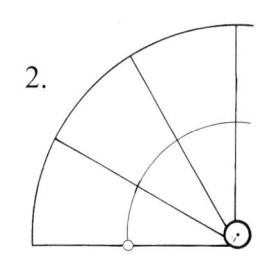

Die meisten Wendeltreppen sind um eine zylindrische Spindel konstruiert, deren Durchmesser ca. 20 cm beträgt. Das Minimum dürfte bei 12 cm liegen, das Maximum erreicht 240 cm (Braunschweig, Martinikirche 1190-1225). Das Regelmaß von mehr oder weniger 20 cm findet sich auch an den Wendeltreppen französischer Schlösser: in Langeais 19 cm, in Le-Plessis-Bourré 20 cm, in Angers (chapelle, Escalier du Roi) 22 cm, in Saumur (Nordtreppe) 25 cm und in Montreuil-Bellay 26 cm.

Um die Brauchbarkeit der Minimalauftritte zu prüfen, wählen wir als Beispiel eine Wendeltreppe im unteren Schloß zu Wernstein (Franken). Sie hat eine Laufbreite von 138 cm und einen Durchmesser von 296 cm. Der durch die Innenseite der umschließenden Wand gebildete Kreisumfang hat ein Maß von rd. 930 cm. Er ist in 17 Stufen geteilt, deren Auftritt-Tiefe ein Maximum von 54,7 cm erreicht. Der Umfang der 20 cm starken Spindel beträgt 62,8 cm. Jede der 17 Stufen erhält einen rechnerischen Minimalauftritt von 3,7 cm. Das ist zu wenig, um sicher steigen zu können.

Für Wendeltreppen wurden im Laufe der Entwicklung fünf grundsätzlich verschiedene Ausführungen der Kombination von Spindel und Stufe erprobt:

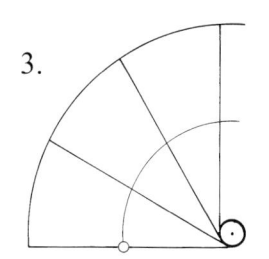

1. Die radiale Methode. Alle Vorderkanten der Stufen (Stufenhäupter) sind auf den Mittelpunkt der Spindel gerichtet. Das Verfahren teilt den Grundriß geometrisch exakt, ohne die Minimalauftritte zu korrigieren und die durch sie bewirkte Gefahr zu mildern.

2. Die sektorale Methode verbessert die Auftritt-Tiefe nur unbedeutend.

3. Die tangentiale Methode. Alle Stufenhäupter sind auf die Peripherie der Spindel gerichtet. Sie tangieren ihren Mantel und verringern den Minimalauftritt. Das Verfahren ist zur Vermeidung von Unfällen nicht geeignet.

4. Die Stufenhäupter sind tangential zur Spindel ausgerichtet, ohne daß sie diese direkt erreichen. Ein konkave Kerbe zwischen Spindel und Stufenvorderkante schafft eine Distanz, die nicht betreten werden kann. Dadurch verschiebt sich der minimale Auftritt zentrifugal und gewinnt eine größere Tiefe. Es ist derselbe Effekt, den auch eine stärkere Spindel bewirken würde. Bei einigen Wendeltreppen hat man statt der Distanzkerbe eine Rinne vorgesehen, die mit der Neigungsfläche der Stufen die Spindel umwendet.

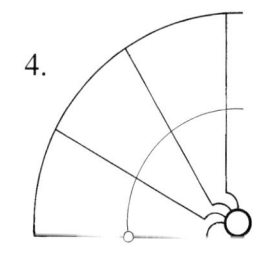

Der Gewinn an Auftrittfläche ist bemerkenswert: Bei dem gewählten Beispiel aus Wernstein hat die Spindel 20 cm Durchmesser und die Distanzkerbe ist 6 cm breit. Das nicht betretbare Zentrum mißt also 6+20+6 cm = 32 cm im Durchmesser und sein Kreisumfang ist 100,5 cm lang. Durch 17 Stufen geteilt, entfallen auf jede der Stufen 5,913 cm – knapp 6 cm. Die theoretische Rechnung stimmt mit dem am Objekt gemessenen Maß genau überein und ist um mehr als die Hälfte größer als der für die radiale Methode errechnete Auftritt von nur 3,7 cm.

5. Das mit Hilfe von Distanzkerben erreichbare Ergebnis läßt sich verbessern, wenn man die Stufenhäupter unterschneidet, das heißt ihre Vorderseiten (Setzstufen) konkav aushöhlt. Dadurch wird der Auftritt der darunterliegenden Stufen erheblich größer und kann – je nach der Tiefe der Unterschneidung – sogar 20 cm erreichen. Rechnen wir die bei unserem Beispiel aus Wernstein meßbaren 5 cm des Untertritts dem Minimalauftritt von 6 cm hinzu, ergibt sich der recht brauchbare Minimalauftritt von 11 cm. Dieser Gewinn kommt aber nur aufsteigenden Personen zugute. Beim Herabsteigen können die Füße die unter den Stufen liegenden Trittflächen nicht nutzen. Es ist deshalb ratsam, in jedem Fall die größere Tiefe der Stufen an der Wandseite vorzuziehen.

Zweifellos ist das Streben nach Sicherheit beim Steigen ein Phänomen, das ein neues Bewußtsein anzeigt. In den Jahrtausenden zuvor hatte kein Bauherr und kein Baumeister Vorkehrungen getroffen, um die Benutzer der von ihm geschaffenen Treppen vor Schaden zu bewahren. Man sah kein Risiko in engen, steilen, unregelmäßigen oder gar unsicheren Aufstiegen. Leitern haben auch nur schmale Sprossen von wenigen Zentimetern Dicke. Wer sie nicht steigen konnte, selektierte sich selbst. Es ist deshalb interessant zu wissen, wann sich diese Einstellung änderte, ab wann man darüber nachdachte, wie die Sicherheit beim Steigen zu verbessern sei, seit wann es Distanzkerben gibt.

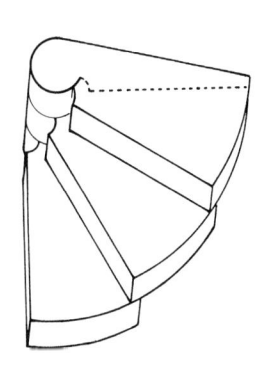

Beispiele:
Spindeltreppen mit Distanzkerben

1324-1347	STUTTGART, Stiftskirche (Doppelwendeltreppe)
1439-1466	NÜRNBERG, Kirche St. Lorenz
1440-1468	WEISSENBURG, Andreaskirche (Doppelwendeltreppe)
1472	Burg ELTZ, Haus Rübenach
1472-1479	ROTHENBURG o.d.T., Wallfahrtskirche Kobolzell (Doppelwendeltreppe)
2. H. 15. Jh.	NÖRDLINGEN, Kirche St. Georg (Doppelwendeltreppe)
1498	SIGMARINGEN, Schloß
1499	ÜBERLINGEN, Alte Kanzlei
1504-1513	BASEL (CH), Rathaus
1512-1516	ALSFELD, Rathaus
1517	MAULBRONN, Kloster
1520	HERMANNSTADT (RO), Stadtpfarrkirche
~1520	FREIBURG, Kaufhaus am Münsterplatz
1530-1542	ZELL (Mosel), Schloß
nach 1537	TÜBINGEN, Schloß
1559	TRIER, Steipe
1563 f.	KULMBACH, oberes Schloß Wernstein
1580	TRABEN-TRARBACH, RISSBACH, Haus 170
~1580	BADEN-BADEN, Dagobertturm
1582	ELLER (Mosel), Wohnhaus Püttstr. 43
1583	THURNAU (Oberfranken), Schloß
1585	KONSTANZ, Rathaus
1586-1592	HIRSAU, Schloßruine
1586-1593	KULMBACH, unteres Schloß Wernstein
1597	STRASSBURG (F), Sengenwaldsches Haus
1599-1606	LUZERN (CH), Stadthaus
1604	MAULBRONN, Kloster, Fausttürmchen
1605	NEUENBURG, Schloß
1605	NÜRNBERG, Pellerhaus
1646 f.	BEAUFORT (LUX), Burg
1667	HORNBURG (Kr.Wolfenbüttel), Haus Duensing

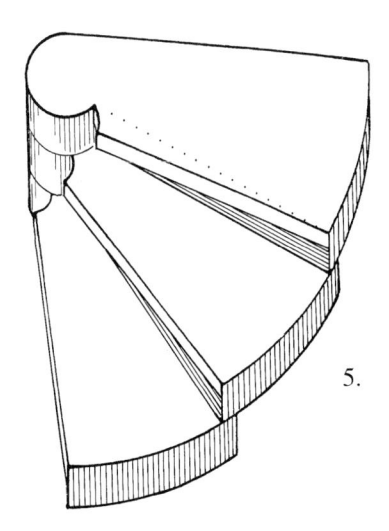

BAD MERGENTHEIM,
Deutschlandschloß,
Südtreppe (Rittertreppe) ~ 1580.
▷ *»Denkmäler der Baukunst«,*
Lieferung XXVII-XXX, Bl. VIII

In Frankreich trifft man Distanzkerben seltener als in Deutschland, obwohl es dort dieselben Schwierigkeiten gab und gibt. Um möglichst tiefe Minimalauftritte zu bekommen, hat man die Spindel sehr oft verstärkt. Damit gewann man zugleich einen weiteren Vorteil. Das überstarke und massive Zentrum eignet sich, die Stufen einzuspannen und die Außenwand zu entlasten. Für Laien mögen die großen Öffnungen der Wendeltreppentürme in den Schlössern von Blois und Torgau vergleichbar sein. Der kundige Konstrukteur sieht jedoch sofort, daß die französische Lösung durch die 110 cm starke Spindel stabilisiert wird, während Konrad Krebs sich gerade dieser Sicherheit begab und auch das Zentrum in eine Hohlspindel auflöste. Seine Konstruktion ist an Kühnheit nicht zu übertreffen. Er ist statische Risiken eingegangen, die man in Frankreich stets vermieden hat. Selbst die berühmten, weil gewagt erscheinenden, vor 1541 entstandenen Lettnertreppen der Pariser Kirche Saint-Étienne-du-Mont sind in den starken Pfeilern des Kirchenschiffes gesichert.

Beispiele:
Französische Wendeltreppen mit starker Spindel

		Spindel ø in cm
15. Jh.	SAUMUR, maison de la Reine de Sicile	126
1498-1503	BLOIS, château, aile Louis XII.	160
~1500	CHAUMONT sur LOIRE, château	94
1515-1524	BLOIS, château, aile François I.	110
~1520	MONTSOREAU, château	44
1511-1518	CHATEAUDUN, château, aile Longueville	120
1528-1538	LA ROCHEFOUCAULD, château	120
~1540	CHAMBORD, château, Escalier Henri II.	72
~1550	LYON, hôtel Patarin	69

Rechnen wir bei einem der mittleren Spindeldurchmesser nach, zum Beispiel bei der Haupttreppe im Schloß Chaumont sur Loire mit dem Querschnitt von 94 cm, so ergibt sich ein Umfang von knapp 3 m und ein Minimalauftritt für jede Stufe von 15 cm. Das bedeutet, selbst unmittelbar an der Spindel ist noch ein sicheres Steigen gewährleistet.

In Deutschland sind starke Spindeln der französischen Art nicht sehr verbreitet. Eines der bekanntesten Beispiele ist die Südtreppe des Deutschordenschlosses in Bad Mergentheim mit 125 cm Spindeldurchmesser. In den meisten Fällen hat man andere, kunstvollere Lösungen vorgezogen: die plastische Skulptierung der Spindel als Schraube oder die Auflösung der massiven Säule in eine gewendelte Freiwange mit mehr oder weniger großem Auge. Beide Ausführungen können denselben Umfang erreichen und gleichtiefe Minimalauftritte bieten wie die massiven französischen Spindeln. Nur ist die Raumwirkung anders.

Französische Spindeln wirken wie starke Säulen, die den Raum zentrieren und sich im Zenith durch ein elegantes Rippenwerk dem Deckengewölbe verbinden. Die Stufen sind notwendige Attribute, keine Bestandteile der gestalterischen Konzeption.

Die vorzugsweise in Deutschland anzutreffenden geschraubten Spindeln begleiten den Aufstieg mit ihrer Profilierung. Es besteht eine kontrapunktische Beziehung zu der Neigungsfläche der Stufen. Spindel und Stufen sind aufeinander abgestimmt.

Mit der gewendelten Freiwange, gewöhnlich Hohlspindel genannt, war ein erster Schritt von der Separation des Treppenlaufes zur Bildung eines Treppenhauses getan. Der Raum gewann an Interesse. Die Wände, bis dahin nur von konstruktiver Bedeutung, bilden jetzt einen Rahmen, in den die Treppe gestellt ist. Sie bekommt ein Ambiente, das nach einer adäquaten Gestalt der Stufenführung und nach der Bequemlichkeit des Aufstiegs verlangt. Die Freiwange umschließt ein Auge, das eine Sicht durch das ganze Treppenhaus von unten nach oben erlaubt. Das geschah zu einer Zeit, als die Architektur der Gebäude vorrangig zweidimensional konzipiert wurde, als Baumeister sich im Entwurf wohlproportionierter Fassaden und Grundrisse übten und Treppen primär als störend empfinden konnten. Im Treppenbau jedoch entstand eine progressive Schöpfung aus der Konstruktion gewundener Treppen. Von ihrer raumbildenden Vertikalität profitierten schließlich auch die anderen Bestandteile der Architektur, die Räume und Säle – wenig noch in der Renaissance, endgültig erst im Barock und in den folgenden Epochen, die mit ihren neuen konstruktiven Möglichkeiten riesige Hallen zu schaffen in der Lage waren. Bahnbrechend war der raumbildende Treppenbau, der antipodisch zur Flächenkunst der Renaissance erwuchs.

Beispiele:
Deutsche Wendeltreppen mit Hohlspindeln

		äußerer Spindel ø in cm
1511	WÜRZBURG, Festung Marienberg, Bibratreppe	82
1558-1564	NEUENSTEIN, Schloß	124
1572-1578	ROTHENBURG o.d.T., Rathaus	120
1574	MERGENTHEIM, Deutschordenschloß, N-Treppe	111
1599-1606	LUZERN (CH), Stadthaus	84

Nehmen wir die Nord-Treppe in Mergentheim als Beispiel, so ergibt sich für jede ihrer 21 Stufen auf 360° eine rechnerische Mindestauftritt-Tiefe von 16,6 cm, die durch eine Unterschneidung zusätzlich vergrößert wird.

Die 1524 begonnene doppelläufige Treppe im Zentrum des Schlosses Chambord (F) ist um einen Spindelzylinder mit einem Außendurchmesser von 327 cm gewendelt. Die am Objekt gemessenen kleinsten Auftritt-Tiefen liegen zwischen 21 und 25 cm. Sie unterschreiten selbst an der schmalsten Stelle kaum das übliche Auftrittmaß anderer Treppen. Die maximalen Auftritte von etwa 52 cm sind allerdings so tief, daß sie nur schwer mit einem Schritt gestiegen werden können.

Lagen im Mittelalter die Prioritäten des Treppenbaues in wehrtechnischen und ökonomischen Bereichen, so rückten in der Renaissance individuell menschliche Anliegen in den Vordergrund: Sicherheit und Bequemlichkeit des Steigens für alle Treppenbenutzer. Dergleichen war früher nur für privilegierte Persönlichkeiten wichtig gewesen, zum Beispiel für den Kaiser in seiner Aachener Pfalzkapelle (786-~800). Inzwischen aber hatte der Adel begonnen, die unbequemen Burgen auf schwer zugänglichen Bergen mit Herrensitzen in den Ebenen zu vertauschen. In den Städten verlangte ein reich gewordenes Bürgertum nach einer adäquaten Lebensform, in der steile Stiegen seinem Geltungsstreben nicht entsprechen konnten.

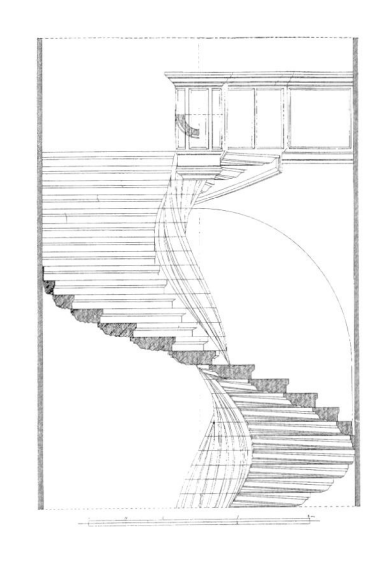

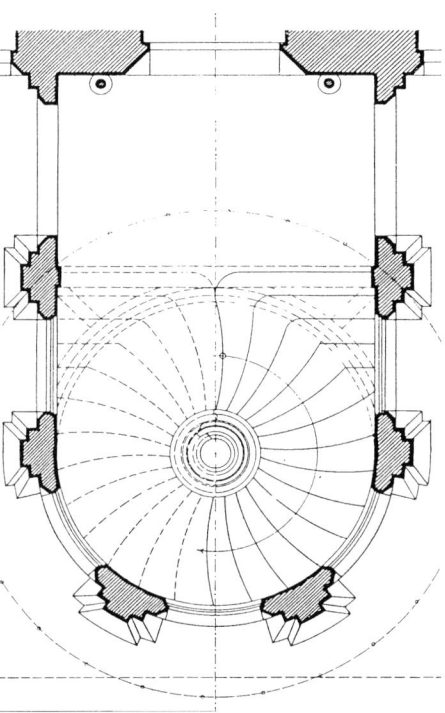

TORGAU, Schloß Hartenfels,
Großer Wendelstein, M 1:100,
1. Durchmesser   4,25 m
Spindel-Auge   0,38 m
Lauf-Breite   1,51 m
Stufen-Höhe   0,19 m
26 Stufen pro Geschoß
K. Krebs 1535 f.
▷ C. BÖTTCHER 1909, S. 98 ff.

MEISSEN, Albrechtsburg,
Großer Wendelstein, M 1:100,
1. Durchmesser   5,72 m
Spindel-Auge   0,86 m
Lauf-Breite   2,65 m
Stufen-Zahl   113 (111)
Stufen-Höhe   0,20 m
Arnold von Westfalen 1471 ff.
▷ C. BÖTTCHER 1909, S. 67

CHAMBORD (F)
château de chasse, 1519-1539
Doppelwendeltreppe, M 1:100,
1. Durchmesser   8,11 m
1. Spindel-Auge   2,22 m
Lauf-Breite   2,38 m
Stufen-Höhe   0,14 m
▷ GAILHABAUD: »Denkmäler der Baukunst«, Bd. IV

7. Laufbreiten

CHÂTEAUDUN, Château, escalier de la Renaissance, 1511-1518

Als ein relativ brauchbares Kriterium für neue Lebensgewohnheiten in der Renaissance kann das Streben nach Bequemlichkeit gelten. Es äußert sich in der Treppen-Breite. Diese muß so bemessen sein, daß sich zwei Personen nicht behindern, weder beim Steigen nebeneinander noch beim Begegnen. Da für den menschlichen Körper eine Schulterbreite von etwa 60 cm angenommen werden darf, ist das Maß mit minimal 120 cm anzusetzen, eine Laufbreite, die bereits vor der Mitte des 14. Jahrhunderts im Eltviller Schloß (damals noch eine Burg) ausgeführt wurde. Allerdings liegt dieser Bau nicht auf einem Berg mit topographischen Zwängen, sondern in der Ebene am Rhein. Angesichts der geringen Zahl vermessener Objekte läßt sich nicht beurteilen, ob die Treppe in Eltville ein Einzelfall ist oder Vertreter für viele andere Aufstiege gleicher Größe. Immerhin gibt es auch in Frankreich im selben Jahrhundert ebenso breite Treppen. Kunsthistoriker würden dieses Phänomen als Protorenaissance bezeichnen. Bauhistorisch jedoch ist festzustellen, daß der Wunsch, breite Treppen zu bauen, in nahezu allen Zeiten vorhanden gewesen ist. Man denke nur an die um 1600 v. Z. entstandenen Palasttreppen in Knossos auf Kreta oder zu dem Athenatempel der 1. Hälfte des 4. Jahrhunderts v. Z. auf Lindos. Und Kaiser Karl der Große besaß in seiner Aachener Pfalzkapelle (786-800) bereits zwei Aufstiege mit etwa 130 cm Laufbreite. Allerdings hatten die Bauherren nicht immer die finanziellen Mittel, sich den Wunsch nach opulenten Aufstiegen zu erfüllen.

In mittelalterlichen Burgen mußte man die Treppen knapp bemessen, um unerwünschten Besuchern den Zugang zu erschweren. Sie durften nur so breit sein, daß eine Person passieren konnte. Ein einziger Verteidiger war dann in der Lage, eine beliebig große Zahl von Angreifern abzuwehren, weil immer nur einer von ihnen in Aktion treten kann. Die Laufbreite der gewendelten und der geraden Treppen ist deshalb auf die oben angegebene Körperbreite einer Person von etwa 60 cm abgestimmt. Jede Verbreiterung der Treppe muß zwangsläufig zu einer Verminderung der Verteidigungsfähigkeit führen. Bei Laufbreiten über 1 m können bereits zwei Personen nebeneinander den Angriff vortragen. An der Breite einer historischen Treppe ist darum leicht abzulesen, in welchem Maße sie für eine Verteidigung bestimmt war. Eine größere Breite deutet darauf hin, daß ihr defensiver Charakter unwichtig geworden ist und daß an seine Stelle neue Kriterien den Bau der Treppen bestimmten. Unter den vielen möglichen Aspekten dürfte in der Renaissance der Wunsch nach mehr eigener Bequemlichkeit und nach einem repräsentativen Empfang der Gäste die vordringlichsten gewesen sein.

Als unbequem galten vorerst nicht die seit der Antike üblichen hohen Stufen. Viele und hohe Stufen zu steigen, war man gewohnt. Die Anordnung der Festsäle im obersten Geschoß ist ein Beweis. Im dänischen Schloß Kronborg auf Seeland ist die Wendeltreppe im sogenannten Trompeterturm der Hauptzugang zum Festsaal im 3. Obergeschoß. Mit einer Laufbreite von 230 cm ist sie breiter als die Königin-Treppe

(204 cm) und die Königstreppe (191 cm). Vermutlich war es die Kleidermode, deren Träger danach verlangten, ihre üppigen Gewänder nicht an den Wänden enger Treppen entlangschleifen und schmutzig werden zu lassen. Dergleichen Unannehmlichkeiten mit der Kleidung wollte man selbstverständlich auch seinen Gästen oder irgendwelchen Fremden nicht zumuten. Gilt doch eine geräumige Wohnung stets als vornehm. Das war im Altertum ebenso die Regel wie in unserer Gegenwart. In kleinen Kammern hausen nur arme Leute oder Gefangene. Das neue Lebensgefühl verlangte nach Weitläufigkeit und freudigen Eindrücken, und die Selbstdarstellung der eigenen Person übertrug sich auf den Bau von Treppen.

Die Sicherung der Existenzgrundlage durch die Bauart der Treppen war überflüssig geworden, seit schwere Geschütze neue Zugänge aufbrechen konnten. Dadurch wurden Treppen zwar nicht grundsätzlich überflüssig – man braucht sie nach wie vor, um andere Geschosse zu erreichen –, aber es wurden ihnen neue Aufgaben zugewiesen. Die Verteidigung des materiellen Besitzes wich der Verteidigung des immateriellen Renommees. Auch hierfür sind Treppen vorzüglich geeignet. Wenn die Geschichte auch lehrt, daß wir Rivalitäten, Kämpfe und Kriege als menschlich einstufen müssen, so sind sie doch zweifellos inhuman. Der Wechsel von den martialischen Aufgaben der mittelalterlichen Treppen zu repräsentativen Aufgaben mit breiten, hohen und hellen Läufen dokumentiert den Schritt zur Humanität. Diese neue Stufe des Lebens und Gestaltens begann etwa zeitgleich mit jener Epoche, die wir Renaissance nennen.

Wenn also die Breite der Treppenläufe mit der Weltanschauung und Lebenshaltung ihrer Erbauer korrespondiert, wird man allein an den Maßen feststellen können, wann dieser Wandel von einem Mittel der Verteidigung zu einem Medium der Reputation einsetzte. Das geschah an verschiedenen Orten zu verschiedenen Zeiten. Aufgabenstellung, Informationsmöglichkeiten, lokale Bedingungen und Kulturgefälle wirkten entscheidend. Aber in summa läßt sich ein Trend erkennen, der die beschriebene Neigung zu einem gewissen Luxus widerspiegelt.

Zur Abbildung rechts
In der Regel sind die Treppen-Breiten mit den Stufen-Breiten identisch. Je nach der Konstruktion können sich jedoch Differenzen ergeben. Derartige Abweichungen interessieren in erster Linie den Techniker, den Architekten und den Treppenhersteller. Für die Untersuchungen dieses Buches genügt es, sich an der Durchgangsweite einer Treppe zu orientieren, d.i. diejenige Breite der Treppe, die den Treppenbenutzern eine Passage erlaubt.

Beispiele
1. zwischen massiven Mauern oder Wänden. Die Wände können aus massivem Mauerwerk (Bruchstein, Ziegel, Beton usw.) bestehen oder auch hölzern sein.
2. zwischen der Wand einerseits und dem Handlauf andererseits.
3. zwischen zwei Handläufen.
4. zwischen den Wangen der Treppe.
5. zwischen der Wand einerseits und dem freien Ende einer Stufe, wie bei Kragkonstruktionen üblich.

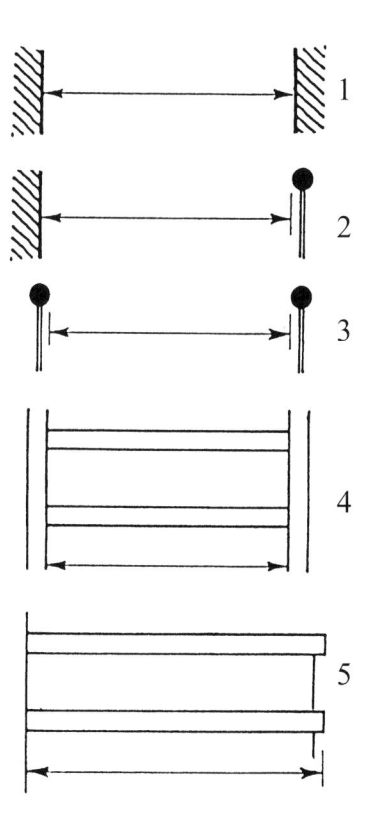

Einer genauen Analyse der Daten steht leider entgegen, daß nur wenige Treppen so genau vermessen sind, daß man sie für eine wissenschaftliche Untersuchung heranziehen kann. Ich muß mich deshalb überwiegend auf eigene Erhebungen stützen.

Beispiele:
Treppen in Deutschland — Laufbreite cm

1325	WEISSENBURG i.B., Karmeliterkloster	73
1332-1347	ELTVILLE, Schloß	129
A. 15. Jh.	Burg ELTZ, Haus Rübenach	79
1470 ff.	Burg ELTZ, Gr. Rodendorfer Haus	119
1471-1485	MEISSEN, Albrechtsburg, Gr. Wendelstein	212
1511	WÜRZBURG, Festung Marienberg, Bibratreppe	164
1518	MANSFELD bei HALLE, Schloß Vorderort	198
1535 ff.	TORGAU, Schloß Hartenfels, Gr. Wendelstein	151
1537-1539	NEUBURG/Donau, Schloß Grünau, Neuer Bau	261
1543-1566	STUTTGART, Alte Kanzlei	197
1558-1564	NEUENSTEIN, Schloß	177
~1562	GÖPPINGEN, Schloß, Rebenstiege	179
1572 ff.	ROTHENBURG o.d.T., Rathaus	150
1574	STUTTGART, Altes Schloß, SW-Turm	161
1574	MERGENTHEIM, Schloß, N-Treppe	187
~1580	MERGENTHEIM, Schloß, S-Treppe	255
1583	THURNAU (Franken), Schloß	159
1595-1605	WEIKERSHEIM, Schloß	188
1610-1614	ASCHAFFENBURG, Schloß, 4 Wendeltreppen je	173

Treppen in Frankreich

E. 14. Jh.	SAUMUR, château, escalier d'honneur	143
~1410	ANGERS, chapelle du château, escalier du Roi	143
1465-1469	LANGEAIS (Loire), château, escalier d'honneur	174
1468-1473	LE PLESSIS-BOURRÉ, château, escalier d'honneur	167
1481-1505	DISSAY (Poitou), château, escalier principal	191
15. Jh.	MONTREUIL-BELLAY, Nouveau Château, esc. d'honneur	278
~1490 beg.	BOURGES, ancien hôtel de ville (Petit Lycée)	187
1493	CHÂTEAUDUN, château, escalier gothique	210
~1500	CHAUMONT-sur-LOIRE, château	247
1501-1511	MEILLANT (Cher), château, Tour du Lion	242
1511-1518	CHÂTEAUDUN, château, escalier renaissance	221
1515-1524	BLOIS (Loire), château, escalier François I.	223
1518-1529	AZAY-le-RIDEAU, château, escalier d'honneur	199
~1520	MONTSOREAU, château, escalier d'honneur	187
1524 ff.	CHAMBORD, château, escalier central	242
1528-1538	LA ROCHEFOUCAULD, château, escalier d'honneur	268
1539 ff.	CHAMBORD, château, escalier François I.	188
vor 1544	OIRON (Poitou), château, escalier d'honneur	270
1546 ff.	SERRANT, château, escalier d'honneur	210

Treppen auf Malta

1568-1574	VALETTA, Grand Master's Palace	286
1586 ff.	RABAT, Verdala Castle	214

Die Maße sind zwischen den Wangen gemessen worden. Die nutzbare Weite muß bei einigen Objekten etwas kleiner angenommen werden, wenn Distanzkurven oder -kerben und auskragende Handläufe die Lauf-Breite einschränken. Da es sich jeweils nur um wenige Zentimeter handelt, bleibt grundsätzlich festzuhalten, daß die Maße der Treppen-Breiten den Geltungsanspruch und das Geltungsvermögen jedes einzelnen Hausherrn weitgehend exakt anzeigen.

Rechnen wir, daß eine Person etwa 60 bis 70 cm Platz in der Breite des Laufes beansprucht, dann ist die Treppe im Weißenburger Karmeliterkloster nur für die Passage von einer Person berechnet. Mehrere Treppenbenutzer können gleichzeitig nur hintereinander steigen. Wenn sich zwei Personen begegnen, wird die Passage kompliziert. Ab 1500 gibt es nirgends mehr Treppen unter 120 cm Laufbreite. Das heißt, man war stets darauf bedacht, daß Platz für mindestens 2 Personen nebeneinander vorhanden ist. Dadurch wurde es möglich, daß der Kavalier an der Seite seiner Dame hinauf- oder herabschritt oder daß eine Begegnung auf der Treppe nicht zum Problem werden konnte. Die Laufbreite für 3 Menschen nebeneinander (min. 3x60cm=180cm) ist in Deutschland schon sehr früh, nämlich 1471 in Meißen, ausgeführt worden. In Frankreich hat man sich erst ein Jahrzehnt später zu einer vergleichbaren Größenordnung entschlossen.

Verständlicherweise sind die menschlichen Körperbreiten nur Richtmaße für den Anspruch an Kommunikation, welcher der Treppe zugemessen werden sollte. Das konstruktive Konzept und die Gestaltungsabsichten verlangten, wie die Tabellen beweisen, oft nach Zwischengrößen. Dennoch war der menschliche Maßstab richtungweisend und bleibt auch für den nachgeborenen Forscher aufschlußreich.

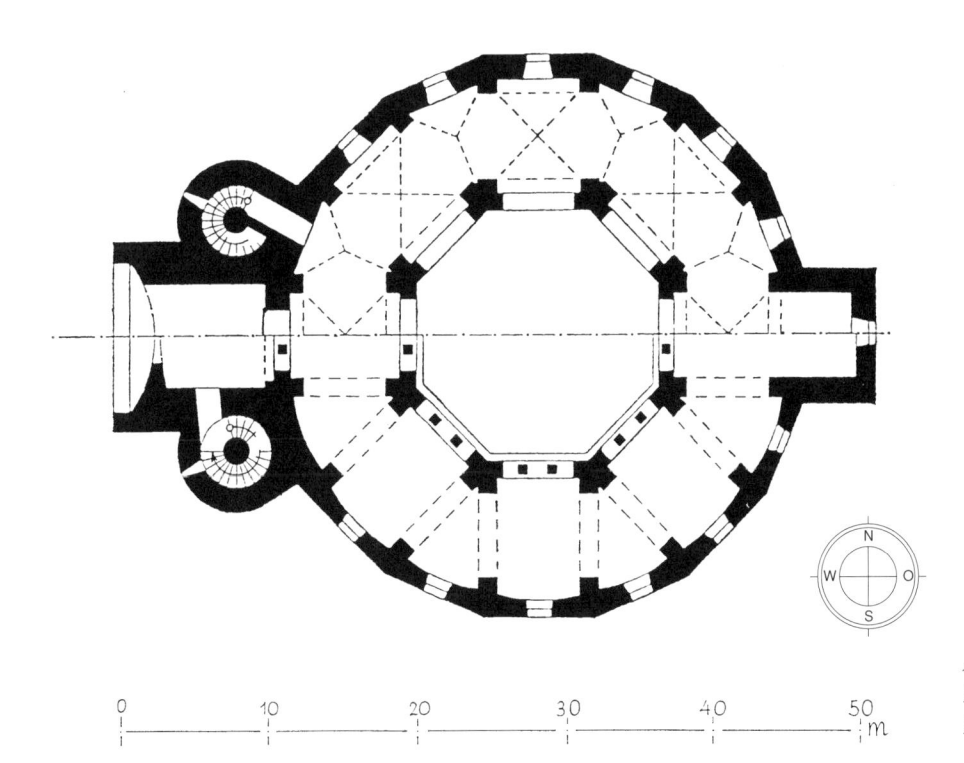

AACHEN, Pfalzkapelle, 786-800, Erd- und Obergeschoß M 1:500

8. Stufen

Kein Architekturelement ist derart eng mit dem Menschen verbunden, wie es die Stufen einer Treppe sind. Fenster, Türen, Räume in ihrer Fläche und Höhe sowie viele andere Komponenten des Bauens lassen sich fast beliebig dimensionieren. Von der kleinen Pforte eines Bergbauernhauses bis zu den riesigen Portalen der Schlösser und Kathedralen ist nahezu jede Größe möglich. Grenzen werden allein durch die technische Ausführbarkeit gesetzt, nicht aber durch den Menschen selbst. Solange die Pforte nicht das passierbare Minimum unterschreitet, bleibt sie funktional brauchbar. Ganz anders ist die Beziehung zu den Treppen und ihren Stufen. Um sie steigen zu können, müssen sie zwangsläufig dem menschlichen Schritt angepaßt sein, dessen Toleranzen nicht beliebig sind. Selbst wenn man berücksichtigt, daß zwischen der Schrittlänge eines sehr langen Menschen und der eines Kindes deutliche Unterschiede bestehen, so sind diese doch nicht so extrem, und vor allem nicht so willkürlich zu bemessen, wie die Größen der als Beispiel gewählten Türen. Da man Stufen nicht steigen kann, ohne sie mit den Füßen zu berühren, muß jeder Treppenbauer ein dem menschlichen Schrittmaß angepaßtes Steigungsverhältnis wählen, steigbar von jungen und alten Menschen, von Gesunden und Kranken, von Frauen und Männern. Angesichts der vielen und verschiedenartigen Individuen ist diese Aufgabe nicht leicht zu lösen. Sie wird eingeschränkt durch die Gewohnheiten eines Volkes, einer Kulturstufe und einer Epoche. Die Hochlandbewohner Tibets steigen Treppen anders als die Reisbauern Vietnams, die Indios der Zeit vor 1492 sind anders gestiegen als die europäischen Konquistadoren, die Römer der Antike anders als die Italiener des 20. Jahrhunderts. Die Maße der Stufen und Treppen sind Exponenten menschlichen Wollens und Könnens und werden dadurch zu Indikatoren der Umstände ihrer Entstehung.

Es fällt auf, daß ältere und vor allem kunstlose Treppen Stufen besitzen, die innerhalb eines Treppenlaufes oft ungleich groß sind. In der zwischen den Jahren 62 und 79 A.D. wiederhergestellten Casa del bel cortile in Herkulaneum, einem herrschaftlichen Wohnhaus, hat die geradläufige Treppe zum Obergeschoß 11 Stufen mit Höhen zwischen 21 und 28 cm. Auch die Mauertreppe im Bergfried der um 1320 vollendeten Burg Landshut bei Bernkastel an der Mosel hat Stufen, deren Höhen zwischen 22 und 27 cm variieren. Offenkundig war man in den beiden und in ungezählten anderen Fällen nicht auf ein Gleichmaß der Stufen bedacht. Man brauchte es auch nicht zu sein, weil sich die Treppenbenutzer an Unregelmäßigkeiten gewöhnt hatten. Sie empfanden es als normal, über nicht genormte Stufen zu steigen.

Die Präzision in der Einhaltung von Maßen hängt von der Entwicklungsstufe ebenso ab wie von der Zuordnung. Die äußerst genaue Fugenarbeit an Inkabauten und antiken europäischen Tempeln – um nur diese beiden Beispiele zu nennen – sind das Ergebnis einer jahrhundertelangen Perfektionierung der Arbeitstechnik, die bei den Megalithbauten begann und die Grundlage für die Errichtung gotischer

Kathedralen legte. Dabei ist zu beachten, daß die größere Genauigkeit, die auch früher stets mit einem größeren Aufwand an Zeit und Geld verbunden gewesen ist, vorwiegend für entsprechend lohnende Objekte eingesetzt wurde, in erster Linie für Repräsentationsbauten der religiösen und politischen Führung. Tempeln und Palästen ist stets die größte Aufmerksamkeit gewidmet worden, für sie standen immer die reichsten finanziellen Mittel zur Verfügung. Bei der Hütte des Untertanen genügte ein bescheidener Aufwand, der das Lebensnotwendige deckte. Das Maß der Genauigkeit bei der Ausführung eines Baues ist ein Gradmesser für die soziale Stellung des Auftraggebers.

Für den Architekturhistoriker stellt sich die Frage: Wann begann man, Stufen präzise zu arbeiten, ihnen eine Uniformgröße zu geben? Bei Wendeltreppen wurde eine gleiche Stufengröße spätestens seit dem 12. Jahrhundert angestrebt, als man begann, die Stufen nicht mehr einem steigenden Tonnengewölbe aufzulegen, sondern sie einzeln mit einem Spindelkopf zu fertigen. In Serien vorgefertigt, waren Abweichungen in den vorgegebenen und für alle Stücke gleichartigen Maßen ab jetzt nicht mehr hinnehmbar. Die Stufen wurden nicht für eine bestimmte Stelle im Treppenlauf hergestellt, sondern für eine beliebige und nicht vorherbestimmbare Position. Ein genauer Zeitpunkt für den Übergang zu vorgefertigten Stufen von einheitlicher Größe läßt sich nicht auf ein Jahrzehnt festlegen. Der Übergang von der Wölbung mit steigender Ringtonne zu den selbsttragenden Stufen dauerte Jahrhunderte[31] und war topographisch bedingt. Um dennoch eine annähernd genaue Aussage zu erhalten, sind in der folgenden Tabelle die gemessenen Stufenhöhen chronologisch geordnet. In ihr wird deutlich, ab wann etwa und bei welchen Objekten ein Streben nach Präzision der Stufen im Treppenbau begann.

Beispiele: cm

~300	TRIER, Kaiserthermen, O-Turm	20-28
~300	TRIER, Kaiserthermen, W-Turm	30-33
1. H. 12. Jh.	MÜNSTERMAIFELD, Kirche, SW-Turm	19-28
1266-1268	SIENA (I), Dom, Kanzeltreppe	25-26
1342-1352	AVIGNON (F), Palais du Pape, Salle d'Audience	21
~1400	TARASCON (F), château	21-30
1453-1464	ROTHENBURG o.d.T., St. Jacob, Emporen-Treppe	20
1471-1485	MEISSEN, Albrechtsburg	19-21
1472	Burg ELTZ, Haus Rübenach	18-22
1499-1500	GRAZ (A), Burg, Zwillingswendeltreppe	23-24
1512-1516	ALSFELD (Hessen), Rathaus	18
1527	HINTERGLAUCHAU, Schloß	21-27
1530-1542	ZELL (Mosel), Schloß	17
1543-1566	STUTTGART, Alte Kanzlei	16
1546	PETERSHAGEN, Schloß	20-21
1550	DRESDEN, Schloß, NW-Treppe	19-22
1563 f.	WERNSTEIN (Oberfranken), Oberes Schloß	19
~1570	LÜDINGHAUSEN (Westfalen), Burg Vischering	18
1572	STUTTGART, Altes Schloß, SW-Turm	17
1582	ELLER (Mosel), Wohnhaus Püttstr. 43	17-18
1583	THURNAU (Oberfranken), Schloß	17
1586-1593	WERNSTEIN (Oberfranken), Unteres Schloß	18
1595-1605	WEIKERSHEIM (Württemberg), Schloß	18
1605	NÜRNBERG, Pellerhaus	17

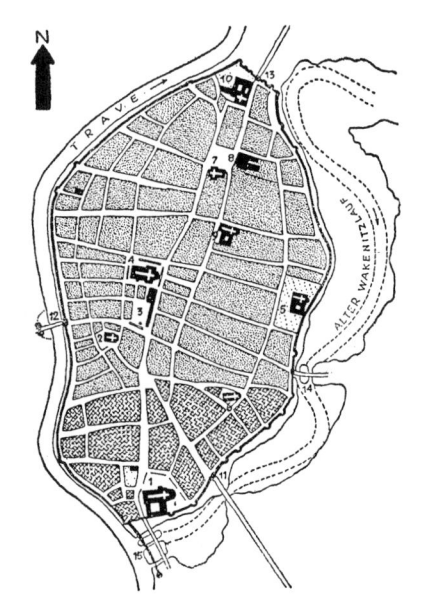

*LÜBECK, Stadtgrundriß
am Ende des Mittelalters.
▷ O. VÖLCKERS:
»Dorf und Stadt«, Leipzig 1944*

*PALMANUOVA, (I, Prov. Udine),
Idealgrundriß nach dem Entwurf
von V. Scamozzi 1593.
▷ J. STÜBBEN: »Der Städtebau«,
Leipzig 1924, Abb. 838*

Die Liste bietet zwei Erkenntnisse: Seit dem Beginn des 16. Jahrhunderts nehmen die Toleranzen ab und die Stufenhöhen tendieren zu einem Maß von 17 cm bis 18 cm, einer Größenordnung, die uns auch heute noch akzeptabel zu sein scheint. Diese Tendenz ist zweifellos durch das oben bereits angedeutete Streben nach mehr Wohnlichkeit und nach mehr persönlicher Bequemlichkeit bedingt. Daneben aber wirkten andere Einflüsse, die nicht direkt mit dem Treppenbau zu tun hatten, die aber dem allgemeinen Trend der Zeit folgten, ihn bestimmten und förderten. Die Reduzierung der Toleranzen ist gleichbedeutend mit einem Streben nach Präzision. Die Akzeptanz eines allgemein verbindlichen Maßes läßt sich als Normung bezeichnen. Solche Tendenzen blieben nicht auf den Bau von Treppen beschränkt, sie zeigen sich zeitlich parallel auch in anderen Bereichen.

Die Historie des deutschen Städtebaues läßt erkennen, daß mittelalterliche Städte zwar planmäßig, aber nicht regelmäßig angelegt worden sind. Als zum Beispiel Heinrich der Löwe 1159 die Stadt Lübeck gründete, lag zweifellos ein Plan vor, nach dem der Ort organisiert werden sollte, in der Wegeführung ebenso wie in der Ansiedlung von Fischern, Seeleuten, Handwerkern und Kaufleuten. Dennoch ist sein Grundriß nicht geometrisch exakt geworden, wie wir es von dem sogenannten Hippodamischen System kennen, das bereits im 4. Jahrhundert v. Z. in Milet und Priene seine bekanntesten Vertreter gefunden hatte. Obwohl man mit einer ähnlichen geometrischen Präzision viele mittelalterliche Sakralbauten errichtete, finden wir derartige Absichten weder im gleichzeitigen Burgenbau noch im Städtebau, auch nicht bei den Gründungen der Zähringer Herzöge. Selbst ostelbische Kolonialstädte, wie Neubrandenburg oder Krakau, fügen ihren Schachbrettgrundriß einer ringförmigen Befestigung ein. Sie sind nur Vorläufer, noch nicht Exponenten eines geometrischen Systems. Erst zwischen 1451 und 1464 entstand Filaretes »Trattato d'architettura«, in dem er die Idealstadt Sforzinda vorstellte. Seine Ideen wurden von Francesco di Giorgio (1439-1502), Baldassare Peruzzi (1481-1536) und Vincenzo Scamozzi (1552-1616) übernommen und weitergeführt. In Deutschland dürfte Albrecht Dürer (1471-1528) der erste gewesen sein, der sich mit Planungen für Profanbauten auf geometrischer Basis beschäftigte. Aus dem Jahr 1527 ist sein Idealentwurf einer quadratischen Stadt mit einem quadratischen Schloß in der Mitte bekannt. Daniel Speckle (1536-1589) übertrug die Idee des idealen Grundrisses auf den Festungsbau, Heinrich Schickhardt (1558-1634) war der erste, der 1599 sein Idealprojekt für den Ort Freudenstadt im Schwarzwald verwirklichen konnte. Von 1605-1614 konstruierte Georg Riedinger (1568-1616) das Schloß in Aschaffenburg auf quadratischem Grundriß. Etwa zur selben Zeit entstand am Zusammenfluß von Neckar und Rhein eine Stadt nach dem Planmuster des Schachbretts: Mannheim. 1650 veröffentlichte Joseph von Furttenbach in seiner Schrift »Gewerb=Statt=Gebäw« eine Sternschanzenbefestigung auf polygonalem Grundriß. Um die Wende zum 18. Jahrhundert begann Domenico Egidio Rossi in Rastatt mit dem Bau des Schlosses (1697-1707) und mit der Regulierung des Stadtgrundrisses, indem er diesen zum Schloß in Beziehung setzte. Die Radialanlage dreier Straßen, für die das Schloß den gemeinsamen Blickpunkt bildet, erinnert an die Piazza del Popolo in Rom, von der drei Straßen ausgehen[32], und an Versailles, wo drei breite Alleen ebenfalls fächerförmig von der Place d'Armes ausstrahlen[33]. In Frankreich wird diese Straßenführung »patte d'oie« (Gänsefuß) genannt. Ein gleiches Radialprinzip ist ab 1715 auch für die vom Markgrafen Karl Wilhelm gegründete Stadt Karlsruhe richtungweisend geworden.

Noch 1720 verteidigte Leonhard Christoph Sturm (1669-1719) in seinem Buch »Die unentbährliche Regel Der Symmetrie« die geometrischen Grundrisse und versuchte, auf dieser Basis den »Hierosolymitanischen Tempel« nach dem Text der Bibel (Ezechiel 40-42) zu rekonstruieren[34].

Der geometrische Trend in verschiedenen Bereichen der Architektur, im Häuserbau ebenso wie in der Ortsplanung, begann im ersten Drittel des 16. Jahrhunderts und hat seitdem immer aufs neue impulsgebend gewirkt. Selbst das 19. und 20. Jahrhundert befreien sich nicht von diesem Schema, das die städtebaulichen Vorstellungen Haussmanns (1809 bis 1891) und Hitlers (1889-1945) ebenso beherrschte, wie es für die Anlage der neuen Hauptstadt von Brasilien maßgebend geworden ist. Brasilias 6 km lange Monumentalachse und die »Superquadras« der Wohnblöcke offenbaren einen Drang zur idealen Form. Aus den geometrischen Ordnungsschemata sind stereometrische Zwangsvorstellungen geworden. Sie reichen von Étienne Louis Boullée (1728 bis 1799) und Claude-Nicolas Ledoux (1736-1806) über Friedrich Gilly (1772-1800) und Carl Friedrich Schinkel (1781-1841) bis zu Walter Gropius (1883-1969) in unsere Gegenwart.

Ein anderer Vergleich, das Militär. Die Heerhaufen früherer Zeiten trugen keine einheitlichen Uniformen. Man kleidete sich mit dem, was man hatte oder erbeutete. Die Gemeinsamkeiten einer Truppe bestanden in dem Gehorsam gegenüber einem Führer, nach dem sie ihren Namen erhielt, und in dem Feldzeichen (Standarte, Fahne), das den Kämpfern vorangetragen wurde. Uniformen, das heißt eine militärische Bekleidung, die für alle Angehörigen einer Truppe nach demselben Schnitt, aus dem gleichen Stoff und in derselben Farbe hergestellt wird, sind erst im 17. Jahrhundert mit der Schaffung stehender Heere eingeführt worden. Vorbilder waren die Nationaltrachten. Doch während Trachten individuelle Unterschiede zulassen, sind Uniformen reglementiert. Varianten markieren Dienstränge, keine Personen.

Im Zusammenhang mit dem Militär ist die Geschichte des Gleichschritts interessant. Im Gleichschritt marschierten schon griechische und römische Soldaten des Altertums. Mit dem Untergang des Römischen Reiches ging dieses Detail militärischer Disziplin verloren. Erst im 15. Jahrhundert wurde der gleiche Schritt von Schweizer Söldnern erneut exerziert, ohne daß er sich auch bei anderen Truppen durchsetzen konnte. Die Heere Tillys und Wallensteins sind im Dreißigjährigen Krieg nicht im Gleichschritt marschiert. Im 18. Jahrhundert wurde durch die straffe, brutale Dressur der Soldaten für die preußische Armee der Gleichschritt auch in anderen Armeen obligatorisch.

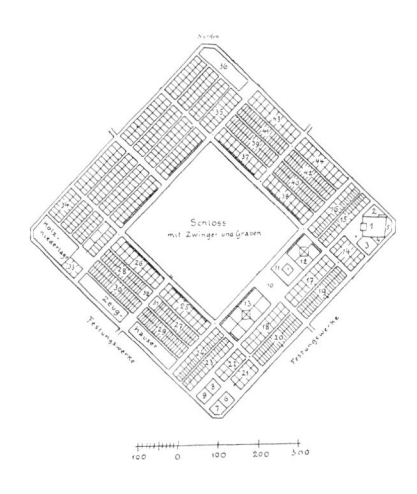

Entwurf einer Idealstadt von A. Dürer 1527.
▷ *J. STÜBBEN: »Der Städtebau«, Leipzig 1924, Abb. 835*

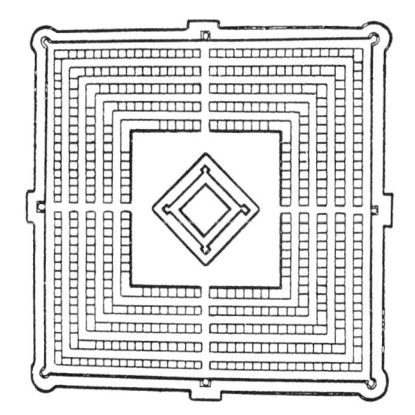

FREUDENSTADT (Württemberg), 2. Idealplan von H. Schickhardt ~ 1600.
▷ *»Lexikon der Kunst«, Bd. II, Leipzig 1989, S. 594*

Der Gleichschritt wird definiert als »*Marschbewegung einer Truppe zu Fuß in gleichem Tempo mit gleicher Schrittweite*[35]. Es ist naheliegend, daß eine Bevölkerung, deren männliche Mitglieder als Soldat dienen oder für das Militär arbeiten mußten, zur Präzision erzogen wurde. Wer an den Gleichschritt – direkt oder indirekt – gewöhnt ist, wird jede Unregelmäßigkeit schlecht ertragen können.

Dem Gleichschritt und dem Städtebau der Renaissance ist ein Präzisionsdenken gemeinsam, das sich zur selben Zeit auf verschiedenen Gebieten entwickelte. Mit der ersten ständigen Schweizer Garde im Jahr 1497 und ihrer Fortbewegung im Gleichschritt waren optische Signale gesetzt, die zur Übertragung des Prinzips in den Entwurf von Stadtgrundrissen beitrug. Die stereotype Wiederholung eines Ordnungsprinzips konnte nicht mehr als fremd empfunden werden. Man hatte sich an dergleichen Schemata gewöhnt. Die Gleichzeitigkeit der Einführung des Gleichschritts in die preußischen Armeen und der Bau des Stadtteils Friedrichstadt in Berlin nach 1700 sowie die Stadterweiterung von 1722 in Potsdam ist nicht zufällig.

Die Zahl der Beispiele läßt sich beliebig vergrößern, auf den Gebieten der Technik, bei der Anfertigung von Präzisionsinstrumenten, bei Automaten und mechanischen Spielzeugen. Alle Vergleiche beweisen, daß die Fertigung von Treppenstufen nicht isoliert zu betrachten ist, sondern als eine Aufgabe, die mit vielen menschlichen Tätigkeiten kommuniziert. Diese Fertigungsbereiche können helfen, die Frage nach dem Beginn der Herstellung gleichmäßiger Stufen zu beantworten und zu erklären, warum man sich auch im Treppenbau zu einer größeren Präzision entschloß.

Ein architekturgeschichtliches Ereignis ist von besonderer Bedeutung gewesen: die Wiederentdeckung Vitruvs. Zu Beginn unserer Zeitrechnung hatte der römische Baumeister Vitruvius Pollio seinem Kaiser Augustus eine Schrift mit dem Titel »De architectura libri decem« gewidmet. In ihr spielt ein Grundmaß, der sogenannte *modulus*, eine entscheidende Rolle, wenn man die Proportionen von Gebäudeteilen berechnen will. Jahrhundertelang hatte man nichts von dieser antiken Schrift gewußt, erst um 1415 wurde sie entdeckt. 1421 begann in Florenz Brunelleschi (1377-1446) sein berühmtes Findelhaus (Ospedale degli Innocenti), den ersten Bau im Sinne der neuen Kunstrichtung, die auf antiken Vorbildern fußt. Die Kunstwissenschaft fühlt sich darum berechtigt, die Anfänge der Renaissance in die Zeit um 1420 zu datieren. Nördlich der Alpen wurde man mit Vitruvs Werk später bekannt. 1543 erschien die erste Ausgabe der »architectura« außerhalb Italiens. In lateinischer Sprache hatte sie Gualtherus Hermenius Rivius (Walther Hermann Ryff) in Straßburg publiziert. 1548 veröffentlichte V. Teutsch die erste deutsche Übersetzung.

Wem die Modulbasis der griechischen und römischen Bauten durch Vitruv nahegebracht wurde, der lernte verstehen, daß wohlproportionierte Baukunst nur durch Präzisionsarbeit entsteht. Was für die Architektur der *modulus* bedeutet, ist für den Treppenbau die Stufe. Die Entdeckung der antiken Maßeinheit konnte den Treppenbau nicht unberührt lassen.

Fassen wir unsere Erkenntnisse für den deutschen Bereich zusammen, so liegt der Beginn einer größeren Präzision bei der Fertigung von Treppenstufen in den ersten Jahrzehnten des 16. Jahrhunderts, als man die italienische Renaissancekunst formal zu übernehmen begann. Während jedoch die Renaissance als neues Zeitalter gepriesen wird, das »*die Befreiung der Persönlichkeit von mittelalterlicher Gebundenheit gebracht hat*«[36], müssen wir aus der hier gewonnenen Sicht erkennen, daß diese Entfaltung des Individuums zwar mittelalterliche Enge zu überwinden in der Lage war, aber mit einer anderen, nämlich technischen Gebundenheit bezahlte. Während der Geist sich von scholastischer Indoktrinierung befreite, unterwarf sich der Intellekt den Zwängen der Schemata, den städtebaulichen ebenso wie dem Gleichmaß der Stufen. Die Sorglosigkeit, nicht einer Doktrin folgen zu müssen, wandelte sich in die Sorge um ein Höchstmaß an Präzision. Mit dem Modul erfand man eine normative Größe. Jede Norm aber zwingt kollektiv. Der Einzelne opfert seine persönlichen Wünsche und Vorstellungen einem Gemeinschaftsgesetz, das, rational begründbar, seiner Natur nach unpersönlich ist und keine Ausnahme gestattet. Die mittelalterliche Kirchendogmatik war ähnlich stringent gewesen. Ihr Gesetzgeber und oberster Richter aber ist Gott, und bei ihm ist Gnade zu erhoffen. Der Normgerechtigkeit jedoch ist ein Begriff wie das Verzeihen fremd. Die Norm erlaubt nur das Regelmaß, die Ratio der Zahl, die Sterilität der technischen Disziplin. Vor ihr kann nur jemand Anerkennung finden, wenn er die Norm erfüllt und sich dem vorgegebenen Schema einpaßt. Die Schablone ist das Maß aller Dinge, nicht der Mensch mit seiner Kreativität und seinen Unzulänglichkeiten, mit seiner Neugier und seinen Schwächen, mit seiner Eitelkeit und seinem Bedürfnis nach Ausgleich. Die grausige Konsequenz einer Schablonisierung haben uns schon die Griechen der Antike mit der Figur des Prokrustes vor Augen geführt. Wer der Norm seines Bettes nicht angepaßt war, wurde entweder gestreckt oder gekürzt, gleichgültig, ob er die Prozedur überlebte. Wichtig schien dem Ungeheuer nur die Einhaltung des Norm-Maßes, das allein berechtigt zu sein schien, den Willkürakt mit dem Nimbus des Rechts zu umhüllen. Die intellektuelle Schablone mußte, konsequent angewandt, zu Hexenprozessen, rassistischen und politischen Pogromen führen. Die Bruderschaft in Christo mündete in die Parole »*Und willst du nicht mein Bruder sein, so schlag ich dir den Schädel ein!*«[37]. Die von jeder Nächstenliebe weit entfernten Ketzerverfolgungen begannen 1430. Die von Papst Innozenz VIII. unterzeichnete Bulle »Summis desiderantes affectibus« stammt aus dem Jahr 1484. Der daraufhin von den Dominikanern Institoris und Sprenger verfaßte »Malleus maleficarum« erschien 1487. Diese Daten begleiten die Kunstrichtung, welche wir Renaissance nennen. Sie markieren auf ihre Weise den Beginn und die Praxis der mit ihr verbundenen neuen Lebensauffassung.

Kehren wir zu den Treppenstufen zurück, die den obigen Exkurs angeregt haben. Vor der Renaissance verhinderten die üblichen Unregelmäßigkeiten der Stufen eine Monotonie des Steigens. Jeder Schritt ist anders zu bemessen, jede Stufe fordert eine nur auf sie gerichtete

Aufmerksamkeit, fordert stets erneuerte Reaktionen, wie auf einem unbefestigten Feldweg oder auf einem Pfad im Gebirge. Die Partnerschaft von Objekt und Subjekt ist nicht starr, nicht programmiert. Es gibt kein Gleichmaß, das die Sinne ermüdet und abstumpft. Stets wird die Reaktionsfähigkeit provoziert. Beobachtet man die Menschen in den Mittelmeerländern, in Afrika oder auch in Asien, wie sie mit einem geradezu artistischen Selbstverständnis sogar bei schlechtem Wetter oder bei Dunkelheit auf äußerst unregelmäßigen steinernen Außentreppen schwere Lasten transportieren, ohne daß ein Geländer Halt bietet, dann wird deutlich, wieviel das ständige Training auf nicht genormten Stufen wert ist. Die endogene Sicherheit ist verläßlicher als Vorschriften und Schutzmaßnahmen.

Ein Vergleich, der sich erst im 20. Jahrhundert ergeben hat, bietet sich mit dem Straßenverkehr der Städte an. Er betrifft die Motorisierung. Ein geradliniges und vor allem gleich breites Straßennetz verleitet den Autofahrer dazu, weniger vorsichtig zu steuern, als auf unübersichtlichen und engen Straßen. Er sieht das Ende seiner Strecke vor sich und übersieht die möglichen Gefahren an Kreuzungen und durch Fußgänger. In alten Städten dagegen, mit ihren unregelmäßig breiten und unregelmäßig langen Fahrstrecken, scheint die Gefährdung überall zu lauern. Nirgends ist die zu einer flotten Fahrt notwendige Übersicht vorhanden, immer muß der Fahrer auf Überraschungen gefaßt sein, zumal die Automobilisten die Straße nicht allein für sich besitzen. Auch Fußgänger machen ihre Rechte geltend.

Die Beanspruchung, auf alles gefaßt sein zu mussen, unbekannte, nie erprobte Situationen zu meistern, verringert die Gefährdung. Eine erkannte Gefahr hat ihre Gefahr verloren. Prinzipiell vergleichbar sind auch die Unterschiede zwischen den altertümlich unregelmäßigen Tritten und den seit der Renaissance üblichen präzise gefertigten Stufen. Die Normung der Maße hat ihre ökonomischen Vorteile, sie werden erkauft durch den Verlust menschlicher Reaktionsfähigkeit. Das Individuum Mensch wird mental unbeweglich, wenn es sich nur auf ein einziges, sich ständig wiederholendes Stufenmaß einzustellen hat, das die subjektive Fühlungnahme des Fußes mit der Stufe durch eine objektive Gleichmacherei ersetzt. Der technische Fortschritt verdrängt individuelle Fähigkeiten.

Unregelmäßige Stufenfolgen und dreieckige Wendelstufen erlauben keine Bindung an ein bestimmtes Schrittmaß. Schrittmaß-Regeln gibt es weder in der Antike bei Vitruv noch im Mittelalter oder in der Renaissance. Das bedeutet, daß die erwähnte Präzision der Stufen in diesen Zeiten noch nicht Allgemeingut geworden ist, auch wenn erste Bemühungen um verbindliche Maße konstatierbar sind. Erst aus dem 17. Jahrhundert ist uns eine Regel bekannt, die François Blondel (1617-1686) in seinem »Cours d'architecture« 1675 publiziert hat, von der wir jedoch nicht wissen, ob sie auch von ihm erfunden worden ist. Es heißt dort: »*La longueur du pas aisé d'un Homme qui marche de niveau est de deux pieds, c'est à dire de vingt-quatre pouce [65 cm], & le hauteur de celuy qui monte à une échelle dressée à plomb n'est que d'un pied ou de douze pouces; D'où il paroist que la longeur naturelle du pas estandu de niveau est double de la hauteur naturelle du même pas à plomp. Et partant que pour les joindre l'une avec l'autre, comme il se fait dans toutes les rampes, il faut que chaque partie en hauteur soit par compensation prise pour deux parties de niveau, & que l'une & l'autre pour composer un pas naturel fassent ensemble la longueur de deux pieds ou de vingt-quatre pouces ...«*[38]. Abweichend von den Auffassungen anderer Architekturtheoretiker, wie Andrea Palladio (1508-1580) oder Vincenzo Scamozzi (1552-1616) legte Blondel den menschlichen Schritt mit ca. 65 cm zugrunde und verlangte, 2 Steigungen und 1 Auftritt sollten addiert dieses Maß für die Proportion der Stufen ergeben.

Es ist erstaunlich und zugleich bezeichnend, daß ein solches von den natürlichen Gegebenheiten abgeleitetes Steigungsverhältnis erst sehr spät für den Treppenbau formuliert worden ist. Offenkundig waren zuvor andere Kriterien für den Treppenbau maßgebend als der Mensch und seine Möglichkeiten des Steigens. Mit dem durch Blondels Schrift gegebenen Datum 1675 wird eine Wende deutlich, die das verstärkte Interesse der Baumeister und Bauherren an bequemen Verbindungen zwischen den Geschossen markiert.

In mittelalterlichen Burgen spielte der Begriff Bequemlichkeit beim Treppenbau solange keine Rolle, wie die Wehrfunktion dominierte. Erst als die ständige Verteidigungsbereitschaft überflüssig geworden war, weil das Leben von neuen Bedürfnissen bestimmt wurde, widmete man auch den Stufen größere Aufmerksamkeit und paßte sie in Höhe und Tiefe den Maßen an, die man als bequem empfand.

Das Maß an Bequemlichkeit ist nicht für alle Regionen und Zeiten gleichartig zu fixieren. Bequemlichkeit ist eine Komponente der Gewohnheit, und diese wird vom Ambiente determiniert. Bergbauern zum Beispiel, die von Kind an gewöhnt sind, steile Wege zu steigen, finden die ebenen Wege des Flachlandes ermüdend, also unbequem. Dagegen müssen die Bewohner der Ebenen sich anstrengen, wenn sie in den Bergen wandern. Die hohen Stufen des 80 A. D. eingeweihten Flavischen Amphitheaters (Colosseum) in Rom bereiteten einst den Besuchern keine Schwierigkeiten. Niemand hat daran gedacht, die Steigungen zu ändern oder die hier gemachten Erfahrungen bei späteren Bauten zu berücksichtigen. In den um 300 A. D. gebauten Trierer Badeanstalten, die heute Kaiserthermen genannt werden, sind die Stufen der ersten Wendelung im Westturm zwischen 31 und 32 cm hoch! Erst darüber gibt es flachere Stufen. Im Ostturm haben die Stufen Höhen zwischen 20 und 28 cm. Zweifellos gehörten auch dort hohe Stufen zu den alltäglichen Dingen, an die man gewöhnt war.

Vergleichbar mit den oben zusammengestellten Toleranzen der Stufen-Maße erlauben auch die Höhen der Stufen festzustellen, wann etwa ein Wandel der Steigegewohnheit und damit ein Wandel des Bewußtseins begann, wann man ein Maß anstrebte, das nicht nur temporär oder regional den Gewohnheiten entsprach, sondern allgemein als bequem angesehen wurde. Die vermehrten und verbesserten Kommunikationsmöglichkeiten spielen dabei eine ebenso große Rolle wie das Streben nach Reputation oder die Mode.

Derart enge Bindungen an menschliche Wünsche und Tätigkeiten lassen die Treppe zu ihrem Indikator werden. Die Absichten und Bedürfnisse ihrer Erbauer sind meßbar. Zwar kennen wir auch aus früheren Jahrhunderten Beispiele für flache Stufen, aber diese sind nur vereinzelt für besondere Aufstiege gebaut worden. Am Aachener Münster (786 bis ~800) beispielsweise besitzen die beiden Wendeltreppen Stufen von etwa 13 cm Höhe. Die Treppenläufe in den um 1000 errichteten Osttürmen des Mainzer Domes haben Stufen-Höhen zwischen 14 cm und 16 cm. Die Stufen-Höhen der Wendeltreppen am Westlettner (~1260) des Naumburger Domes messen zwischen 15 cm und 17 cm. Doch solche Höhen sind nicht die Regel. Verbreitet waren Stufen mit mehr als 18 cm, verschiedentlich auch mehr als 20 cm Höhe. Selbst der repräsentative Große Wendelstein (1471-1485) der Albrechtsburg in Meißen hat Stufen mit Höhen zwischen 19 und 20,5 cm. Flachere Stufen mit 18 cm zu bauen, wurde erst im 16. Jahrhundert üblich, als die Städte reich und mächtig waren und ihre Bürger die Prachtentfaltung des Adels nachahmten.

Beispiele:
Treppen in Deutschland

Stufenhöhe		cm
1512-1516	ALSFELD (Hessen), Rathaus	18
1530-1542	ZELL (Mosel), Schloß	17
1532	ZELL (Mosel), Balduinstr. 37, Haus Caspary	19
1543-1566	STUTTGART, Alte Kanzlei	16
1559	TRIER, Steipe	17-18
1563 f.	WERNSTEIN bei KULMBACH, Oberes Schloß	19
1570	LÜDINGHAUSEN (Westfalen), Burg Vischering	18
1572	STUTTGART, Altes Schloß, SW-Turm	17
1573	TRABEN-TRARBACH, ehemalige Lateinschule	18
1580	TRABEN-TRARBACH, Ortsteil RISSBACH, Haus Nr. 170	17
1582	ELLER (Mosel), Püttstr. 43, Wohnhaus	17-18
1583	THURNAU (Oberfranken), Schloß	17
1586-1593	WERNSTEIN bei KULMBACH, Unteres Schloß	18
1591	THURNAU (Oberfranken), Schloß	17
1595-1605	WEIKERSHEIM (Württemberg), Schloß	18
1600	THURNAU (Oberfranken), Schloß, Hans-Georg-Bau	17

Die nächste Liste zeigt, daß in Frankreich schon sehr viel früher als in Deutschland ein Bemühen um flachere Stufen zu erkennen ist. Luise Hager schrieb zum Stichwort Commodité[39]: »*Die Zeit des Regence*[40] *hielt sich viel darauf zugute, den Wohnstil im Sinne der Commodité reformiert zu haben ... Doch ist die primäre Notwendigkeit der Commodité bereits weit früher von maßgebenden französischen Bausachverständigen erkannt und gefordert worden*«. Als Beispiele nennt sie Pierre Le Muet (1591-1669) mit seiner Schrift »Manière der bien bastir ...«, 1623, und Louis Le Vau (1612-1670) mit seinem Meisterwerk, dem Schloß Vaux-le-Vicomte (1657-1660). Hätte Frau Hager die französischen Treppen studiert, wäre ihr bewußt geworden, daß ein Bemühen um Commodité in Frankreich nicht erst im 17. Jahrhundert, sondern bereits um die Wende vom 14. zum 15. Jahrhundert festzustellen ist.

Treppen in Frankreich

		Stufenhöhe cm
E. 14. Jh.	SAUMUR, château, escalier d'honneur	16
~1410	ANGERS, château, escalier du Roi	17,5
1454-1472	SAUMUR, château, escalier est	16-17
1454-1472	SAUMUR, château, escalier sud (Tour de Guet)	16-18
1465-1469	LANGEAIS, château, escalier d'honneur	19
1468-1473	Le PLESSIS-BOURRÉ, escalier d'honneur	18-19
1481-1505	DISSAY (Poitou), alle 5 Treppen	16-18
~1490 beg.	BOURGES, ancien Hôtel de Ville (Petit lycée)	15-16
15. Jh.?	MONTREUIL-BELLAY, château neuf, escalier d'honneur	17
~1500	CHAUMONT sur LOIRE, escalier d'honneur	15
1501-1511	MEILLANT, château, Tour de Lion	17-18
1515-1524	BLOIS, château, escalier François I.	15-16
1518-1529	AZAY-le-RIDEAU, château, escalier d'honneur	15-16
~1520	MONTSOREAU, escalier d'honneur	14
1520-1539	CHAMBORD, château, escalier central	14
1523	CHÂTEAUDUN, château, escalier de la Renaissance	13-14
1539 f.	CHAMBORD, château, escalier François I.	13
~1540 f.	CHAMBORD, château, escalier Henri II.	14-15
vor 1544	OIRON, château, escalier d'honneur	13-15
1546	SERRANT, château, escalier d'honneur	14-15

Die Bequemlichkeit des Steigens hängt nicht allein von den Stufen-Höhen ab. Man steigt zwar mit den Beinen, aber gesteuert wird der Vorgang mit den Augen. In diesem Zusammenhang ist ein Phänomen bemerkenswert, das vorwiegend in Deutschland anzutreffen ist, das folglich germanotypisch genannt zu werden verdient. Es ist die Schweifung der Stufen[41]. Die Schweifung ist nicht zu verwechseln mit der Abrundung[42] oder dem Verziehen[43] der Stufen. Sie kommt seit dem 15. Jahrhundert in Deutschland vor, in Frankreich und in Italien ist sie erst seit dem 16. Jahrhundert nachzuweisen, zum Beispiel im Schloß Blois mit der Wendeltreppe Franz I. (1515-1524) und als Freitreppe in der Florentiner Biblioteca Laurenziana (1557-1560). Doch sind geschweifte Stufen in beiden Ländern sehr selten.

Begonnen hatte die Schweifung der Stufen an Wendeltreppen. Die Anregung dazu kam wahrscheinlich von den Maßwerken, die in der Spätgotik einen Charakter bekommen hatten, der einer Wirbelrosette ähnlich sieht. Das eine Rotation vortäuschende Motiv ist seit der Antike bekannt, wurde aber ausschließlich ornamental verwendet. Übertragen auf den Grundriß einer Wendeltreppe ist der »Wirbel« der Stufen nur aus der Sicht von oben zu bemerken, beim Herabsteigen, und dann auch nur partiell. Ein praktischer Vorteil ergibt sich durch die Rundung der Stufen nicht. Ob konvex oder konkav geschweift, das Steigen wird durch die Kurvatur nicht erleichtert. Die eigentliche Leistung liegt im artistischen Bereich der Treppenhersteller. Der Treppenbenutzer mag den Reiz der Linienführung empfinden, und mit dem Bemerken einer scheinbaren Dynamik mag sich auch ein verändertes Steigegefühl einstellen, das man in den stereotyp und allein nützlich konstruierten Wendeltreppen der Gotik nicht haben konnte. Die Schweifung der Stufen ist ein zwar technisch nutzloses, aber ästhetisch bereicherndes Element des Treppenbaues, das zweifellos eine neue Lebenshaltung, eben die der Renaissance, interpretiert.

*BLOIS (F), château,
aile François I, 1515-1524,
Treppenturm, abgerundete Stufen,
Foto: F. Mielke 25.5.1979*

Die herausragenden Baumeister der Hochgotik, so versierte und ehrgeizige Steinmetzen und Baumeister wie Peter Parler (1330-1399), Ulrich von Ensingen (~1359-1419) oder Johannes Hültz (gest. 1449), der 52 Wendeltreppen akkumulierte, um die Spitze des Straßburger Münsters zu bilden, waren nicht auf die Idee gekommen, die Stufen ihrer höchst kompliziert konstruierten Treppen zu schweifen. Es wäre für sie ein leichtes gewesen, doch zu ihrer Zeit war diese Idee noch nicht geboren.

Michelangelo scheint der erste gewesen zu sein, der in seinem Vorprojekt von 1555 für die Libreria Laurenziana die bis dahin üblicherweise geraden Stufen einer Freitreppe konvex rundete. Diese Neuerung wird verständlich, wenn man weiß, daß in der Skizze von 1525 am Antritt des mittleren Laufes eine Kegeltreppe vorgesehen war.[44]

OVERGAARD (DK, Ostjütland), Herrenhaus, vor 1730, Treppe mit geschweiften Stufen.
▷ *G. BENZON: »Gamle danske trapper«, København 1987, S. 151*

Traf man im 16. und 17. Jahrhundert geschweifte Stufen hauptsächlich bei Wendeltreppen an, so übernahmen die Meister des Barock diese neue Gestaltungsform mit einer gewissen Vorliebe auch für geradarmige Treppen. Beispiele finden sich in vielen Bauten, wie im einstigen Erbdrostenhof (J. C. Schlaun 1753-1757) in Münster und im ehemaligen Landhaus (F. A. Krubsacius 1770-1776) in Dresden.

Auffallend an den barocken Schweifungen der Treppenstufen ist, daß man auch Holzstufen rundete. Was in der Renaissance als Meisterleistung handwerklicher Steinmetzkunst angesehen werden durfte, haben im 18. Jahrhundert mit gleichem Ehrgeiz Zimmerleute und Tischler als Beweis ihrer Kunstfertigkeit übernommen. Dabei spielt die gesellschaftliche Zuordnung eine Rolle. Steinbauten konnte sich nur eine privilegierte Oberschicht leisten. Der Mittelstand und die weniger Privilegierten mußten mit den billigeren Holztreppen vorliebnehmen. Dadurch, daß man die im Steinbau entwickelte Schweifung nachahmte, rückte die hölzerne Ausführung den formalen Kriterien der höheren Stände näher.

DRESDEN, Landhaus,
2 Treppenläufe mit geschweiften
Stufen,
F. A. Krubsacius 1770-1776.
▷ KESTING/GROHMANN:
»Dresden wie es war«,
Berlin 1955

Die Anfertigung von geschweiften Treppenstufen erfordert nicht nur ein hohes Maß an handwerklichem Können, sie ist auch mit großen Verlusten an Material verbunden. Da Steine im Bruch mit geraden Kanten gesägt werden, führt das Ausarbeiten der Rundung zu einer größeren Menge an Abfall, als sie bei geradlinigen Stufen zwangsläufig ist. Die erhebliche Differenz zwischen Rohprodukt und Endprodukt macht jede runde Stufe teurer als eine ebenso lange Stufe mit geraden Kanten. Die höheren Kosten erklären zum einen die relative Seltenheit dieser Treppen mit geschweiften Stufen, zum anderen aber auch deren Beliebtheit bei finanziell potenten Bauherren. Das Teure ist seit jeher ein Statussymbol gewesen. Seit alters her gilt die Formel: Je komplizierter eine Bauweise ist, desto teurer ist sie, je teurer desto repräsentativer. Eine Zusammenstellung der Objekte[45] verzeichnet deshalb vorwiegend Schlösser und Kirchen, daneben aber auch die Gebäude reichgewordener Bürger, Patriziergeschlechter und Kaufleute. An dem Aufwand beim Treppenbau läßt sich heute noch ablesen, wie vermögend der Bauherr einst gewesen ist – oder scheinen wollte.

9. Handläufe

SIENA (I), Pal. Pubblico, 1288-1309, Handlauf M 1:10.
▷ *J. DURM 1914, Abb. 175 b*

MEISSEN, Albrechtsburg, Großer Wendelstein 1471 ff., Handlauf M 1:10.
▷ *C. BÖTTCHER 1909, S. 62*

ZWICKAU, Marienkirche, südl. Emporentreppe, 1529, Handlauf M 1:10.
▷ *C. BÖTTCHER 1909, S. 62*

TORGAU, Schloß Hartenfels Großer Wendelstein 1536, Handlauf M 1:10.
▷ *C. BÖTTCHER 1909, S. 62*

Auf engen Treppen läuft der Benutzer keine Gefahr, die Stufen herunterzufallen. Selbst wenn sie steil sind, kann er sich stets an den Außenwandungen oder an der Spindel festhalten. Die Schwierigkeiten beginnen mit einer zunehmenden Treppen-Breite. Sind die Wandungen nicht mehr in Reichweite, bedarf es eines zusätzlichen Halts für den Notfall, bei Begegnungen oder einfach, um das Steigen zu erleichtern. Die Steigehilfe des Handlaufes ist ein Bauelement, das es bis zum Mittelalter nicht gab und nicht zu geben brauchte, weil in den engen Aufstiegen die Wände hilfreich sind. Besaß eine Burg aus besonderen Gründen eine breite Treppe, wie im schottischen Warkworth Castle oder in der französischen Forteresse Lavardin (Loir-et-Cher), war die Kondition der Steigenden wichtiger als das technische Hilfsmittel. Es ist aufschlußreich für den sogenanten Zeitgeist, daß in beiden Burgen fast zur gleichen Zeit breite Treppen konzipiert wurden. In Schottland um oder nach 1400, in Frankreich in der ersten Hälfte des 15. Jahrhunderts. Obwohl keine Kunstformen beteiligt sind, markieren derartige Aufstiege ein neues Lebensgefühl. Auch wirken in ihnen die Erfahrungen der Kreuzzüge nach. Die ungeahnten Verluste an Verwundeten und Kranken hatten zur Einrichtung von Hospitälern gezwungen, die oft zweigeschossig gebaut wurden, um die Geschlechter zu trennen. Es waren Verbindungstreppen notwendig, die für Invaliden nur mit handlichen Hilfen zu steigen sind. Abgesehen von anderen Motiven entstanden Handläufe aus humaner Gesinnung. Auch wenn zwischen »human« und »humanistisch« unterschieden werden muß, sind die Termini in diesem Fall historisch gleichzusetzen und in die Tendenzen der Renaissance zu integrieren.

Leider gibt es keine Bestrebungen, die man als »Handlaufforschung« rubrizieren könnte und die eine ausgedehntere Übersicht besitzen als die, welche hier geboten wird. Deshalb läßt sich angesichts des gegenwärtigen Erkenntnisstandes nur sagen, daß Handläufe in Italien, Deutschland und Frankreich wahrscheinlich erst seit der Wende vom 14. zum 15. Jahrhunderts üblich wurden. Auch in anderen Ländern war kein Handlauf zu entdecken, der älter ist als die aufgeführten.

Die folgenden Tabellen verzeichnen die bisher ermittelten Handläufe in Deutschland und Frankreich. Von Italien hat Durm ein einziges lokalisiertes Beispiel mitgeteilt. Bei drei weiteren Querschnitten aus Verona fehlt der Hinweis auf ein Gebäude[46]. Alle Handläufe gehören zu steinernen Treppen und sind fester Bestandteil einer Wandung. Nicht aufgeführt sind die durch Ösen gezogenen Stricke und die hölzernen oder eisernen Stangen, von denen anzunehmen ist, daß sie nicht aus der Erbauungszeit der Treppe stammen.

In Zentraleuropa ist das früheste Entstehungsdatum 1471, um fast ein halbes Jahrhundert älter als das von der Kunstwissenschaft behauptete erste Auftreten der Renaissance-Symptome in Deutschland, nämlich die Ausstattung der 1518 geweihten Fuggerkapelle in der Augsburger Kirche St. Anna.

Beispiele:

Deutsche Handläufe

1471	MEISSEN, Albrechtsburg, Großer Wendelstein
~1474	KÖNIGSBRÜCK, Schloß
1499	NÖRDLINGEN, St. Georg, Kanzeltreppe
~1500	WITTENBERG, Schloß, NW-Treppe
1507 f.	NÖRDLINGEN, Kirche St. Georg, SW-Treppe zur Empore
vor 1515	WIEN, Stephansdom, Kanzeltreppe
1525-1528	OCHSENFURT (Unterfranken), Archiv
1526	NEUHAUS, Schloß, S-Turm
1529	ZWICKAU, Marienkirche, S-Emporentreppe
1534-1536	TORGAU, Schloß Hartenfels, Gr. Wendelstein
1537	GÖRLITZ, Rathaus, Freitreppe
1546	PETERSHAGEN (bei MINDEN), Schloß
1549-1553	DETMOLD, Schloß, NO-Turm
~1550	SCHWEIDNITZ (Schlesien), Burgstr. 5
1551-1554	LAUENSTEIN (Oberfranken), Burg, Thünabau
1552	ÜBERLINGEN, Münster, Kanzeltreppe
1556 f.	BRACKENHEIM (Wttbg.), Schloß
1566	WEISSENBURG (i.B.), Andreaskirche, Kanzeltreppe
1558-1564	NEUENSTEIN, Schloß, N-Treppe
1572-1578	ROTHENBURG o.d.T., Rathaus, Festtreppe
1574	MERGENTHEIM, Schloß, N-Treppe
1578-1580	COBURG, Rathaus
1580	HEILBRONN, Kilianskirche, Kanzeltreppe
1589-1593	ROTHENBURG o.d.T., Gymnasium
1591	FRICKENHAUSEN, Rathaus, Außentreppe
1594	ANSBACH, ehem. Kanzlei
1603-1616	BEVERN, Schloß

Französische Handläufe

~1500	BLOIS, château, aile Louis XII
1500 f.	LARRAZET (Midi-Pyrénée), château
1513	AIX-les-BAINS, château des comtes de Savoie
1516	BONNIVET (Vienne), château
1518	AZAY-le-RIDEAU, château
1523	CHATEAUDUN, château, aile Longueville
~1542	OIRON, château

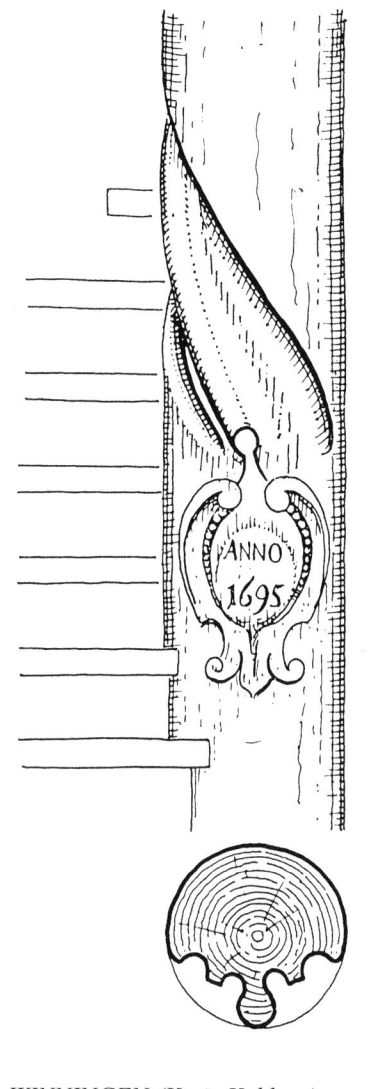

WINNINGEN (Kreis Koblenz), ev. Kirche, hölzerne Wendeltreppe zur Empore, Spindel mit Handlauf, 1695, • M 1:10. Zeichnung: F. Mielke

AZAY-le-RIDEAU, château, 1518, Handlauf im Haupttreppenhaus. Foto: F. Mielke 10.5.1979

CHÂTEAUDUN, château, 1511 ff., escalier de la Renaissance, Spindel mit Handlauf (A).
▷ *VIOLLET-le-DUC 1834 ff., T. V. p. 314*

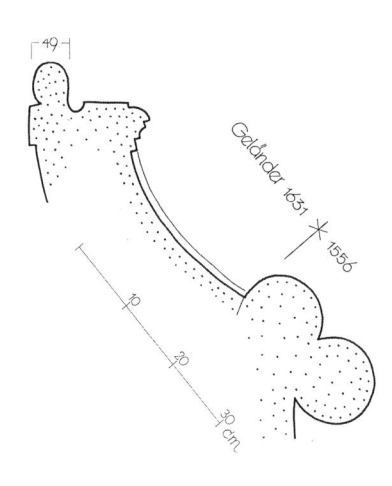

BRACKENHEIM, Schloß, Wendeltreppe, Geländer mit Handlauf. Aufmaß: W. G. Fleck/F. Mielke 27. 4. 1982

Es ist informativ, neben den anfänglich verwendeten Handläufen im Treppenbau auch spätere Beispiele aufzuführen. Die Fülle der Objekte offenbart, mit welcher Vehemenz man sich dieser Steigehilfe angenommen hat. Ob Handläufe benötigt wurden oder nicht, man betrachtete sie als Zierde wie ein Statussymbol. Nicht die Notwendigkeit eines Hilfsmittels, nicht die Sicherheit für Treppenbenutzer scheinen Anlaß für die Anbringung von Handläufen gewesen zu sein, sondern das Schmuckbedürfnis, die Bereicherung des Aufstiegs durch ein zusätzliches Element, etwa so, wie man sich eine Dienerschaft, eine Eskorte hält, ohne sie wirklich zu brauchen. Die Pracht der Suite hebt das Ansehen des Chefs.

Das Verlangen, einen Handlauf zu besitzen, erstreckte sich auch auf die Spindeln der Wendeltreppen. Es war vorgebildet in den reichen Profilierungen steinerner Hohlspindeln. Obwohl diese Profile oft tief gekehlt sind, lassen sie sich nur umständlich ergreifen. Sie sind zu niedrig angebracht; man muß sich tiefer bücken, als für das Steigen erträglich sein kann. Anders ist es bei den starken und massiven französischen Spindeln aus Stein. Ihre Profile umziehen das Zentrum in einer nützlichen Höhe, allerdings so wenig unterschnitten, daß sie zwar faßbar, aber nicht griffig sind. Immerhin läßt sich in den Spindelprofilen einer der Ansätze zur Bildung von Handläufen erkennen.

Ein anderer Ansatz wird bei den hölzernen, mit vollem Querschnitt oder gebohrten Spindeln deutlich, denen man ungeachtet aller Schwierigkeiten einen greifbaren Handlauf ausarbeitete oder ansetzte. Er dürfte zwar im Zentrum der Wendelung kaum vermißt worden sein, aber das Motiv überwog und wurde gesteigert.

Schließlich konstruierte man an der Spindel kleine Geländer, die mit ihren durchbrochenen Füllungen zu den starken Profilen der Hohlspindel ein stilistisches Gegengewicht bilden. Das Ornament sympatisiert mit den zeitgemäßen Formen des 17. Jahrhunderts, die Spindelprofile dagegen sind noch in den Traditionen der Gotik befangen.

Die hölzernen Spindelgeländer sind Gegenstücke zu den Handläufen, die im Zusammenhang mit den Wangensäulchen der steinernen Wendeltreppen konstruiert worden sind. Obwohl ein möglicher Sturz in das meist nur kleine Auge weitgehend ungefährlich ist und die Säulchen im Notfall Halt bieten können, wurde ein Handlauf obligatorisch. Der Statiker sieht allerdings auch, daß dem Baumeister die Querversteifung der dünnen Säulchen willkommen war.

Das Bestreben, aus der profilierten Hohlspindel eine Wange mit Geländer werden zu lassen, beschränkte sich nicht auf nur eine Spezies von Wendeltreppen. Ein Beispiel der Jahre 1625 f. aus der Kirche von Nürtingen hat Friedrich Rauscher publiziert[47]. Die gewundene Freiwange ist zum gewundenen Geländer mit Handlauf geworden. Bei anderen Objekten ist zu beobachten, daß man das Geländer der zentralen Wange nachträglich aufsetzte. Ein Beispiel bietet das Schloß Brackenheim in Württemberg. Der Bau und seine Wendeltreppe stammen von 1556, das Geländer kam 1631 dazu. Den gleichen Vorgang findet man in dem 1578-1580 gebauten Coburger Rathaus. Dort ist das Geländer wahrscheinlich erst 1750 f. hinzugefügt worden.

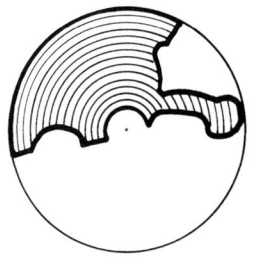

NÜRNBERG,
*Haus zum Büttnertanz, 1694,
Querschnitt durch die Spindel der
Wendeltreppe, M 1:10.*
▷ M. GRANTZ a.a.O., Abb. 55

NÜRNBERG, Radbrunnengasse 8,
Wendeltreppe mit Spindelgeländer.
▷ Bildstelle der Stadt Nürnberg,
Aufnahme ~ 1935

10. Treppengeländer

Geländer sind keine selbstverständlichen Bestandteile der Treppen. Ihre Anfertigung ist kostenträchtig und dient nur indirekt dem Höhengewinn. Sie sind eine Zutat, keine unabdingbare Notwendigkeit. Deshalb waren es in der Vergangenheit nur potente Bauherren, die sich den Luxus eines Geländers leisteten. Noch im 20. Jahrhundert gibt es in allen Ländern zahlreiche Objekte der »Architettura minora«, deren Treppen kein Geländer besitzen. Sofern Steigebäume oder Leitern verwendet werden, sind Geländer ohnehin nicht gebräuchlich. Im Gegensatz zu den Handläufen begründeten Geländer ihre Existenz als Statussymbol. Sicherheitsaspekte waren jahrtausendelang kein Thema. Das Vorkommen und die Form der Geländer wurden zu Gradmessern der gesellschaftlichen Verhältnisse, zu Widerspiegelungen des Prestigedenkens ihrer Auftraggeber. Da das Geltungsstreben seit Kains Mord an Abel ein zu jeder Zeit unwiderstehlicher Impetus geblieben ist, läßt es sich nicht auf eine Epoche eingrenzen.

Die Geschichte des Bauteils Geländer soll einer speziellen und umfassenderen Publikation vorbehalten bleiben; hier ist nur so viel zu sagen, wie es dem auf zwei Epochen eingegrenzten Thema entspricht. Dieser die Gotik und die Renaissance überspannende Zeitraum macht allerdings bereits deutlich, wie sehr das Prestigedenken zu Differenzierungen und Bereicherungen drängte. Analog der Rangordnung von Hofmarschall und Herrscher, von Prolog und Text, von Ouvertüre und Spiel pflegt man zwischen dem Geländer-Anfänger und dem Geländer zu unterscheiden. Beide Bauelemente dienen derselben Aufgabe in arteigener Weise. Da der Anfänger des Geländers dem ankommenden Treppenbenutzer zunächst steht, hat er eine besondere Statur. Er gleicht dem Empfangschef, dem Portier am Eingang des Hotels. Sein Aussehen signalisiert den Anspruch im Denken und im Vermögen der Hauseigentümer. Dem anschließenden Geländer eignet dieselbe Funktion, aber in nachgeordneter Position. Bleiben wir bei dem Beispiel des Hotelportiers, sind die in der Regel gleichförmigen Elemente des Geländers den uniformierten Pagen zu vergleichen. Und so, wie zwischen Portier und subalternen Bediensteten Rangunterschiede bestehen, müssen auch die beiden Komponenten der Treppengeländer separat behandelt werden.

In der Absicht, die entwicklungsbedingten Wandlungen zu erkennen, ist festzustellen, daß die auffälligen Geländer-Anfänger später entstanden sind als die Gestaltung des anschließenden Geländers. Zum Vergleich: Auch Komponisten pflegen die Ouvertüre erst zu schreiben, wenn das Werk Gestalt angenommen hat. Schriftsteller formulieren das Vorwort dann, wenn der Text ausgereift ist.

Im Treppenbau erwuchsen Anfänger aus dem technischen Zwang, dem Geländer Festigkeit zu verleihen, und aus dem Wunsch, am Anfang des Aufstiegs einen Blickfang paradieren zu lassen. Die technischen Maßnahmen bleiben unsichtbar und beeinflussen die Gestaltung kaum. Um so stärker kann sich der Formwille entfalten.

*NÜRNBERG, Weinmarkt 6,
Geländeranfänger aus Holz, 1617
▷ Bildstelle Nürnberg 1973*

*NÜRNBERG, Binsengasse 9,
Freitreppe mit Ornamentgeländer.
▷ Bildstelle Nürnberg 1909*

Geländeranfänger

Geländeranfänger sind erst spät zu eigener Geltung gelangt, später als die künstlerische Ausbildung der Geländer. Offenbar hatte man die in ihnen beschlossenen Gestaltungsmöglichkeiten verkannt und sie nur als technische Stabilisierungsfaktoren behandelt. So gibt es bis zur Renaissance wenige Anfänger, die mehr sind als bloße Pfosten mit rundem, quadratischem oder achteckigem Querschnitt. Das Schmuckbedürfnis wurde im Geländer befriedigt. Diese Zurückhaltung erklärt sich vorwiegend daraus, daß im 16. Jahrhundert die meisten Aufstiege Wendeltreppen waren, die kein Geländer benötigen. Im Zentrum bietet die Spindel Halt, an der Außenwand gab es gelegentlich schon einen in die Wand eingefügten steinernen Handlauf oder vielleicht auch eine eiserne Handlaufstange. Es ist allerdings zu vermuten, daß die meisten Steigehilfen, Stangen und auch Seile erst in neuerer Zeit angebracht wurden. In fast allen Fällen, bei Wendeltreppen und bei geradarmigen Treppen, aber ist die Laufbreite so knapp bemessen, daß man mit ausgestreckten Armen die Begrenzungswände erreichen kann und dort Halt findet.

Runde Geländeranfänger scheint man in Nürnberg lange verwendet zu haben. Es gab sie zum Beispiel an der Freitreppe zum Haus Binsengasse 9, im Hause Winklerstr. 5 (1496 f.) und auch im sogenannten Topplerhaus, Untere Söldnersgasse 17 (1590). Während alle Objekte ein reiches durchbrochenes gotisches Maßwerk zeigen, kontrastieren die Anfänger mit Schlichtheit. Doch gilt es, von den plumpen Pfosten der erwähnten Freitreppe abgesehen, feine Unterschiede zu bemerken.

*NÜRNBERG, Bankgasse 8,
Geländeranfänger aus Stein, 1538
▷ Bildstelle Nürnberg 1917*

NÜRNBERG,
Untere Söldnergasse 17
Ornamentgeländer aus Stein
mit rundem Anfänger.
▷ *Bildstelle Nürnberg 1905*

NÜRNBERG, Egidienplatz 35,
Renaissance-Geländeranfänger
eines spätgotischen Geländers
aus Stein.
▷ *Bildstelle Nürnberg 1934*

Im Hause Winklerstr. 5 zeigt der Geländeranfänger geschraubte Rundstäbe, wie sie von Spindeln und Wangensäulchen bekannt sind, im Topplerhaus hat unzweifelhaft eine Säule Pate gestanden. Die in zahlreichen Architekturtraktaten publizierten antiken Säulenordnungen waren inzwischen zum Allgemeingut geworden. Wer etwas auf sich hielt, übernahm das Säulenmotiv, am Haus, an Möbeln und an Treppen.

Obwohl es nahelag, runde Antrittpfosten wie Säulen zu schaffen, gab es schwerwiegende Hindernisse, die Analogie zu praktizieren. Ein Pfosten ist einem Pfahl vergleichbar, wie er für Zäune, Gatter und Gitter überall gebraucht wird. An ihm pflegt man horizontale Latten zu befestigen, indem man sie anbindet oder annagelt. Ohne solche Technik kann der Pfosten nicht Bestandteil eines Gitters werden.

Säulen dagegen sehen zwar wie Pfähle aus, haben aber einen anderen, einen mythisch durchdrungenen Charakter. Eine Säule ist mehr als eine massive Stütze für das Gebälk. Seit der griechischen Antike wird sie anthropomorph gesehen. Der dorischen Säule attestiert man männliche Eigenschaften, die ionische Säule gilt als weiblich und die korinthische Säule hat einen jungfräulichen Charakter. Der Konvention folgend, war es möglich, statt der Säulen Karyatiden zu schaffen. Wenn also jede Säule einen Kopf, einen Hals, einen Körper und einen Fuß, die Basis, besitzt, muß es frevelhaft, ja sadistisch sein, diesen Körper anzubohren, um ein Geländer an ihm zu befestigen. Ein kultivierter Baumeister vermeidet solche Untat, indem er das Geländer separat enden läßt und in sich selbst stabilisiert. Eine derart rigide, aber konsequente Separation hat es bis zur Renaissance selten gegeben. Das Freitreppengeländer vor dem Haus Binsengasse 9 verbindet sich ungeniert mit den Rundpfosten. Sie wurden nicht als Säulen gesehen. Im Hause Winklerstr. 5 jedoch hat der Geländerbauer einen derart direkten Anschluß vermieden, indem er zwischen dem Antrittpfosten und dem Geländer ein Distanzelement vorsah. Trennend und vermittelnd zugleich, bewahrt es jedem Bauteil, dem runden wie dem ornamentierten, seine Eigenart.

Wenn Schmuck und Technik miteinander konkurrieren, hat der Schmuck in der Regel die besseren Chancen sich durchzusetzen. So darf es nicht überraschen, wenn es in der Folgezeit Ornamente sind, die auch für Geländeranfänger formbestimmend wurden. Ein Beispiel fand sich vor 1945 im Hof des Nürnberger Hauses Egidienplatz 35. Die angewendete Treppe zur Galerie besaß ein Geländer, das mit einem plastischen Ornament begann. Obwohl sein horizontaler Querschnitt quadratisch war, kann man nicht von einem Pfosten sprechen, auch nicht von einem Pfeiler, der in der Regel mit einer Basis versehen wird und mit einem oberen Abschluß, der möglicherweise einem Kapitell nahekommt. Nichts dergleichen hier. Diese Plastik ist um eine horizontale Mittelachse symmetrisch gearbeitet, etwa so, wie die Docken und Traljen italienischer Renaissance-Geländer. Einen ähnlichen Geländeranfänger gab es im Obergeschoß des Wohnhauses Äußerer Läuferplatz 5. Dort bestand der quadratische Pfosten aus Holz und war in seiner Höhe ebenfalls symmetrisch konzipiert. Die beiden Voluten und der Diamantquader in der Mitte weisen auf die allgemein üblichen Renaissance-Formen hin.

NÜRNBERG, Winklerstr. 5,
Ornamentgeländer aus Stein
mit rundem Anfänger.
▷ M. GERLACH: »Nürnbergs
Erker, Giebel und Höfe, Wien o.J.,
Taf. 14

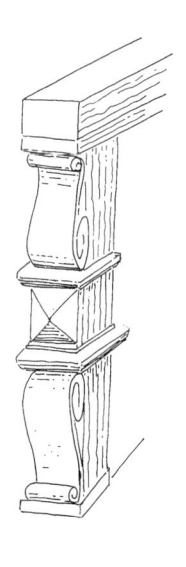

NÜRNBERG, Äußerer Läuferpl. 5,
Geländeranfänger aus Holz.
▷ Bildstelle Nürnberg 1918

PARIS,
Hôtel de la Cour des Comptes,
escalier Henri IV (1589-1610),
skulptierter Pfosten als Anfänger eines Baluster-Geländers;
heute im musée de Cluny,
M 1:20.
▷ *L. HAUTECŒUR:*
»Histoire de l'Architecture classique en France«, T.I, Paris 1967, p. 698, Fig. 302

Die Anfänge der symmetrischen Docken und Traljen lassen sich recht genau feststellen. Die Datierung der Nürnberger Vergleichsobjekte bleibt dagegen ungewiß. Weder ihre Form noch die anschließenden Geländer erlauben eine befriedigende Zeitbestimmung. Dennoch sind diese Geländeranfänger aufschlußreich. Sie dokumentieren eine Entwicklung, die, von den zeitgenössischen Ornamentformen ausgehend, alle folgenden Schöpfungen künstlerisch beeinflußte. Aus den im Gegensinn gekurvten Blattmotiven entwickelte sich die beliebte und in unendlichen Variationen repetierte S-Kurve, die im Barock für nahezu jeden Geländeranfänger verbindlich wurde.

Wenn auch zu bezweifeln ist, daß die Figur auf dem Geländeranfänger des Hauses Untere Söldnersgasse 17 zur ursprünglichen Ausstattung gehört, so beweisen doch zahlreiche andere Antrittpfosten in Nürnberg und anderswo, daß man einen Aufsatz, eine zusätzliche Dekoration, zu besitzen wünschte. Die erwähnte anthropomorphe Gestalt der Säulen dürfte dabei weniger wirksam gewesen sein als die allgemein menschliche Schmuckfreude. Man denke nur an die überschwänglichen Tafelaufsätze und an die Büffets, die aussehen, als ob sie nur dazu geschaffen seien, Nippes zur Schau zu stellen. Nicht anders verfuhr man mit den Geländeranfängern, die zwar als Stabilisatoren der Geländer eine wichtige, doch dienende Funktion hatten, darüber hinaus aber sehr geeignet zu sein schienen, etwas Ansehnliches zu tragen. Das Bild des Dieners, der auf dem Tablett Kostbarkeiten präsentiert, ist naheliegend. Auch wäre an die Pfeiler herrschaftlicher Portale zu denken, auf denen steinerne Löwen so tun, als ob sie eine Schutzfunktion ausüben könnten. In genau derselben Weise präsentieren sich zahlreiche Löwen- und andere Figuren auf den Antrittpfosten der Treppen. Vor dem Aufstieg zur Beletage gerieren sie sich als Wächter und Symbole der Hauseigentümer. In der Renaissance sind diese Figuren meist nur als kleine Attribute auf den Geländeranfängern postiert. Im Barock hat man auf einen Pfosten verzichtet und große Figuren an ihre Stelle gesetzt. Die Antritt-Pfosten wurden zu Antritt-Figuren. Obwohl die Wiedergeburt der Antike sich bereits überlebt hatte, entstanden nun neue Karyatiden und Atlanten. Sie brauchen keine Last von oben zu stützen. Dafür sollen sie dem schräg, fast horizontal ansetzenden Geländer Halt bieten und geraten in die bereits geschilderte peinliche Situation, daß ihr Körper angebohrt werden muß.

Wie man in Frankreich dieses Problem zu lösen wußte, zeigt der escalier Henri IV im hôtel de la Cour des Comptes[48]. Heinrich IV., roi de France, geboren 1553, regierte von 1589 bis 1610. Der geschoßhohe Antrittspfosten ist oben ornamental skulptiert und präsentiert unten, in der Höhe des Geländers, die Vorderseite einer plastisch ausgearbeiteten weiblichen Figur. Die Bedingung eines stabilen Geländer-Anfangs ist mit dem Verlangen nach Schmuck perfekt kombiniert, ohne das figürliche Tabu zu verletzen. Auch zeigt dieses Beispiel, daß dem Geländer-Anfänger der größere Schmuckanteil zugestanden worden ist. Er ist es, der hier die Honneurs des Hauses macht. Das anschließende Geländer besteht nur aus einer Folge in Serie gefertigter gleichartiger Baluster aus Holz.

Geländer

Lassen wir die schlichten, massiven Mauer-Geländer unbeachtet, waren die Treppengeländer des Mittelalters von dem gotischen Formenapparat beherrscht. Man nutzte die Kunstfertigkeit in der Gestaltung von Fenstermaßwerken, Wimpergen und Altargesprengen auch für Geländer, als die Aufstiege nicht mehr im Verborgenen angeordnet wurden, sondern als Freitreppen ein eigenes Ansehen beanspruchten. Die dabei entstandene Dekorationsfreude war so intensiv, daß sie auch dann noch nachwirkte, als bereits andere Stilformen, Renaissance und Barock, bemüht waren, den Geschmack des kunstliebenden Publikums für sich einzunehmen. Wie lange man in Nürnberg noch gotischen Formen huldigte und sie als Dekoration von Treppen und Geländern verwendete, mag folgende Liste zeigen.

Beispiele aus Nürnberg[49]

1498	Adlerstr 21, Hofgalerie (Stein)
	Äußere Laufergasse 5, Innentreppe (Holz)
	Binsengasse 9, Freitreppe (Stein)
~1600	Brunnengasse 14-16, Wendeltreppe (Stein)
1591-1596	Burgstr. 15, Fembohaus, Kanzelgeländer im EG (Stein)
	Karlstr. 1, Wendeltreppe (Stein)
1602-1605	Egidienpl. 23, Pellerhaus, Wendeltreppe (Stein)
1508	Egidienpl. 27, Innentür-Gewände (Stein)
	Egidienpl. 35-37, Treppe zur Hofgalerie (Holz)
	Füll 6, Innentreppe (Holz)
	Hauptmarkt 11, Innentreppe (Holz)
	Hirschelgasse 21, Innentreppe (Holz)
	Kaiserstr. 9, Wendeltreppenturm (Stein)
	Tetzelgasse 20, Wendeltreppenturm (Stein)
	Tetzelgasse 32, Wendeltreppenturm (Stein)
1612	Panierspl. 9, Hertelshof, Wendeltreppenturm (Stein)
1509-1512	Theresienstr. 7, Krafftsches Haus, Wendeltreppenturm (Stein)
1530-1540	Tucherstr. 15, Hofgalerien (Holz)
	Tucherstr. 20, Hofgalerien (Stein)
	Tucherstr. 21, Hofgalerien (Stein)
1617	Weinmarkt 6, Hofgalerien (Holz)
1590	Untere Söldnersgasse 17, Topplerhaus, Innentreppe (Stein)
	Winklerstr. 5, Innentreppe (Stein)

Der kunstgeschichtlichen Theorie folgend, entstanden alle Objekte in einer Epoche, die bereits der Renaissance zugerechnet wird. Die der Renaissance zugeschriebene neue Lebenshaltung fühlte sich jedoch in der althergebrachten gotischen Kleidung noch immer recht wohl. Neue Präsentation und gotische Tradition waren offenbar kein Widerspruch. Die Erhaltung der äußeren Formen schuf die geistige Existenzgrundlage, um sich zwanglos der nächsten Epoche öffnen zu können.

Ein Beispiel bietet Dürer, ein Künstler, der ohne jeden Zweifel zu den bedeutendsten Renaissancemeistern gehört. Michelangelo soll gesagt haben: *»Ich schätze Albrecht Dürer so sehr, daß ich, wäre ich nicht Michelangelo, lieber Dürer als Kaiser Karl V. sein möchte«*[50]. Aber Dürers Werk ist gefüllt mit gotischen Elementen, gotisch im Geiste und in den Formen. *»Sein künstlerisches Empfinden wurzelt in der deutschen Spätgotik«*, schrieb Gustav v. Bezold[51].

NÜRNBERG, Hirschelgasse 21, Treppengeländer aus Holz.
▷ Bildstelle Nürnberg

NÜRNBERG, Burgstr. 15 (Fembohaus), Brüstungsgeländer aus Stein.
▷ Bildstelle Nürnberg 1973

NÜRNBERG, Hauptmarkt 11, Brüstungsgeländer aus Holz.
▷ Bildstelle Nürnberg 1921

Die Verschmelzung alter und neuer Kunstformen war keine Nürnberger Besonderheit. Über Basel urteilte Florens Deuchler:
»*Um 1675 war Basel noch eine fast rein gotische Stadt, da sich die Renaissance mit einigen wenigen Ausnahmen baulich nur in Zierformen geäußert hatte und bei einfacheren Häusern überhaupt kaum in Erscheinung getreten war*«[52].

Vergleichbares kann man auch von Köln sagen. Zum Beispiel präsentierte sich die um 1648 gebaute hölzerne Wendeltreppe des Hauses Mühlengasse 17 noch immer mit einem gotischen Geländer. Auch ihre starke, gebohrte Spindel profitiert von der technischen Meisterschaft eines Treppenbauers, der die in der Gotik gemachten Erfahrungen zu nutzen wußte. Sie entstand, als der Dreißigjährige Krieg zu Ende ging. Eine Generation zuvor, 1615-1620, hatte Elias Holl den Augsburgern ein seinerzeit modernes Renaissance-Rathaus errichtet. Obwohl Köln eine nicht weniger bedeutende Handelsstadt mit weitreichenden internationalen Beziehungen gewesen ist als Augsburg, blieben am Rhein die mittelalterlichen Baugewohnheiten lange fest verwurzelt. Nur die Anfängerfiguren der Wendeltreppe hat es so in der Gotik nicht gegeben. Nie hatte man eine Heiligenstatue als Antrittpfosten benutzt. Angesichts der Spanne zwischen Gotik und Barock erwachsen Zweifel, wie diese Figuren des 17. Jahrhundert kunstgeschichtlich einzuordnen sind. Ihrer Haltung und der Gewandbehandlung entsprechend, könnten sie schon als barock gelten. Will man das Geländer jedoch als deutsche, oder genauer als gotische Renaissance bezeichnen, wird die Klassifizierung der Figuren problematisch.

KÖLN, Mühlengasse 17, hölzerne Wendeltreppe mit spätgotischem Geländer, ~1648, M 1:50.
▷ *H. VOGTS 1966, S. 201*

HALL (Tirol), Kanzel, eisernes Treppengeländer der Renaissance.
▷ *TH. KRAUTH/F. MEYER 1897, S. 241, Fig. 278*

Während Steinmetze und Holzschnitzer die Schablonen für ihre althergebrachten Formen über Generationen weiterreichten, wußten die Kunstschmiede den neuen Trend zu nutzen. Sie blieben bei dem Konzept des flächenfüllenden Ornaments und stimmten in dieser Hinsicht mit den Steinmetzen überein, doch fanden sie neue Formen, die sich von mittelalterlichen Vorstellungen distanzieren. Ihr Material erlaubt weitschweifige Kurvaturen, deren Überschneidungen durch Aufspalten eines Stabes und Durchschieben eines anderen Stabes zu stabilisieren sind. Platt geschlagene Enden und ausgeschmiedete angeschweißte oder aufgenietete Details sind geeignet, einzelne Punkte zu akzentuieren. Die grazilen Gebilde aus Eisen kontrastieren zu den schweren Steinarbeiten, deren Hersteller sich zwar bemüht haben, möglichst viele Formen à jour zu arbeiten, aber verständlicherweise nicht mit den Schmieden konkurrieren können.

Eiserne Geländer hat es zu allen Zeiten gegeben. Das Schmiedehandwerk gehört zu den ältesten Berufen. In der Antike glaubte man an schmiedende Götter, die Griechen an Hephaistos, die Römer an Vulcanus. Der Bedarf an Waffen tat ein übriges, die Verarbeitung der Metalle zu qualifizieren. Vom Balmung bis zum Portepee spannt sich ein respektheischender, todbringender Bogen.

Die trennende Funktion der Gitter brauchte man zu allen Zeiten, für Gefängnisse ebenso wie für Emporen und Logen. Treppengeländer sind nichts anderes als Brüstungsgitter, nicht rechteckig in der Ansicht, sondern trapezoid verzogen. Die Konstruktion der Perspektiven hat hier eine ihrer Voraussetzungen. Solange die Stiegen zu den Geschossen von Mauern umschlossen waren, gab es keine Aufgaben im Geländerbau. Erst als man die Treppen mindestens auf einer Seite frei baute, wurden auch die Schmiede gefordert. Ihr seit alters erprobtes Können, verbunden mit einem phantasiereichen Formgefühl, schuf eine neue Gattung von Geländern, die bis in die Neuzeit ihre Existenzberechtigung behaupten konnte. Wenn auch seit Jahrtausenden bereits Gitter entstanden, so markieren die eisernen Treppen-Geländer die neue Ära der Renaissance. Ihre Produkte stimmen mit der Epoche überein. Dabei ist bemerkenswert, daß die Schmiede eine eigene Formensprache entwickelten, die sich von italienischen Vorbildern freihielt. Früher als andere Berufe kreierte der Metallbau eine deutsche Variante der Renaissance.

HENNERSDORF, Schloß, ~1611, eisernes Treppengeländer.
▷ *H. LUTSCH: »Schlesiens Kunstdenkmäler« 1985*

Die aus Stein und aus Holz gefertigten gotischen Maßwerkgeländer füllen, eisernen Gitterwerken vergleichbar, die gesamte zur Verfügung stehende Fläche zwischen den Pfosten sowie zwischen der oberen und der unteren Begrenzung, gleichmäßig und optisch möglichst ausgewogen. Es gibt zwar Akzentuierungen, besonders bei den Eisenarbeiten, aber keine großen Zwischenräume. Dieses Prinzip durchbrachen jene Geländer, die gegen Ende des 16. Jahrhunderts Mode wurden. Sie orientieren sich an Vorbildern der Antike und der seither erprobten architektonischen Rangordnung.

Griechische Baumeister überdeckten Öffnungen vorzugsweise mit geraden Stürzen. Die Wertskala der Architektur wurde von den Säulen angeführt. Ihnen galt die größte Sorgfalt. Sie verkörperten höchste Ansprüche und tiefgreifenden Sinngehalt.

Römische Baumeister bevorzugten Bögen und Gewölbe. Zirkuläre Konstruktionen sind keine römische Erfindung. Die Nuraghen Sardiniens, deren früheste in das 2. Jahrtausend v. Z. datiert werden, und die Kuppelgräber in Mykene aus dem 15. und 14. Jahrhundert v. Z. waren schon überwölbt. Den Römern aber kommt das Verdienst zu, die Technik des Wölbens in besonderer Weise aufgewertet zu haben. Bogen und Wölbung wurden zu Rangabzeichen, zu Trägern hoher Symbole der Politik und des Kultes. Der Raum des Pantheon in Rom und die Pforten der Triumphbögen konnten und durften ihrem Rang entsprechend nur gewölbt werden. Die hierarchisch gemeinte Ordnung der drei Pforten war christlichen Baumeistern willkommen, sahen sie in ihr doch eine Widerspiegelung der göttlichen Trinität. Folglich bekamen alle Kathedralen drei Portale, die gemeinsam die Ecclesia triumphans in der Kathedra des Bischofs versinnbildlichen, ortsgebunden wie das Fundament der Kirche.

Der ohne eine Zentrale des Reiches, ohne Hauptstadt ambulant operierende Kaiser war durch seinen Rang genötigt, sich eines Motivs zu bedienen, das Macht und Größe signalisiert. Es ist kein Zufall, wenn die alte deutsche Kaiserkrone aus acht, oben im Halbkreis gerundeten Schilden besteht. Die Verzierung des Randes markiert einen Bogen, alle acht Schilde bilden im Rund eine nicht endende Arkaden-Reihe. Während die Sieben auf das Alte Testament verweist, steht die Acht für das Neue Testament. Die Acht gilt als Zahl der Vollkommenheit. Form und Zahl kennzeichnen die Macht des weltlichen Herrschers und seine Bindung an den christlichen Glauben[53]. In ihrer Symbolik folgt die Krone dem Konzept der Aachener Pfalzkapelle (786-800). Dort bildet der Innenraum ebenfalls ein Oktogon, und alle Öffnungen sind mit Halbkreisbögen überwölbt. Die Form ist dominant, der Zweck und das Material ordnen sich unter.

Obwohl auch andere Lösungen mit geraden Stürzen versucht worden sind, hat sich der Bogen (arcus) im christlichen Sakralbau durchgesetzt. Arkadengesäumte Schiffe der Kirchen und Kreuzgänge der Klöster, Triforien, Zwerggalerien und Rundbogenfriese bezeugen eine Vorliebe für die Reihung von Bögen, die in überwiegender Zahl als Rundbögen, dem wechselnden Zeitgeschmack folgend auch als Kleeblatt- oder Spitzbögen, ausgeführt worden sind.

Deutsche Kaiserkrone, vermutl. zur Krönung Otto I. ~962 gefertigt, Bügel und Kreuz, A. 11. Jh. »Meyers Konversations- ▷ Lexikon«, Leipzig 1888

KÖLN, Dom,
Schrein der Hl. Drei Könige,
Nikolaus von Verdun 1181-1191,
Kölner Goldschmiede 1198-1206
und 1220-1230.
Die ursprünglich 7 Achsen der
Längsseiten wurden 1807 und 1820
auf 6 Achsen verkürzt (s. Abb.),
aber 1964 f. wiederhergestellt.
▷ J. REIMERS:
»Handbuch f. die Denkmalpflege«,
2. Aufl. Hannover 1911, S. 323

Die hohe Wertschätzung der Arkaden läßt sich nicht zuletzt an den heiligen Schreinen erkennen, wie sie für Karl den Großen in Aachen (vollendet 1215) und wenig später für die Reliquien der Heiligen Drei Könige in Köln geschaffen worden sind. Sie entstanden zur selben Zeit, als die Wartburg (zwischen 1170 und 1200) und die Kaiserpfalz in Wimpfen (um 1200) mit prachtvollen Arkaden gebaut wurden – um nur diese beiden Beispiele zu nennen. An den Schreinen in Aachen und Köln sind die Außenseiten in vergleichbarer Weise von Bogenreihen umschlossen, die heilige Gestalten rahmen.

Drei Jahrhunderte später hat man auch die Frontseiten bürgerlicher Truhen durch Arkaden gegliedert. Obwohl den Formen von Schreinen und Truhen eine prinzipielle Ähnlichkeit nicht abzusprechen ist, bleibt zu fragen, warum man eine im Mittelalter gepflegte Dekoration aufgriff, obwohl sie für den Gebrauchszweck – bei Truhen ist es die Aufbewahrung von Gegenständen – nicht nützlich sein kann. Warum und durch welche Vermittler fand das Arkadenmotiv Eingang in den Geländerbau der Renaissance? Die Antwort bietet ein Vergleich mit ähnlichen Erscheinungen im Schiffsbau und im Möbelbau.

Bei einer topographischen Bestandsaufnahme stellt sich heraus, daß Möbel mit dem Arkadenmotiv nur in den Küstengebieten der Ost- und Nordsee vorkommen, beziehungsweise in Orten, die mit der Seefahrt verbunden waren. Emil Augst schreibt: »*Eine provinziell eigenartige Entwicklung nahm die Tischlerkunst der Spätrenaissance in Schleswig Holstein. Es sind hier die süddeutschen Schrankfassaden nicht zu finden*«[54]. Für das Vorkommen der Arkaden ist eine neue Komponente zu berücksichtigen: Das Renommee des Bogenmotivs blieb nicht auf Sakralbauten und kirchliche Einrichtungen beschränkt, es ist von den nautischen Vertretern der weltlichen Mächte, den Schiffseignern und Seelords, adaptiert worden.

Dover (GB), Siegel der Stadt, 1284

Die Demonstrationen der Macht manifestierten sich zu allen Zeiten sowohl zu Lande als auch auf dem Wasser. Vor allem die großen Schiffe sind nicht allein Fortbewegungsmittel, sondern Architektur auf den Meeren. Kriegsschiffe gleichen schwimmenden Festungen. Prunkschiffe, wie der Bucintoro, sind schwimmende Paläste. Beide Fahrzeuggattungen besitzen den Vorzug der Mobilität und profitieren in ihren Dekorationen von dem Kunstschaffen der auf dem Lande tätigen Meister. Die hochgebauten Kastelle lassen an Pavillons denken, die nach einer quasi architektonischen Gestaltung der Ansichtsseiten verlangten. Es lag nahe, jene dekorativen Attribute zu übernehmen, die zu Lande einen Geltungsanspruch signalisieren. Der Fundus an Zeichen des Renommees ist austauschbar und nicht unbedingt an ortsfeste oder mobile Objekte gebunden. Wie wir wissen, gehören zu den erstrangigen Interpreten der Macht seit dem Altertum die Arkaden.

Auch wenn die Konstruktion den Vorrang bekommen mußte und die Dekoration nicht mehr als eine Applikation der technischen Notwendigkeiten sein kann, hatte die künstlerische Gestaltung der Großsegler einen hohen Prestigewert. Mit Arkaden schmückte man die Galion vor dem Steven, die Kajüten für den Kapitän und die Offiziere, die Galerien und nicht zuletzt das riesige Spiegelheck, das Heckbord. Die Holzschnitzer folgten den im Schiffbau verankerten Traditionen. Wolfgang Quinger weiß: »*Die Hersteller der Schiffsverzierungen waren in besonderen Gilden (Zünften) zusammengeschlossen*«[55].

Wenn das Arkadenmotiv sowohl im Schiffbau als auch an Möbeln gebräuchlich gewesen ist, stellt sich die Frage nach der Priorität. Haben die Schiffbauer die Anregung aus der Möbelfertigung erhalten oder profitierten die Tischler vom Schiffbau? Die Antwort ergibt sich aus der Bauzeit, wann die großen Segelschiffe eine ähnliche, auch gleichartige Dekoration bekamen. Es ist eine Liste notwendig, in der die großen Schiffe des 16. und 17. Jahrhunderts mit ihren Bauzeiten aufgeführt sind. Ihre Nationalität ist dabei wenig aufschlußreich. Deutsche Schiffe sind auf niederländischen Werften gebaut worden und holländische Fachleute haben in deutschen Häfen Großsegler konstruiert. Da zudem – wie oben gesagt – die Ornamentbildhauer eine eigene Gilde formierten, waren ihre Verzierungen von der Konstruktion ebenso unabhängig wie von der Takelung. Sie dienten allein dem Renommee des Eigners.

Beispiele für Großsegler mit dem Arkadenmotiv als Zierform

1284	Siegel der Stadt Dover (GB)
1325	Siegel der Stadt Poole (GB)
1503	Holzschnitt »Aus dem Leben der hl. Magdalena«, Valencia
1. H. 16. Jh.	»Mary Rose« (GB), 1545 gesunken
~1586	Zeichnung einer elisabethanischen Galeone von M. Baker (GB)
~1600	Modell einer englischen Galeone (Seehistor. Museum, Stockholm)
1624	»Saint Louis«, in Holland gebautes französisches Schiff
1628	»Vasa« (S)
1632	»Kronan« (S)
1633	»Mars« (S)
1644	»Regina« (S)
1649-1651	»Prins Willem« (NL)
1667-1669	»Wappen von Hamburg I«

Holzschnitt »Aus dem Leben der hl. Magdalena«, Johann Jofre, Valencia 1503.
▷ *H. WINTER 1978, S. 14*

Obwohl die Liste unvollständig ist und nur Stichproben bietet, beweist sie, daß das Arkadenmotiv bereits im 13. Jahrhundert mit den Aufbauten von Großseglern verbunden wurde, längst bevor man es für Gegenstände des Festlandes übernahm. Auf den Siegeln von 1284 und 1325 sind die Bogenreihen unübersehbar deutlich herausgestellt. Das seit der römischen Antike bedeutungsvolle Arkadenmotiv ist in den Schiffbau zu einer Zeit übernommen worden, als es in der Architektur und an den heiligen Schreinen zu den Standards und Würdezeichen gehörte, aber im Möbelbau noch nicht üblich war. Vermutlich hatte es für die zivilen Interieurs noch keinen Prestigewert. Das Reputationsverlangen der Bürger war noch nicht so gesteigert, daß es sich der Symbole höchster Macht bedienen durfte. Erst als die Seestädte zu eigener Geltung gelangten, als sie freie Hansestädte und im 16. und 17. Jahrhundert politische Machtfaktoren geworden waren, kehrte das an Schiffen tradierte Statussymbol der Arkaden an Land zurück und wurde von den wohlhabenden Bürgern für ihre die kostbarsten Güter bergenden Truhen und für die ebenfalls an vorderster Stelle rangierende Kunst des Treppenbaues adaptiert. Offensichtlich war es der Schiffbau, der, vermittelt durch die Seestädte, den Möbelschreinern und Geländerbauern Vorbilder und Anregungen geboten hat.

POOLE (GB), Siegel der Stadt, 1325

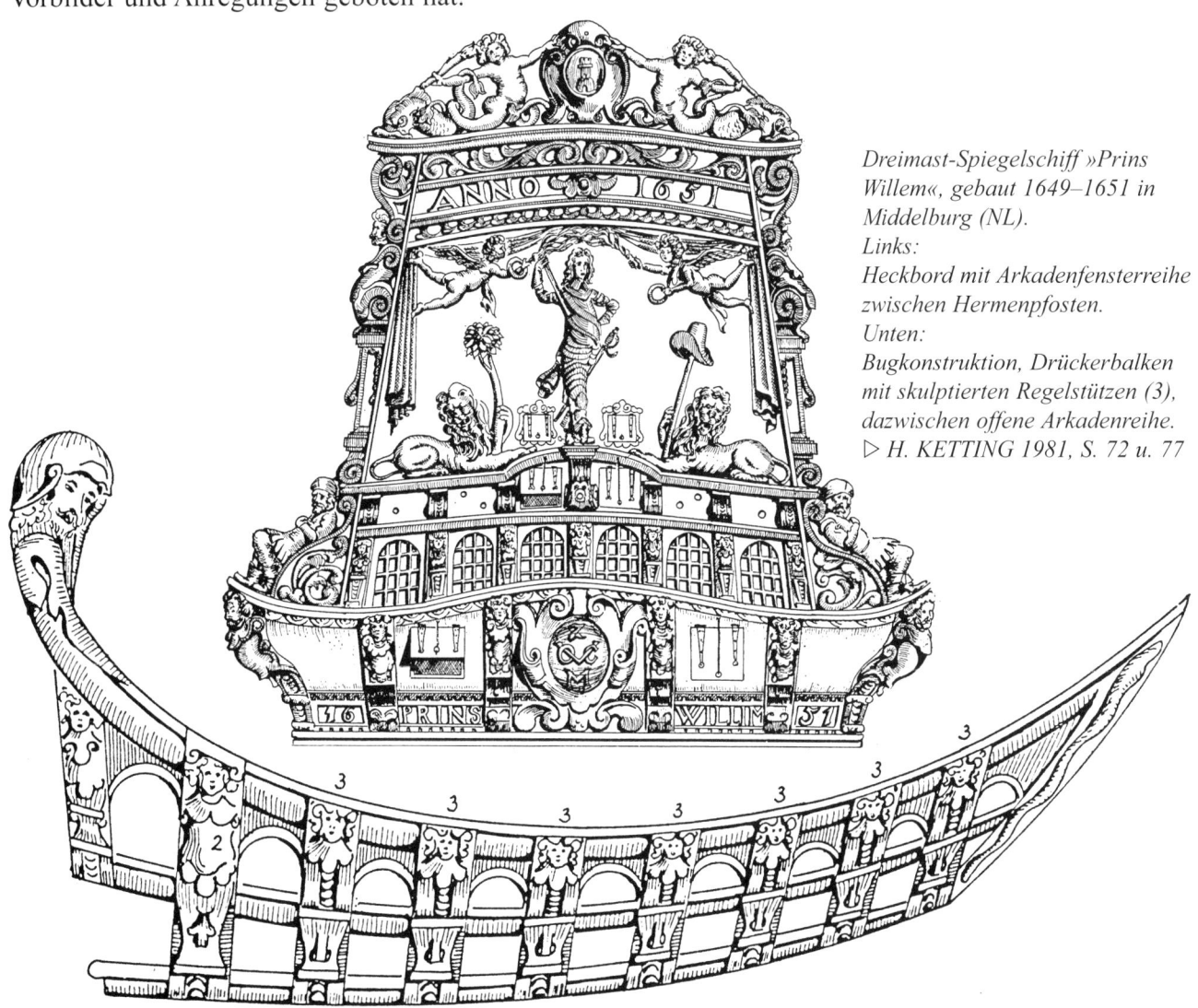

Dreimast-Spiegelschiff »Prins Willem«, gebaut 1649–1651 in Middelburg (NL).
Links:
Heckbord mit Arkadenfensterreihe zwischen Hermenpfosten.
Unten:
Bugkonstruktion, Drückerbalken mit skulptierten Regelstützen (3), dazwischen offene Arkadenreihe.
▷ H. KETTING 1981, S. 72 u. 77

FRAMLEV (DK, Ostjütland), Kirche, Kanzeltreppe 1604, geschlossene Arkadengeländer.
▷ *G. BENZON 1987, S. 61*

Bei der Nachahmung der Bogenstellungen im Möbel- und Geländerbau ist die Verlagerung der Schwerpunkte bemerkenswert. Wie bei den römischen Triumphbögen, deren Pforten lediglich Symbole sind und erst dann ihrer Aufgabe dienen, wenn sie einen Triumphator umrahmen, sind die Arkaden des Aachener Karlsschreins und des Kölner Dreikönigsschreins mit Figuren gefüllt. Jede Travée wird durch eine Figur zentriert. Die Figur ist das Wichtige, ihr Rahmen ist nur das Attribut der personifizierten Mitte. Der Rahmen muß formvollendet gerundet sein. Nur ein Bogen ist dem Herrscher gemäß.

Im Grundmuster den Arkaden der Schreine gleichartig, aber mit einer konträren Tendenz, bedienen sich Möbelfronten und Treppengeländer des Bogenmotivs. Die ursprünglich nur als Motiv am Rande verwendeten stützenden Pilaster oder Säulen wurden zur Hauptsache. Das Schwergewicht verlagerte sich vom Zentrum der Öffnung an die Peripherie. Reiche Dekorationen sollten die Bedeutung des primär architektonischen Aufbaues steigern. Dazu gehört, daß man die einst wichtige, wie ein Edelstein gefaßte zentrale Figur in den Rahmen integrierte. Ihre Körperlichkeit geriet zu einem Teil des Ornaments. Und dort, wo die Figur der Mittelpunkt gewesen war, ließ man eine glatte Fläche, die zuweilen bemalt wurde, oder es blieb ein Loch, ein kunstloses Vakuum, ein Durchblick.

Um zu differenzieren, soll die Ausführung mit einem gerahmten »Vakuum« als »offenes Arkadengeländer« bezeichnet werden, während das andere Konzept mit undurchbrochener, gefüllter Mitte als »geschlossenes Arkadengeländer« gilt.

Leider sind nicht genügend Objekte so genau datiert, daß man mit Sicherheit behaupten könnte, die geschlossenen oder die offenen Arkaden besäßen den Primat. An Truhen kann es nur geschlossene, applizierte Arkaden geben, sonst verlöre der Inhalt den Halt. Bei Treppengeländern hat man die Wahl, ob die »Interkolumnien« gefüllt oder offen bleiben sollen. Sicherheitsbedenken, daß ein Kind durchfallen könnte, gab es noch nicht.

Alle Beispiele scheinen zu bestätigen, daß das Arkaden-Motiv vom Schiffbau übernommen und in zweiter Instanz an Land schöpferisch verwendet worden ist. Speziell die offenen Arkadengeländer gleichen den sehr ähnlichen Verzierungen damaliger Schiffe. Dort mußten die Arkaden ebenfalls offen sein, denn sie umrahmten Fenster. Bei den Truhen erzwang die Nutzung eine etwas andere Ausführung als sie für den Treppenbau zweckmäßig ist. Für Möbel genügen Applikationen. Jedes Geländer aber verlangt nach einer soliden Konstruktion, für die Füllungen zwar nützlich, aber nicht zwingend sind. Andererseits bieten Öffnungen eine gewisse »Transparenz«, eine Sicht von außen.

Um möglichst viele Einflüsse zu berücksichtigen, sei darauf hingewiesen, daß die Bevorzugung der offenen Zwischenräume vielleicht auch durch die seinerzeit bereits üblichen Baluster-Geländer protegiert worden sein kann. Die distanzierte Stellung der Geländerstützen ist ähnlich, allein die Verbindung mit dem Handlauf wird nicht im Bogen gerundet, sie bildet keine Arkade. Ohne Bögen aber fehlt jene Symbolik, die für die Genese der Arkadengeländer entscheidend ist.

Beispiele für Möbel mit geschlossenen Arkaden-Frontseiten

1587	KLÜTZ (Mecklenburg). Stadtkirche, Kanzelkorpus
2. H. 16. Jh.	Schleswig-Holstein, Truhe (German. Nationalmuseum Nürnberg)
2. H. 16. Jh	Schleswig-Holstein, Truhe (Museum Flensburg)
E. 16. Jh.	LÜBECK, Rathaus, Täfelung der Ratsstube
~1595	BREMEN, Esthertruhe (ehem. Schloßmuseum Berlin)
~1600	OSTENFELD[56], Truhe (Museum Flensburg)
1606	ECKERNFÖRDE, Truhe (Museum Flensburg)
1.V. 17. Jh.	FLENSBURG, Truhe (Thaulowmuseum Kiel)
1.V. 17. Jh.	FLENSBURG, Truhe (ehem. Schloßmuseum Berlin)
1.V. 17. Jh.	FLENSBURG, Truhe (Kunstgewerbemuseum Christiania/Oslo)
1623	ECKERNFÖRDE, Truhe (Museum Christiania/Oslo)

Beispiele für Treppen mit geschlossenem Arkadengeländer

2. H. 16. Jh.	DORFOLD (GB-Norfolk), Great Ellingham Hall
1574	ROSTOCK, Marienkirche, Kanzeltreppe
1588	ROSTOCK, Petrikirche, Kanzeltreppe
1604	FRAMLEV (DK-Ostjütland) Kirche, Kanzeltreppe

Geschlossene Arkadengeländer für Treppen scheinen erst seit dem Ende des 16. Jahrhunderts vorzukommen. Die Gründe dürften in der Übereinstimmung mit speziellen Möbeln der Renaissance, mit den Frontseiten von Schränken und Truhen, zu suchen sein. Sigrid Hinz nennt ein derartiges, im Magdeburger Museum befindliches Möbel »Fassadentruhe«[57]. Sein Herstellungsdatum um 1600 entspricht den angeführten Entstehungszeiten der gleichartigen Treppengeländer.

Beispiele für Treppen mit offenem Arkadengeländer

~1550	s' HERTOGENBOSCH (NL), Kathedrale, Kanzel
~1600	LÜNEBURG, Ochsenmarkt 4
~1600	SOEST, Brauerei Topp
~1600	SCHLESWIG, Zünftehaus St. Knud[58]
1605-1614	SAFFRON WALDEN (GB-Essex), Audley End House
~ 1609	KLETZKE (Kr. Perleberg), Plattenburg
1611-1614	LONDON-Islington (GB), Charterhouse
A. 17. Jh.	Ockwells Manor House (GB-Berkshire)
1612	DANZIG, Elisabeth-Kirchgasse 3. Haus der Äbte von Pelplin
1612-1616	BREMEN, Rathaus, Güldenkammer
1616	DANZIG, Heiligegeiststr.10
1616-1628	AYLSHAM (GB-Norfolk), Blickling Hall
1617	DANZIG, Altstädtisches Rathaus
~1630	KIEL, Wohnhaus Markt 8[59]
1632	KIEL, Nikolaikirche, Neue Prieche in der Ratskapelle[60]
nach 1632	BORSTEL (Kr. Stade), Hof Wehrt
1634	LÜBECK, Jakobikirche, Emporentreppe
1646	DANZIG, Trinitatiskirchhof 5
~1650	TWIELENFLETH (Kr. Stade), Gut Melau[61]
1667	UETERSEN, Kirche, Emporentreppe[62]
~1670	DANZIG, Kaharinenkirche
1680	DANZIG, Langer Markt 20
~1685	DANZIG, Rathaus der Rechtstadt
17. Jh.	TONDERN (DK), Privathaus
1700-1702	ESTEBRÜGGE (Kr. Stade), Kirche
1713 ff.	DANZIG, Langer Markt 43, Schöffenhaus
1823	BELFAST (GB), Gasworks Offices
1851	INGOLSTADT, Kupferstr.19
1894	BELFAST (GB), Castle, steinerne Freitreppe

DORFOLD (GB, Norfolk), Great Ellingham Hall, geschlossenes Arkadengeländer.
▷ *C. J. RICHARDSON: »Studies from Old English Mansions«, 1841*

KLETZKE (Kr. Perleberg), Plattenburg, offenes Arkadengeländer der Wendeltreppe im Obergeschoß, ~1609.
▷ *P. EICHHOLZ u. a.: »Die Kunstdenkmäler der Provinz Brandenburg, Bd. I., Berlin 1909, S. 246*

Im profanen Bereich blieb das Arkadenmotiv nicht auf Möbel und auf Treppengeländer beschränkt. Es findet sich auch an Fassaden von Wohnbauten, dem Material entsprechend an Fachwerkbauten. Sogenannte »Arkadenbrüstungen« sind aus Goslar, Halberstadt, Osterwieck und Wernigerode bekannt[63]. Wie weiter unten an Treppen ausgeführt wird, scheint die Verbindung zur Seefahrt eine beziehungsreiche Rolle zu spielen. Goslar ist Gründungsmitglied der Hanse und Halberstadt gehörte diesem Städtebund seit ca. 1400 an.

Beispiele für Arkadenbrüstungen

1576	HALBERSTADT, Holzmarkt 8
1578	OSTERWIECK, Rössingstr. 5
1584	WERNIGERODE, Rathausanbau
1587	HALBERSTADT, Gröperstr. 56
1592	GOSLAR, Bäckerstr. 3
1620	OSTERWIECK, Sonnenklee 40

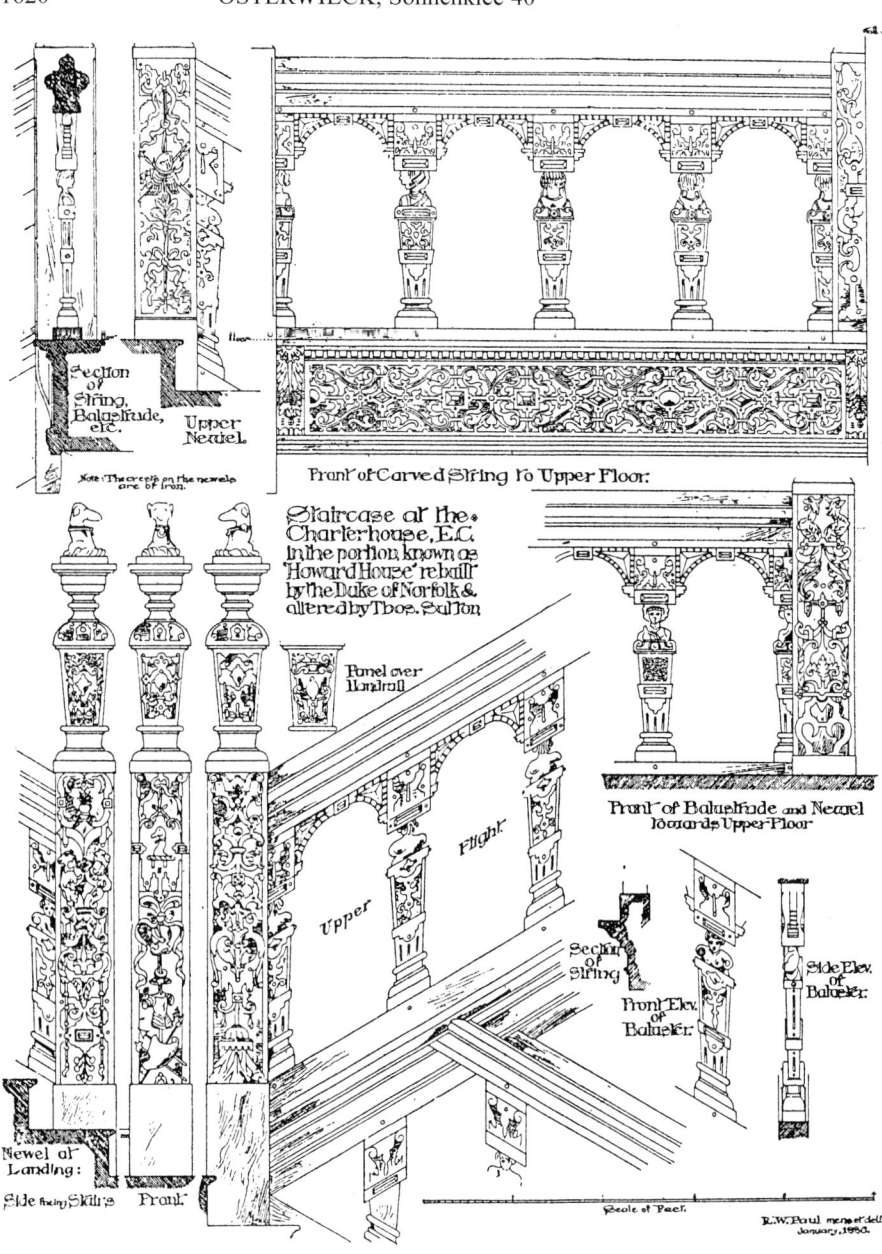

LONDON-Islington, Charterhouse Square, Charterhouse 1611–1614.
▷ *J. A. GOTCH 1901, Fig. 181*

Der Schmuck von Treppengeländern bedient sich des Repertoires der Renaissance, ohne den offiziell zugebilligten Zeitraum der Renaissance auszufüllen. Er bietet stilistische Eigenständigkeiten und wirkt oft sehr opulent. Deshalb finden sich Treppen mit einem Arkadengeländer vorwiegend in jenen reichen Städten, die mit und von der Seefahrt lebten, in den Küstenregionen. Daß diese besondere Spezies der Geländer gelegentlich auch in Orten des Binnenlandes anzutreffen ist, besagt nur, daß einigen Bauherren die ornamentalen Besonderheiten gefallen hatten, ohne zu wissen, woher sie stammen. Matrosenanzüge werden auch von Kindern getragen, die der Seefahrt nichts abgewinnen können. Die Mode dominiert.

Die hier unter »Arkadengeländer« subsumierten Objekte sind nicht gleichartig. Sie zeigen nationale und lokale Unterschiede.

Unter den englischen Treppen mit Arkadengeländer sind das 1613 bis 1614 umgebaute, sogenannte Charterhouse in London-Islington und das 1605-1614 entstandene Audley End House bei Saffron Walden (Essex) bemerkenswert. Beide besitzen Treppengeländer mit Arkaden, die von skulptierten Pfosten gestützt werden. Während es in Audley End lediglich verzierte Pfeiler sind, bekamen die Stützen im Charterhouse einen Hermencharakter mit menschlichen Büsten – dasselbe Motiv, das auch die Aufbauten der Segelschiffe zierte.

In England kommen Arkadengeländer ausnahmslos an geradarmigen Treppen vor. Sie begleiten den Aufstieg in den großen Hallen der Landhäuser und dienen hier der Reputation ihrer Auftraggeber ebenso, wie Arkaden zuvor für das Repräsentationsstreben der Schiffeigner nützlich gewesen sind.

Auf dem Kontinent, speziell in Deutschland, oder genauer: bei den Ostsee-Anrainern, hatten Wendeltreppen einen hohen Prestigewert, der sich in den Schmuckformen der stets hölzernen Geländer ausdrückt. So gelten die Arkadengeländer als Repräsentanten der Renaissance. Hier bestätigt sich, was allgemein für den Treppenbau gilt: Die Konstruktion gründet auf tradierten Erfahrungen und bewahrt sie, die Dekoration folgt den fluktuierenden Empfindungen der Zeit.

In Frankreich konnten keine Arkaden-Geländer festgestellt werden, die man für Treppen in der Regel aus Holz fertigt. Wenn sich diese Erkenntnis erhärten läßt, darf man vermuten, daß die Verbreitung der Arkadengeländer vielleicht mit der Bevorzugung des Werkstoffes, in diesem Fall Holz, zusammenhängt. Für den Schiffbau stand bis zum 19. Jahrhundert kein anderes Material als Holz zur Verfügung. Das galt zwangsläufig auch für die Flotten der Franzosen, Spanier und Italiener. Aber in der Architektur brillierten die Baumeister dieser Länder mit eleganten und kühnen Konstruktionen aus Stein. In Großbritannien und in den Anrainerstaaten der Nord- und Ostsee, vor allem aber in den norddeutschen Küstengebieten, dominierte der Bau hölzerner Treppen. Da England »die Meere beherrschte«[64], wächst der Verdacht, daß die hölzernen Arkaden-Geländer ihren Ursprung nicht nur allgemein vom Schiffbau herleiten, sondern speziell im englischen Schiffbau haben und über die Seefahrt in den Ländern um Nord- und Ostsee verbreitet worden sind.

*SCHLESWIG, Marktstr. 14,
Zünftehaus St. Knud,
hölzerne Wendeltreppe mit offenem
Arkadengeländer, ~1600.
▷ Kopenhagen, Nationalmuseet*

Regional ist der Treppen- und Geländerbau an die Herrschaftsbereiche und ihre Handelsbeziehungen gebunden. Ein Beispiel bietet das Wirken Heinrich Ringelinks[65]. In seinem Fall ist es möglich, eine persönliche Beziehung nachzuweisen. Ringelink ist in Flensburg von 1583-1627 aktenkundig. Seine Möbel werden von Antiquitätenhändlern und Museumsdirektoren geschätzt. Man kennt ihn auch als Hersteller von Treppen. Die für das Schleswiger Zünftehaus gebaute, jetzt im Kopenhagener Nationalmuseum aufbewahrte Wendeltreppe ist ein Meisterstück seiner Art. Auch Gorm Benzon publizierte einige Werke von Ringelink in Dänemark[66]. Das Herzogtum Schleswig war seit 1386 dänisches Lehen, und der Herzog in Personalunion dänischer König. Der Flensburger Arbeitsbereich dehnte sich folglich über Schleswig-Holstein bis nach Kopenhagen aus. Dort sind es Kanzeln mit Treppengeländer, deren Dekore den Truhenfronten ähnlich sehen. Eine nicht zu überschätzende Rolle kam dem Bildungsstreben der Zeit zu, das der Antike huldigte und Hermen favorisierte. Auch die niederländische Architektur hat zahlreiche Vorbilder geboten. Speziell die Flügelstücke, in Holland Klauwstukken[67] genannt, die man an Halsgiebeln, Portalrahmen und Altarretabeln anbrachte, zieren en miniature vielfach auch die Pfosten der offenen Arkaden-Geländer. Was primär als Schmuck gedacht war, bewirkt einen praktischen Nutzen, indem das Ornament die Öffnung verkleinert und die Gefahr des Durchfallens mindert.

Eine Parallelerscheinung zu der Vorbildwirkung des Schiffbaues gab es bei der Errichtung von Gotteshäusern und anderen Bauten. Es muß auffallen, daß der in Längsrichtung orientierte Raum einer Kirche »Schiff« genannt wird, obwohl keine tektonische Analogie zur Seefahrt besteht. Man muß weit zurückdenken, um Vergleichbares zu finden. Vor Jahrtausenden, in den altägyptischen Kulten kannte man Sonnen- und Totenbarken in enger Verbindung zu einer Gottheit. In der Antike war der Begriff »Schiff«, griechisch ἡ ναῦς, lateinisch *navis*, für den Raum eines Tempels, die *cella*, gebräuchlich. Offensichtlich hat immer eine Verbindung zwischen dem Bau von Schiffen und Kulträumen bestanden. Auf den Britischen Inseln, in den Niederlanden und in der Bretagne überwölbte man christliche Kirchenräume nicht mit Steinen, sondern überdeckte sie mit kunstvollen Konstruktionen aus Holz, die einem Schiffsrumpf sehr ähnlich sehen. Zweifellos ist die Arbeitstechnik der Schiffbauer auch für Gebäude auf dem Lande hilfreich gewesen. Die Handwerker blieben der Schiffbauweise derart verhaftet, so sehr an sie gewöhnt, daß eine andere Art des Konstruierens für sie nicht denkbar und ausführbar war. Auch im französischen Binnenland findet man gelegentlich noch Fachwerkbauten aus dem 16. Jahrhundert mit weit vorstehenden Giebeln, deren Kopfbänder so krumm sind, daß sie insgesamt einen Bogen bilden. Ihre Form läßt an die Spanten eines Schiffes denken[68]. Desgleichen erinnern die Kopfbänder mancher Galerien französischer Bauernhöfe an die Arkaden auf den zur selben Zeit gebauten Segelschiffen – nur mit dem Unterschied, daß in den ländlichen Betrieben jede Repräsentationsabsicht fehlt und die Fachwerkkonstruktionen deshalb ohne Schmuck geblieben sind[69].

Reiche Städte haben oft ein ortstypisches Handwerk entstehen lassen. Gutdotierte Aufträge zogen Könner ihres Faches an, die das schufen, was wir »Schule« nennen. So hat sich während des 17. Jahrhunderts in Danzig eine Schule des Geländerbaues herausgebildet, die zwar das Motiv der Arkaden übernahm, aber in besonderer Weise variierte.

In Danzig sind die neben den Wendeltreppen im Bremer Rathaus berühmtesten Vertreter ihrer Gattung gebaut worden. Gemessen an dem Reichtum der Handelsherren dürfte es zahlreiche Prunkstücke des Wendeltreppenbaues in den Dielen der Danziger Häuser gegeben haben. Bekannt blieben nur wenige. Obwohl sich die Entstehungszeiten über fast eineinhalb Jahrhunderte spannen, sind die Danziger Geländer grundsätzlich gleich geblieben. Das Motiv der gereihten Bögen ist nicht aufgegeben, nur variiert und verfeinert. Aus dem einen großen Bogen zwischen den Pfeilern der Arkadengeländer sind kleine, von Traljen gestützte Bögen geworden. Dadurch wird die Stellung der Stützen enger und es ergibt sich ein Rhythmus der Gliederung, der an englische Traljen-Geländer erinnert.

Neuartig sind die Traljen. Soweit bekannt, verwendete man in Danziger Wohnbauten erstmalig wie Korkenzieher gewundene Traljen für Geländer. Der Schwierigkeitsgrad ist ins Extrem gesteigert. Sie gehören zu dem Teuersten, was die Drechslerkunst zu bieten hat. Verständlich, daß man sich in dieser reichen Hansestadt nicht mit Dutzendware zufriedengab, zumal die Wendeltreppe in der Diele als das ansehnlichste Schmuckstück des Hauses paradieren sollte.

DANZIG, Rathaus der Rechtstadt, Vorplatz mit Wendeltreppe, E. 16. Jh.
Radierung von J. C. Schultz 1853.
▷ *Bildarchiv Foto Marburg*

FLAVIGNY (F-Côte-d'Or), Kirche, transloziertes Brüstungsgeländer des 15. Jh., M 1:20.
▷ *VIOLLET-le-DUC a.a.O., T 2, p. 98, Fig. 29*

VENEDIG, Brüstungsgeländer mit Säulenstützen, M ~1:20.
▷ *J. RUSKIN: »Steine von Venedig«, Bd. II, Fig. 24*

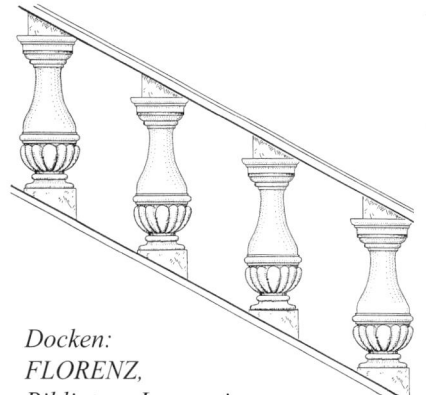

Docken:
FLORENZ,
Biblioteca Laurenziana,
Freitreppe im Innenraum,
Modell: Michelangelo 1557
Ausführung: Ammanati 1560
Zeichnung: F. Mielke, M 1:20.
▷ *J.-C. RASCHDORFF: »Palast-Architektur von Oberitalien und Toskana«, Florenz 1888*

Über dreitausend Jahre wurde die Kunst des Drechselns gepflegt, ohne daß der Geländerbau von ihr profitiert hätte. Man schuf sich gedrehte Möbelteile, Stuhlbeine und Lehnen, aber keine Treppengeländer. Auch die Meister der Gotik, die kunstvolle Maßwerke zu meißeln verstanden, standen der Drechslerei fern. Sie konstruierten säulengestützte Arkaden, Kreuzgänge, Triforien, Biforienfenster, Zwerggalerien und sogar Wendeltreppen mit Wangensäulchen, aber keine von gedrechselten Säulchen getragenen hölzerne Geländer. Die Ursachen liegen beim Geländer, für das man noch keine Verwendung sah, nicht bei den Handwerkern. Die Wendeltreppen mit Wangensäulchen sind eine Vorstufe des Geländerbaues, besonders dort, wo ein Handlauf eingefügt wurde, doch hatten ihre Erbauer wohl kaum an ein Geländer gedacht, das von gedrechselten Elementen getragen wird. Ihre Stützen sind geschoßhoch, oft ohne Kapitell und Basis, als steinerne Rundpfosten eingesetzt. Optisch bilden sie eine Art Gitter, wie die »Maßwerkschleier« vor gotischen Fassaden, statisch sind sie den kühn konstruierten Treppenläufen nützlich.

Eine Änderung trat erst mit der Wiederentdekung der Antike ein, speziell mit dem Studium der Säulenordnungen. Wie wir heute noch sehen können, gibt es in Venedig für Balkone und Loggien Geländerstützen, die den größeren Säulen nachempfunden wurden. Ihre Zierlichkeit verleiht den Geländern einen eigenen Reiz, der ihre Ausbildung und Verbreitung zweifellos gefördert hat. In Deutschland ist das Vorbild der Säulen nicht so deutlich wie in Italien. Wahrscheinlich waren es die zu Wohlstand gekommenen Städte und das perfektionierte Zunftwesen, die auch den Drechslern Auftrieb brachten. Die gestiegene Behaglichkeit des Wohnens, die man später, im Barock, Commodité nannte, verlangte nach repräsentativem Mobiliar, und up to date war die Antike. *»Bei den Meisterprüfungen der Innungen wurde die Kenntnis der antiken Säulenordnungen und der dazugehörigen Gebälke gefordert«*[70]. Es versteht sich, daß die Meister des Handwerks die Vorbilder nicht sklavisch kopierten. Sie brachten ihre eigenen Ideen ein und schufen eine variantenreiche, individuelle deutsche Renaissance, in der die antiken Säulen nur noch mit Mühe wiederzuerkennen sind. So finden wir, speziell an Möbeln, zur selben Zeit klassisch gemeinte Säulenstellungen und Erfindungen der Drechslerkunst, die den Weg für neue Bildungen frei machten.

Das betraf auch den Geländerbau. Aus den Säulen wurden gedrehte Docken und Traljen, geschnitzte Baluster und – in bescheidenster Ausführung – gesägte Balusterbretter. Diese Geländerelemente waren neuartig. Sie hat es zuvor in der Gotik nicht gegeben. Sie kennzeichnen die Epoche der Renaissance, nicht schon den Anfang und auch nicht ihr Ende. Aber diesem im 16. Jahrhundert begonnenen Repertoire an Geländerelementen wohnten Impulse inne, die zu immer neuen Formen anregten, Varianten erfanden und in anderem Material schöpferisch wurden. Zwar festigten sich einige Tendenzen zu kanonischen Formen, wie die symmetrische Traljen, die Vasendocken und die Standardbaluster, aber alle Grundmuster boten und bieten der schweifenden Phantasie Ansätze und Spielräume.

Traljen:
LÜNEBURG, Hinter der Bardowikker Mauer 12, Wendeltreppe 1608, Zeichn.: H. Krüger 1916, M 1:20.
▷ »Die Denkmalpflege« 11/1916

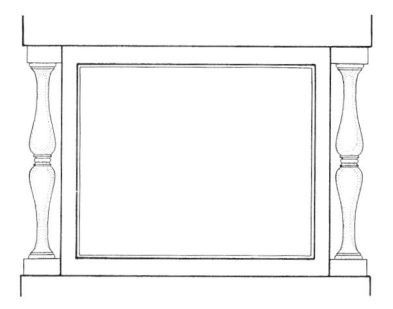

Traljen:
FLORENZ, Sockel der Bronzeplastik »Judith und Holofernes«, Donatello, ~1496. Zeichnung: F. Mielke 1997

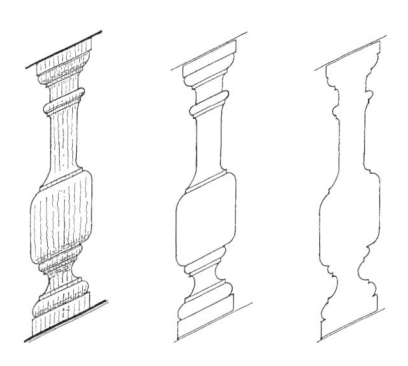

Erklärungen

Dockengeländer
Das Wort Docke steht für eine Puppe, ein Garnbündel, eine Korngarbe oder ein mechanisches Teil beim Cembalo oder an der Drehbank. Im Treppenbau ist Docke eine, im horizontalen Querschnitt runde Geländerstütze, die aus Holz oder Stein sein kann. Ihr vertikaler Aufbau folgt entweder dem Kanon klassischer Säulenformen oder der Form von Vasen und Flaschen. Wenn es auch verzogene Profile gibt, die zur Wangenneigung parallel sind, so gilt doch die Regel, daß die Profilierung im rechten Winkel zur Docken-Achse stehen soll. Durch den Profilwinkel unterscheiden sich die Docken von den Balustern. In der Renaissance wurden Docken auch symmetrisch konzipiert.

Traljengeländer
Aus praktischen, finanziellen und ästhetischen Erwägungen hat man Traljen (Traillen) als dünnere Vertreter der Docken gearbeitet. Ihr Aufbau entspricht ihnen annähernd genau, nur der Querschnitt ist deutlich geringer.
Der Name Tralje hängt mit drillen = drehen zusammen (Drillbohrer). Offenbar sind Traljen die ersten Erzeugnisse der Drehkunst gewesen. Kantige Stäbe können deshalb nicht als Traljen bezeichnet werden.

Balustergeländer
Im Gegensatz zu den Docken, die immer einen runden Querschnitt besitzen, haben Baluster einen rechteckigen horizontalen Querschnitt. Der vertikale Aufbau ist an beiden Geländerstützen ähnlich und nicht sehr variantenreich.
Bei steinernen Balustern wirkt allein die Oberfläche des Materials, bei hölzernen Balustern täuschte man oft ein steinernes Material durch Bemalung vor.

Geländer aus Balusterbrettern
Die billigere Ausführung der Baluster bedient sich etwa zollstarker Bretter, deren Flächen so bemalt werden, als ob sie plastisch und aus edlem Material (Marmor) wären. Ausgehend von dem traditionellen Baluster-Umriß hat man viele phantasiereiche Formen entwickelt, die den Ursprung oft nicht mehr erkennen lassen.

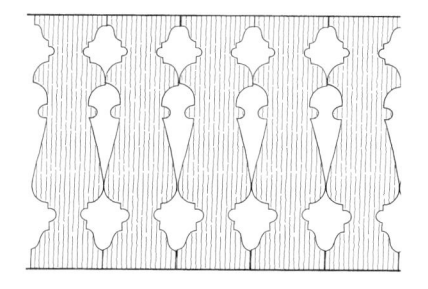

Baluster:
TROYES (F), ehemaliger Bischofspalast, Zeichnung: J. Catelain 1945, M 1:20.
▷ Centre de recherches sur les monuments historiques, Paris, Inv.-Nr. D 2281

Balusterbretter:
ASPERG (Wttbg.), Stadtkirche, Emporengeländer 1647. Zeichnung: Cades 1891, M 1:20

11. Dekorationen

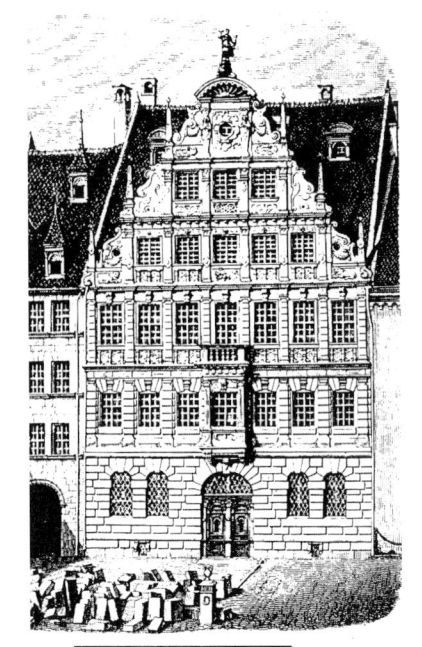

Mit der Ornamentik begibt man sich auf unsicheres Terrain. Sie ist nicht meßbar. Sie unterliegt der persönlichen Anschauung, und diese kann nicht allgemeingültig sein, weil sie individuell ist. Während die technischen Kriterien, Konstruktionen und Größen, prüfbar sind, beweisen die notorischen Streitereien unter den Fachgelehrten der Kunst, wie wenig objektiv gründbar ihre Meinungen sind. Wenn hier dennoch die Dekoration als Kriterium herangezogen werden soll, so deshalb, um den Vorwurf zu vermeiden, sie sei als Komponente der Renaissance ausgelassen worden. Eine Komponente ist sie zweifellos, doch wird sich zeigen, daß sie kein Ausdruck eines veränderten Lebensgefühls gewesen ist. Sie hat nichts mit den Wandlungen gesellschaftlicher Verhältnisse zu tun, es sei denn, man will feststellen, daß es die Begüterten waren, die sich üppige Dekorationen leisten konnten. Das aber war zu keiner Zeit anders. Wer Geld hat, kann à la mode bauen lassen. Doch gerade die Reichen sind selten stilsicher genug, um selbst zu bestimmen, was für sie angemessen ist. Sie delegieren ihren Geschmack an einen renommierten Künstler. Der reiche Nürnberger Kaufmann Martin Peller zum Beispiel glaubte, seine gesellschaftlichen Schwierigkeiten durch einen Prunkbau kompensieren zu müssen, in bester Lage auf der Höhe des Egidienplatzes – auch die Position ist Schmuck! und gebaut von dem damaligen »Stararchitekten« Jakob Wolff d. Ä. Die Fassade seines Palastes wird der Spätrenaissance zugerechnet, die Eingangshalle aber zeigt ein spätgotisches Gewölbe mit gekappten Rippen. Von einer typischen Renaissance-Treppe – zwei parallele gerade Arme mit Wendepodest – ist nichts zu sehen. Wie in der Gotik üblich gewesen, führt im Winkel zwischen Vorderhaus und Seitenflügel eine Wendeltreppe in die Geschosse. Zwar ist sie besonders kunstvoll konstruiert mit großem Auge, Wangensäulchen und einem Handlauf, aber das Baukonzept ist gotisch. Die toskanische Ordnung der Wangensäulchen und die Schmuckformen der Stufen-Unterseite sind lediglich Applikationen. Mit solchen Zugeständnissen an eine neue Kunstrichtung ist die alte Bauweise nicht dispensiert. Wie schon hundert Jahre zuvor zieren gotische Kerbschnittmuster und Fischblasenmotive, Zwei- und Vierschneuße, die Wände des Hauses, das, den Stilepochen zufolge, der Renaissance fast entwachsen sein sollte. Im »Wörterbuch der Kunst« wird die Zeit ab 1600 schon dem Barock zugerechnet[71]. Das Nürnberger Pellerhaus entstand zwischen 1602 und 1605. Nur zehn Jahre später begann Elias Holl, Stadtbaumeister von Augsburg, mit dem Bau seines berühmten Rathauses (1615-1620), einem Musterbau der deutschen Renaissance, außen wie innen. In ihm sind »italiänische« Treppen[72] mit ihren zwei parallelen Armen und einem Wendepodest die bestimmenden Komponenten des palladianischen Grundrisses.

Holls Nürnberger Kollege, Jakob Wolff, galt als Meister des in der Gotik entwickelten Wendeltreppenbaus. Die zu seiner Zeit modern gewordenen geradarmigen Treppen waren für ihn wahrscheinlich zu

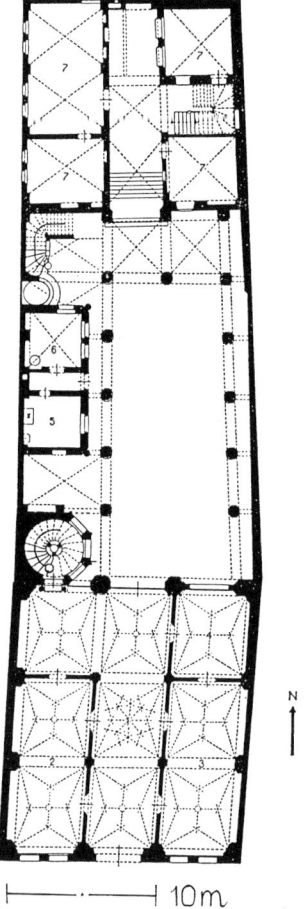

NÜRNBERG, Egidienpl. 23, Pellerhaus, M 1:500, J. Wolff d. Ä. 1602–1605.
▷ *H.-J. KADATZ 1983, S. 61*

problemlos, sie bieten keine technischen und gestalterischen Aufgaben. Gemessen an den komplizierten Wendeltreppen sind sie primitiv. Deshalb wählte er für seinen potenten Bauherrn Peller das Schwierigste, Teuerste und deshalb Prestigeträchtigste, was er ihm zu bieten vermochte. Nicht der sogenannte Stil charakterisiert die Epoche, sondern die wirtschaftliche Potenz ist es, auf deren Boden eine Kunst wachsen kann. Ihr Aussehen ist zweitrangig.

NÜRNBERG, Egidienpl. 23, Pellerhaus, 1. Obergeschoß, J. Wolff d. Ä. 1602–1605.
▷ *Bildstelle der Stadt Nürnberg*

Eine Analyse des Kunstschaffens im 16. Jahrhundert lehrt, daß es auf das Renommee ankommt, ob und wann eine Kunstrichtung favorisiert wird. »Stile« sind keine Zeiterscheinungen, die als Mode grassieren und alle Schichten der Bevölkerung erfassen, selbst jene, die es sich nicht leisten könnten, ihr hörig zu sein. »Stile« sind Produktionen auf höchster Ebene, entstanden aus dem Streben nach Kultivierung eines Ideals, aber unterworfen dem Prestigedenken einer begüterten Minderheit. Als im 19. Jahrhundert auch bürgerliche Mittelschichten höhere und höchste gesellschaftliche Ränge eroberten, wurden für sie die »Stile« als Prestigeobjekte interessant. Und wie bei Parvenüs häufig zu beobachten, konnten die Neureichen nicht genug bekommen. Sie ergriffen die »Stile« en masse und kaschierten mit ihnen Bauaufgaben, für die weder ihre Konstruktionen noch ihre Formen geschaffen waren: Villen wie klassische Tempel, Rathäuser wie gotische Kirchen, Badeanstalten à la Palladio, Justizbauten und Bahnhöfe wie barocke Paläste und so weiter. Mit solchen Exzessen entlarvte sich der Charakter dessen, was man zuvor als »Stil« bezeichnet hatte, als Versatzstück. Die Maske war zwar aus zeitbestimmenden Anlässen entstanden, aber fast immer nur als Dekoration gebraucht worden. Durch die Lösung von den Wurzeln war es möglich, die zeitgebundenen Formen auch in anderen Epochen zu verwenden und ihrer Zeittypik zu entfremden. Wie bei abgesägten, auf eine Bühne gestellten Bäumen, wurde aus dem lebendigen, natürlichen Wuchs eine Staffage.

Weit dauerhafter und solider erwiesen sich die aus der Technik entwickelten Bauformen. Sie ließen sich so lange verwenden, wie ihre Konstruktionen brauchbar waren. Maßstab ihrer Existenz war nicht die persönliche ästhetische Liebhaberei, sondern die Nützlichkeit.

Die Formen der Oberflächen, die Plastik und die Dekorationen sind weniger durch technische Bedingungen bestimmt als durch sensuelle Komponenten. Tradition und Gewohnheit spielen eine große Rolle. Die freie Reichsstadt Nürnberg verdankt einen Teil ihres Renommees einer altfränkischen Beständigkeit, die sich unter anderem auch in den Kunstformen äußert. Diese Beharrlichkeit ist nicht mit Rückständigkeit zu verwechseln. Sie stützt sich auf Bewährtes und übernimmt Neues nur dort, wo es nicht schaden kann. Die Treppe des Pellerhauses ist ein bezeichnendes Beispiel. Auch bei anderen Objekten wurden die erprobten gotischen Konstruktionsweisen weiterentwickelt und extrem kompliziert, aber grundsätzlich nicht aufgegeben. Den neuen Motiven der Renaissance verschloß man sich nicht und übernahm sie zur selben Zeit, oft am selben Bau und an derselben Treppe, aber nur dekorativ. Man hat den Eindruck, die Schöpfer der Ornamentik seien sich nicht bewußt gewesen, Eigenheiten eines neuen Stils zu verwenden und eine andere Stilstufe zu besteigen. Sie probierten etwas Neues, weil es modern war, und weil die Auftraggeber es so haben wollten, nicht aber deswegen, weil ein neues Lebensgefühl danach verlangte und durch Renaissanceformen ausgedrückt werden sollte. Wie sehr die Form dominiert, wird daran deutlich, daß man sie in jedem Material ausführte. Ob Holz oder Stein, das Objekt muß sich dem gestaltenden Willen fügen.

Mit Treppen läßt sich Ornamentik nur in Teilbereichen verbinden. Wie im Kapitel über »Die Verbesserung der Belichtung« angedeutet wird, verringerten sich die Dekorationsflächen in dem Maße, wie man durch größere Fenster mehr Licht und mehr Komfort im Treppenlauf anstrebte. Das Schmuckbedürfnis konnte sich bei Wendeltreppen nur auf die verbliebenen Pfeiler der Außenwandung, auf die Brüstung und gelegentlich auf eine Verzierung der Spindel erstrecken. Ein typisches Beispiel bietet der Große Wendelstein des Schlosses Hartenfels in Torgau. Die Dekoration seiner als Geländer dienenden äußeren Treppenwangen und der stützenden Pfeiler ist nur aus kurzer Distanz zu würdigen. Sie beherrscht den Bau nicht, sie bleibt ein bescheidenes Attribut, das auch fehlen könnte, ohne daß der Wendelstein seine architektonische Wirkung verlöre. Die gewundene Spindel dagegen bezeugt, daß sie von der Kunstfertigkeit gotischer Meister profitiert. Folgerichtig sind ihre starken Profile Dekor genug. Jede weitere Verzierung würde ihr Aussehen mehr stören als steigern.

Für die Systematik ist es dienlich, wenn wir den Komplex Treppe und Ornamentik auf einige Hauptpunkte konzentrieren:

a. Setzstufen
b. Stufen-Unterseite = Ausbildung der Decke im Treppenlauf
c. Geländer

a. Setzstufen

Solange die Stufen im Dunkeln der Treppengänge mit den Füßen mehr ertastet als mit den Augen gesehen werden konnten, war jede Verzierung wirkungslos. Allein die für eine Vergrößerung der Auftritt-Tiefe nützliche Unterschneidung bewirkt eine plastische Kehlung des Stufenhauptes, die aber nicht als Profil gedeutet werden sollte. Profilierungen liegt in der Regel eine ästhetische Absicht zugrunde. Hier aber handelt es sich um eine technische Maßnahme, die der Sicherheit dient. Das gilt in erster Linie für Wendeltreppen. Ein vorwiegend bei geradarmigen Treppen angebrachtes »klassisches« Stufenprofil dagegen verbindet den praktischen Nutzen mit einer so allgemeingültig simpelschönen Form, daß es für vier Jahrhunderte beliebt blieb.

Soll eine Treppe in besonderer Weise als Repräsentationstreppe gekennzeichnet werden, als *main staircase, hoofdtrap, escalier d'honneur, escalera de honor* oder *scala principale*, lassen sich ihre Stufen mit einem Teppich bedecken oder mit Ornamenten schmücken. Mehr als auf Wendeltreppen haben treppensteigende Personen auf geradarmigen Läufen die höheren Setzstufen vor Augen. In dieser Sicht bieten sich die senkrechten Flächen der Tritte für einen Zierrat an. In Holz dürfte er geschnitzt oder als Intarsia ausgeführt worden sein. In Stein sind Inkrustationen solide genug, um den Stößen der Schuhspitzen standzuhalten. Eiserne Stufen setzen der Schmuckfreude kaum Grenzen. Aber dieses Material wurde allgemein für den Treppenbau erst gegen Ende des 18. Jahrhunderts verwendet, gelegentlich finden sich schon im 17. Jahrhundert Beispiele[73].

In der Antike, die als Stimulanz und Vorbild der Renaissance gilt, hatten der ~448 bis ~432 errichtete Parthenon auf der Akropolis in Athen und der etwas früher, ~ 470 bis ~456 gebaute Zeustempel in Olympia Stufen[74], die sowohl auf ihren senkrechten Teilen als auch auf den Trittflächen ornamentiert waren. Man leistete sich diesen Luxus, weil es sich um Heiligtümer obersten Ranges handelte und ein Abrieb nicht befürchtet werden mußte. Die Tempel waren ohnehin nicht für den Massenverkehr, sondern nur für die Priesterschaft bestimmt. Und außerdem trug man Schuhe mit weichen Sohlen, wenn man es nicht vorzog barfuß zu gehen.

Die Beispiele der Antike werden es wohl nicht gewesen sein, welche die Bauherren und Baumeister der Renaissance anregten, auch dieses Motiv der Stufenbildung aufzugreifen. Die Verzierung der Stufen folgt vielmehr einem allgemeinen Bedürfnis, Gegenstände des gehobenen Bedarfs, wie die Stufen zu Thronen oder zu heiligen Stätten, reicher zu gestalten als gewöhnliche Aufstiege. So hat Pol von Limburg schon vor 1416 eine »Reinigung Mariae im Tempel« für das Stundenbuch des Herzogs von Berry gemalt, in der er die 4. Stufe der Treppe zum Heiligtum ornamentierte. Dadurch ist sie allen anderen Stufen gegenüber ausgezeichnet. Sie wurde – bildlich – aus der stereotypen Ordnung herausgehoben und zum Bedeutungsträger.

Die Zahl 4 spielt in der christlichen Exegese eine vielfach bemühte Rolle. Es gibt 4 Himmelsrichtungen und 4 Elemente, 4 Evangelien, 4 Tiere an Gottes Thron und 4 Flüsse des Paradieses, auch das Kreuz von Golgotha hat 4 Enden. Mit der Anspielung auf die Passion Christi wird die 4. Stufe des Bildes zum Omega seines Lebens. Der kleine Jesus, links im Bild von seiner Mutter auf dem Arm getragen, stellt das Alpha dar. Noch im religiösen Denken der Gotik befangen, ist die Betonung der 4. Stufe keine Dekoration, sondern Semantik christlichen Glaubens. Die Art des Schmuckes ist gleichgültig, es kommt auf seine Position in der Reihenfolge an. Nicht ohne Grund sind die 12 Stufen in 3 Gruppen zu je 4 Tritten unterteilt.

Dergleichen Zahlensymbolik war auch den Renaissance-Künstlern nicht fremd. Als Antonio da Negroponte um 1470 ein Altargemälde für die Kirche Francesco della Vigna in Venedig schuf, malte er eine sitzende Madonna mit dem Kind auf dem Schoß. Ihr Thron steht auf zwei reichverzierten Stufen. Die Zahl Zwei läßt aufmerken. Christus, der Mensch gewordene Sohn Gottes, verkörpert als Kind einer irdischen Mutter das Erdenleben schlechthin. Er nannte sich selbst »Menschensohn«[75]. Auf der Venezianer Altartafel ist in dem Bogen des oberen Randes der segnende Gottvater zu sehen. Er bildet den anderen Pol. Negroponte hat in seinem Bild eine kompositorische und eine inhaltliche Polarität von oben und unten, Himmel und Erde, Gott und Mensch geschaffen, auf die jene zwei Stufen hinweisen.

Es ist einsehbar, daß Verzierungen billiger zu malen als in mühseliger Steinarbeit auszuführen sind. Wünsche sind leichter zu denken als zu erfüllen. Deshalb finden sich ornamentierte Setzstufen häufiger auf Bildern als an gebauten Objekten, wenn überhaupt, dann vorzugsweise an Treppen sehr potenter Bauherren, wie es sie in Venedig gab.

*»Reinigung Mariae im Tempel«,
Illustration für das Stundenbuch
des Herzogs von Berry.
Pol von Limburg vor 1416*

Inkrustierte Beispiele bieten die Scala dei Giganti (1486-1501) im Dogenpalast und der Palazzo Dario (~1487). Intarsia zieren die Vorderseiten der um 1470 entstandenen Stufen zum Chorgestühl der Kirche S. Maria Gloriosa dei Frari.

LES GRANGES-CATHUS (F), château, Untersicht der Wendeltreppe, 1525.
▷ *A. CHASTEL / J. GUILLAUME 1985, Fig. 162*

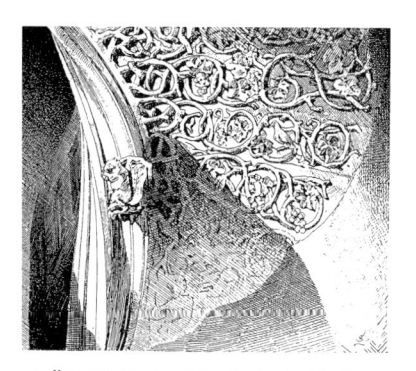

GÖPPINGEN (Wttbg.), Schloß, Untersicht der »Rebenstiege«, A. Tretsch / M. Berwart ~1562.
▷ *C. F. v. LEINS:»Die Hoflager ...«, 1889, S. 23, Fig. 25*

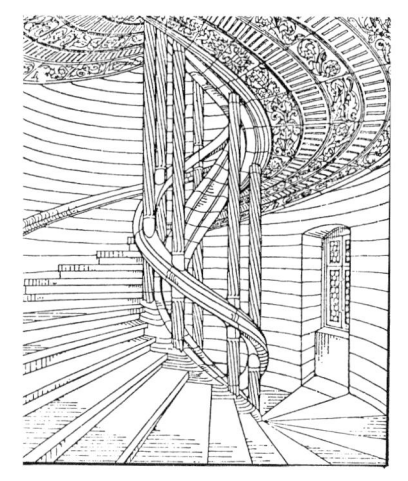

BAD MERGENTHEIM, Schloß, Nordtrakt, Wendeltreppe mit Auge und Wangensäulchen, B. Berwart 1574

Wie schon betont, sind Verzierungen weniger die Angelegenheit eines bestimmten Stiles als vielmehr eine Frage der Reputation. Reiche Bauherren des 18. und 19. Jahrhunderts haben sich gelegentlich einen derartigen Luxus an ihren Treppen geleistet. Aber weder formal noch quantitativ ist er bezeichnend für den »Stil« der Renaissance. Im Gegenteil, der Luxus ist allein ein Indikator für einen luxuriös gewollten Stil der Lebensführung, die sich aller Dinge und Formen bedient, die als Schmuck geeignet sind. Wo die Stufenzier dem Bauherrn zu kostspielig war, legte man einen Läufer auf die Tritte. Er befriedigt mehrere Wünsche zugleich: Er schmückt den Aufstieg und dämpft den – bei hölzernen Konstruktionen besonders unangenehmen – Trittschall. Sein Dessin ist nach Belieben wählbar und austauschbar, ohne daß die Treppe tangiert wird. Wer will, kann von Epoche zu Epoche up to date sein und dem Zeitgeschmack huldigen.

b. Stufen-Unterseiten

Zwei grundsätzlich verschiedene Ausführungen gilt es zu beachten: die Verzierung der Stufen-Unterseiten und die dekorative Gestaltung einer selbsttragenden Decke, die unter den Stufen konstruiert wurde, entweder, um diese zu stützen, oder um – unabhängig von ihnen – die Stufenuntersicht zu kaschieren.

Dekorative Bereicherungen sind eine Frage der Kosten, konstruktiv bereiten sie keine Schwierigkeiten. Die einfachste und billigste, aber auch technisch willkommenste Art der Bereicherung an der Unterseite von Wendeltreppen Stufen läßt sich durch eine Betonung der dünnen Lagerkante herstellen. Ließe man sie wie die Schneide eines Keils bestehen, würde sie leicht abbrechen. Deshalb wird der Grat meistens zu einer 1 bis 2 cm starken Kante abgeflacht. Es entsteht eine Fase. In der Stufenfolge wirken diese schmalen Unterbrechungen der sphärischen Wendelfläche wie eine Art Ornament, vergleichbar etwa den Kanten eines Fächers. Dieser Eindruck verstärkt sich, wenn die Stufen-Hinterkanten nicht gradlinig sind, sondern gekurvt. Dann ergibt sich das Bild einer Wirbelrosette – wenigstens in der Zeichnung. Der Steigende bemerkt es weniger, weil er nicht die ganze Rundung von 360° überblicken kann. Will der Baumeister die Ornamentwirkung der Kanten steigern, verstärkt er diese Partie durch aufgesetzte Stäbe oder Wulste. Damit ist zwar ein Materialverlust verbunden, zugleich aber eine größere Sicherheit gegen das Abbrechen der Kante gewonnen. Die schmückende Wirkung deckt den technischen Vorteil. Bei anderen Objekten begnügte man sich nicht mit den Kanten, sondern dekorierte die gesamte Fläche der Stufen-Unterseiten.

Beispiele:
Wendeltreppen mit dekorierten Stufen-Unterseiten

1525	LES GRANGES-CATHUS (F-Vendée)
1551	ROCHSBURG (Kr. Rochlitz, Sachsen), Schloß
~1562	GÖPPINGEN (Wttbg.), Schloß, »Rebenstiege«
1574	BAD MERGENTHEIM, Schloß, N-Treppe
1583-1585	STRASSBURG, Place Gutenberg, hôtel de Commerce
1602-1605	NÜRNBERG, Pellerhaus
1603-1612	BEVERN, Schloß
1604 ff.	MERSEBURG, Schloß, NO-Treppe

NÜRNBERG, Egidienpl. 23,
Pellerhaus, 1. Obergeschoß,
Wendeltreppe mit Auge und
Wangensäulchen, Untersicht des
Laufes,
J. Wolff d. Ä. 1602–1605.
▷ Bildstelle der Stadt Nürnberg

Die ältere Möglichkeit ist, Stufen-Unterseiten durch ein Gewölbe zu verdecken und eventuell auch zu unterstützen. Ein Meisterstück dieser Art hat Arnold von Westfalen mit dem Großen Wendelstein (1471 ff.) der Albrechtsburg in Meißen geschaffen. Seine 111 Stufen werden von einem steigenden Zellengewölbe getragen, das die Art der Deckenausbildung in den anschließenden Fluren und Räumen bis in die nächsten Geschosse weiterführt. Arnolds Konkurrent, Hans Reinhart, schuf 1489 eine ganz ähnliche Substruktion für die Wendeltreppe im Schloß Sachsenburg. In Frankreich zeigen das Schloß in Larrazet (1500-1503), das Schloß der Herzöge von Savoyen (1513) in Aix-les-Bains und das auf 1523 datierte Hôtel de Mazan in Riez vergleichbare Konstruktionsprinzipien mit Rippenwölbungen.

Schon um die Wende vom 15. zum 16. Jahrhundert wurden aus den einst handwerklich konstruierten Gewölben Scheingebilde. Die Rippen tragen nichts mehr, die Kappen sind keine Füllungen. Rippen und Kappen sind aus demselben Stein gearbeitet. Die Rippen dekorieren nur die Untersicht der Stufen. Ihre ursprünglich tragende, technisch notwendige Konstruktion ist zu einer Maskerade geworden. Beispiele bieten die ~1500 gebauten Wendeltreppen in den Türmen der Nördlinger St. Georgenkirche und die aus der 1. Hälfte des 16. Jahrhunderts stammende Grande Vis in Lavardin (F). Sie folgen einem verbreiteten Trend. Auch die Netz-»Gewölbe« einiger Hallenkirchen, wie die der Annenkirche (1499-1525) in Annaberg sind der großen Tonnenwölbung nur dekorativ angefügt. Sie tragen nicht einmal sich selbst, sie lassen sich von der Deckenwölbung tragen. Als formale Spielereien haben sie sich von ihren gotischen Ursprüngen gelöst und beginnen, neuen Ideen gefällig zu werden. Die von Aberlin Tretsch und Martin Berwart ~1562 ausgeführte »Rebenstiege« im Schloß zu Göppingen demonstriert, wie weit sich die neue Freiheit ausdehnen läßt. Das Gewirr von Zweigen eines aufstrebenden Rebenstockes mit allerlei Getier überzieht die gesamte Unterseite des Treppenlaufes. Mag man das Geäst mit den früheren Rippen vergleichen, so deutet sich eine Entwicklung an, die mit den Schlingrippengewölben des Benedikt Ried begonnen hatte. Der 1502 beendete Festsaal der Prager Burg, allgemein Wladislawsaal genannt, ist einer der großen Vertreter dieser Art. Mit den Schlingrippen lösten sich die Baumeister von dem gotischen System der geradlinigen Rippenführung und leiteten eine neue Ära ein, die wir der deutschen Renaissance zurechnen müssen. Ihr Beginn ist etwa auf 1490 anzusetzen.

Seit dem Wechsel in der Konstruktion von Wendeltreppen von der Wölbung steigender Ringtonnen zu selbsttragenden Stufen bildet die Unterseite der Tritte die Decke des Laufes darunter. Mit der Renaissance wurde diese im 13. Jahrhundert gewonnene Selbstverständlichkeit in Frage gestellt. In Frankreich, wo die römischen Traditionen stärker verwurzelt sind als in Deutschland, kultivierte man diese aufs neue und behandelte die Stufen und die unter ihnen befindliche Decke wieder als zwei selbständige Bauelemente. Der Trend war nicht absolut, gelegentlich pflegte man noch die herkömmliche Ausführung mit skulptierten Unterseiten, wie um 1520 im Schloß Montal (F).

MEISSEN, Albrechtsburg, Großer Wendelstein mit den tragenden steigenden
Zellengewölben, Arnold von Westfalen 1471 ff.
▷ BERLIN, Staatliche Museen, Kupferstichkabinett

Auch in Italien war die antike römische Bauweise gebräuchlich geblieben. Die geraden zweiarmigen Treppen der Renaissance sind mit steigenden Tonnen überwölbt. Ein Kämpfergesims betont die Schräge des Aufstiegs. Im Übergang zu den Fluren, Vorhallen und Loggien war es allerdings notwendig, die Tonne über dem Aufstieg dem Deckensystem der anschließenden Räume anzugleichen. Die Podeste überdeckte man mit Kreuzgratgewölben oder flachen Kuppeln[76]. Alle Decken und auch die Wände blieben selbst in den großen Palästen der reichen Städte ohne Schmuck.

Etwas anders ist die Situation in Venedig. Die Serenissima hat immer Wert auf Repräsentation gelegt und mochte allein aus diesem Grunde den wichtigsten Aufstieg im Palazzo Ducale, der zu den Gemächern des Dogen, zum Maggior Consiglio und zugleich auch zum 3. Obergeschoß führt, nicht schmucklos lassen. Es hat lange gedauert, bis man sich über die günstigste Laufführung einig war. Pläne entstanden seit dem 2. Viertel des 16. Jahrhunderts. Der endgültige Entwurf stammt wahrscheinlich von Sansovino, ausgeführt wurde die Treppe von P. Guberni 1557 bis 1559 mit so reichen Stuckdekorationen, daß sie den Namen »Scala d'Oro«, Goldene Treppe, erhielt.

Ein andere »Goldene Treppe«, aber deutlich weniger repräsentativ, leistete sich das ehemalige Jesuitenkolleg in Graz, das 1591-1597 entstand. Seine Treppe wurde jedoch erst 1692-1694 stukkiert.

Die in Italien übliche Tonnenwölbung für geradarmige Treppenläufe hat auch in Frankreich Schule gemacht. Ein direkter Einfluß dürfte nachweisbar sein. Das Treppenhaus im 1533 begonnenen Pariser Rathaus, eines der frühesten dieser Art, wurde von einem Italiener, Domenico da Cortona, gebaut. Aber in Frankreich zeigt sich ein markanter Unterschied. Während die Laufführung mit zwei entgegengesetzt gerichteten Armen der italienischen Bauweise gleicht, ist die Tonnenwölbung stets reich dekoriert, selten mit plastischen oder – im Einzelfall – auch gemalten Ornamenten, häufiger mit steinernen Kassetten. In der Steinbearbeitung sind die französischen Handwerker seit jeher Meister gewesen. Die Vis de St. Gilles aus der Mitte des 13. Jahrhunderts gilt als Paradestück ihres Könnens. Die gotischen Kathedralen waren unübertroffen. Und auch in der Renaissance brachten die Steinmetze Treppen zustande, die erstaunlich sind.

Beispiele:
Geradarmige Treppen mit Tonnenwölbung in Frankreich

1533 ff.	PARIS, hôtel de ville
1546 ff.	SERRANT (Maine et Loire), château, escalier d'honneur
1547-1559	PARIS, Louvre, aile Lescaut, escalier Henri II.
	CHAREIL-CINTRAT (Allier), château
	JOURS (Baigneux, Côte-d'Or)
	LE PUY-du-FOU (Vendée), château
	VOLONNE (Alpes de Haut-Bretons), château

Da ein großer Teil Europas einst zum Imperium Romanum gehörte, wäre es aufschlußreich zu prüfen, wann, das heißt mit welcher Verzögerung, römische Bauweisen in den besetzten Ländern übernommen und wie lange sie beibehalten wurden.

Viollet-le-Duc beschränkte sich auf eine großzügige Datierung und Beschreibung des Systems: »*Au commencement du XVIe siècle, les architectes employèrent trèsfrèquemment le Systéme de voûtes composées de dalles portées sur des nerfs, ce qui leur permit de décorer ces voûtes de riches sculptures et obtenir des effets inconnus jusqu'alors. ... Ce parti fut souvent adopté, par exemple, pour voûter des galeries ou des rampes d'escaliers en berceau surbaissé*«[77].

Um brauchbare Aussagen machen zu können, sollte in den europäischen Ländern ein Verzeichnis datierter Objekte vorliegen. Leider müssen wir uns mit je einem Beispiel aus zwei Ländern begnügen:
In Spanien besitzt der Palacio de Don Avaro de Bazan in Viso del Marqués eine ~1560 gebaute Treppenanlage mit verzierter Tonnenwölbung. In England bekam das Burghley House bei Stamford (Lincolnshire) 1561-1564 eine gewölbte Treppe mit Kassettendekor.

PARIS, Louvre, aile Lescot, escalier Henri II. (»Le grand degré«), 1547–1559, Bildhauer: Jean Goujon.
▷ *A. CHASTEL / J. GUILLAUME a.a.O., p. 273, Fig. 170*

113

Französisches Wölbsystem (Schema).
▷ *E. VIOLLET-le-DUC a.a.O., T. V, p. 125*

COULONGES, (F-Deux-Sèvres), château (abgerissen), Geschoßpodest der zweiarmig geraden Treppe mit flacher Kassettendecke; Radierung von Rochebrune.
▷ *A. CHASTEL / J. GUILLAUME a.a.O., p. 271, Fig. 166*

Das von den Baumeistern der Gotik meisterhaft gehandhabte Konstruktionsprinzip, die starke Tonnenwölbung ihrer Vorgänger aus romanischen Zeiten in statisch tragende und in füllende Teile, in Rippen und Kappen, zu differenzieren, wurde auch für ihre Nachfolger in der Renaissance nützlich. Es war keine Rekapitulation älterer Errungenschaften, sondern ihre Fortsetzung unter neuen Bedingungen. Auch bei den Kassettendecken tragen Rippen oder Stege die dazwischen eingefügten Platten. Grundsätzlich ist es gleichgültig, ob die Rippen im Bogen aneinandergesetzt werden oder horizontal in die Seitenwände gespannt sind. Da die tragenden Steine aus einem Stück sein müssen, ist die Herstellung scheitrechter Kassettendecken problemloser als die der gewölbten.

Beispiele:
Geradarmige Treppen mit scheitrechter Kassettendecke in Frankreich

1518-1529	AZAY-le-RIDEAU, château
1552	MARSEILLE, maison diamantée
	AIX-en-PROVENCE, château de la Calade
	AIX-en-PROVENCE, hôtel Maynier de Lambert
	COULONGES (Deux-Sèvres), château

In der kunstwissenschaftlichen Literatur der Franzosen sind nicht immer exakte Baudaten zu finden. Deshalb müssen in meinen Listen Lücken bleiben, die zu bedauern sind.

Eine Steigerung des Eindrucks läßt sich erzielen, wenn die tragenden Rippen eine große Höhe bekommen und die Kassetten tief liegen, wie im Schloß Azay-le-Rideau. Die optisch wirkungsvolle Erscheinung täuscht über den technischen Kunstgriff, der die Statik des Biegemomentes sehr begünstigt.

*AZAY-le-RIDEAU (F), château,
1518–1529,
flache Kassettendecke der
zweiarmig geraden Haupttreppe*

12. Räume

*NÜRNBERG, Rathaus, Ratssaal,
Schnitt M 1:250.
▷ O. STIEHL a.a.O., Fig. 225*

*Säle der Gotik
Beispiele:*

		Länge	Breite	Höhe
1153	ANGERS (F), Hôtel-Dieu	48,00	22,50	10,00
A. 13. Jh.	OURSCAMP (F), Hôtel-Dieu	56,50	16,00	9,50
1250-1270	's-GRAVENHAGE, Ridderzaal	38,00	18,00	17,00
1277-1286	LÜBECK, Heilig-Geist-Hospital	87,50	13,80	12,00
1298-1308	TONNERRE (F), hôpital	88,00	18,60	16,50
1301-1315	PARIS (F), Palais de Justice	70.50	27.50	20,00
1332-1340 (1520)	NÜRNBERG, Rathaus, Ratssaal	40,25	12,00	12,00
1340-1365	VENEDIG (I), Pal. Ducale, Maggior Consilio	54,00	25,00	15,40
1385-1387	COUCY, château	60,00	16,00	24,00
bis 1393	MARIENBURG, Hochmeisterpalast, Remter	30,50	15,00	10,00
1420-1435	PADUA (I), Palazzo della Ragione	79,50	27,00	26,72
1441-1443	BEAUNE (F), Hôtel-Dieu	52,00	14,50	16,00
1449-1460	VICENZA (I), Sala dei Quattrocento	58,00	20,55	25,20
1486-1502	PRAG (ČR), Hradschin, Wladislawsaal	60,00	16,00	13,20
1497-1507	REIMS (F), Palais du Tau	31,67	11,60	14,50

Architektonische Leistungen wurden durchaus nicht immer so entworfen, daß ein Benutzer oder Betrachter ihr Konzept überblicken kann. Die Disposition einer gotischen Kathedrale zum Beispiel ist vom Eingang oder von einem Punkt im Kirchenschiff kaum wahrzunehmen. Der Grundriß offenbart seine geometrische Schönheit erst in der Zeichnung. Die Befriedigung des Architekten über einen monumental einfachen oder raffiniert komplizierten Plan ist zunächst die Genugtuung über eine gelungene graphische Leistung, die beim ausgeführten Bau nicht mehr erkennbar zu sein braucht. Der Grundriß ist zwar die Basis für ein dreidimensionales Werk, aber er ist nur latent wirksam. Die sich im Plan äußernde Kunst hat einen Eigenwert, der von jeder Raumwirkung oder von jedem Nutzzweck weit entfernt sein kann.

HEILIGENBERG, Schloß ~ 1560.
▷ *BEZOLD a.a.O., Fig. 47*

Renaissance-Festsäle
Beispiele:

		Länge	Breite	Höhe
1532-1536	TORGAU (Sachsen), Schloß Hartenfels	64,50	11,00	5,00
1537-1550	TÜBINGEN, Schloß Hohentübingen	70,00	16,00	6,50
1538	BERLIN, Kurfürstliches Schloß	70,40	12,27	5,60
vor 1544	OIRON (F), Château	55,00	6.50	5.50
~1550	DRESDEN, Schloß, Alter Saal	55,00	15,00	5,00
~1560	HEILIGENBERG (Sigmaringen), Schloß	32,00	10,00	6,50
1570-1572	AMBRAS (A-Tirol), Schloß, Spanischer Saal	43,33	10,03	5,00
1578-1586	WOLFEGG (Württemberg)	52,00	14,00	8,00
~1580	SCHMALKALDEN, Wilhelmsburg	25,00	11,50	4,50
1595-1597	WEIKERSHEIM (Hohenlohe), Schloß	36,00	12,00	9,00

Die für einzelne Bauten ebenso wie für ganze Städte, die sogenannten Idealstädte, erfundenen symmetrischen Grundrißlösungen sind typische Belege für den Eigenwert der Zeichnung um seiner selbst willen. Ein bezeichnendes Beispiel ist das Jagdschloß Stern (1555) bei Prag. Diese Tendenz zur *l'art pour l'art* in der Grundrißbildung hat unter anderem bewirkt, daß sich in zahlreichen deutschen Renaissanceschlössern die Raumproportionen der abstrakten Harmonie des Grundrisses unterordnen. Eine vergleichbare Ästhetik für die dritte Dimension wurde nicht angestrebt. Das wird vorwiegend in den Festsälen deutlich. Wie einseitig auf die Fläche fixiert, nicht auf den Raum, der Entwurfsvorgang war, läßt sich erkennen, wenn man die Festsäle der Renaissance mit den Festsälen der Gotik vergleicht. Diese waren zwar nicht kleiner, verpflichteten sich aber der Dreidimensionalität durch hochragende Wölbungen, die ein erhabenes Raumgefühl vermitteln. Dabei vernachlässigte man den Grundriß keineswegs, doch der Primat galt dem Raum. Die Maße beweisen, deutsche Renaissance-Säle sind leicht daran zu erkennen, daß für ihre Konzeption die dritte Dimension, die Raum-Höhe, eine weitgehend untergeordnete Rolle spielt. Mag auch die Dekoration in Renaissancemotiven schwelgen, mögen Kassettendecken eine zusätzliche Höhe suggerieren, weit wichtiger war dem Architekten der Grundriß, der zweidimensionale Plan.

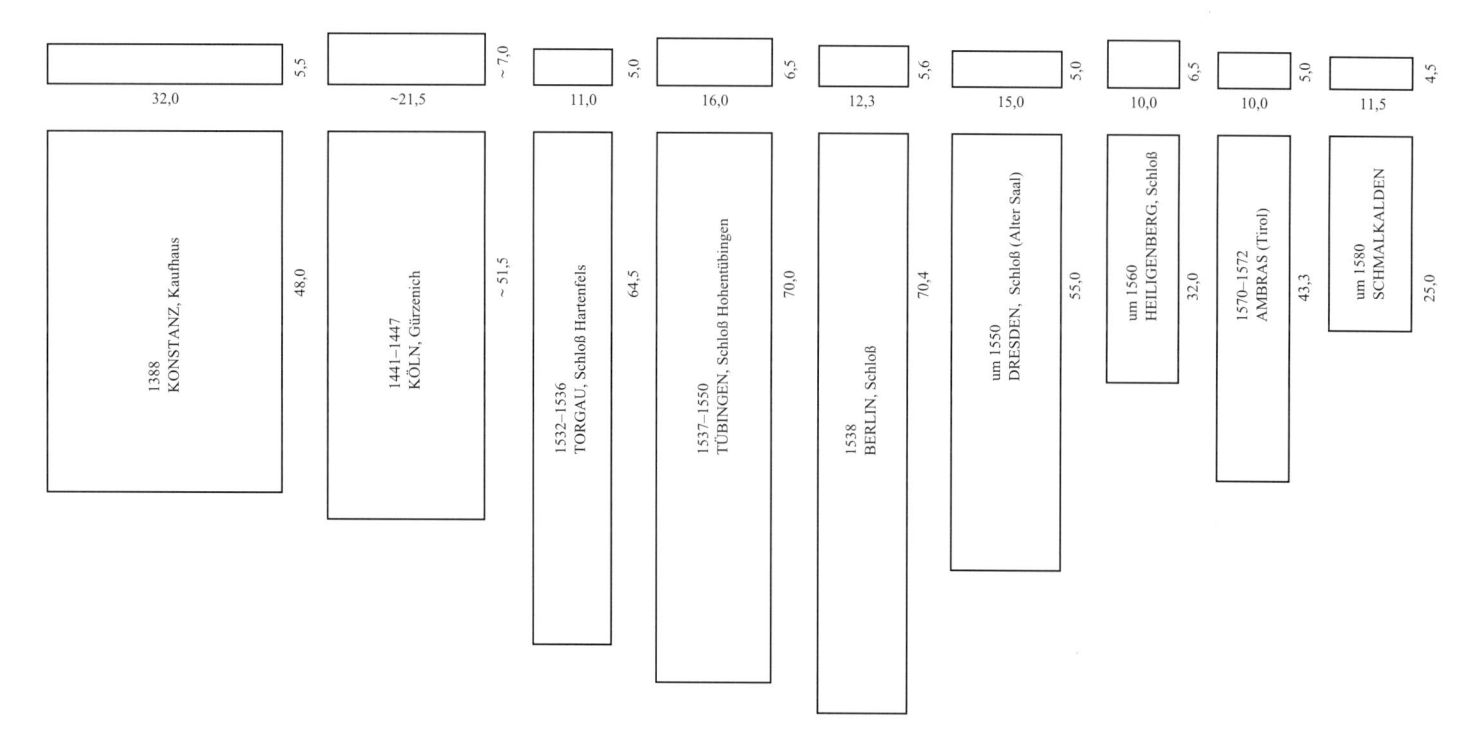

oben: Größenvergleich von deutschen Festsälen der Renaissance

*unten:
KÖLN, Gürzenich 1441–1447, Querschnitt und Längsschnitt vor der Erneuerung 1854–1857.
M 1:500
▷ H. VOGTS: »Die Kunstdenkmäler der Stadt Köln, Bd. 7, IV. Abt., Düsseldorf 1930, S. 290, 292*

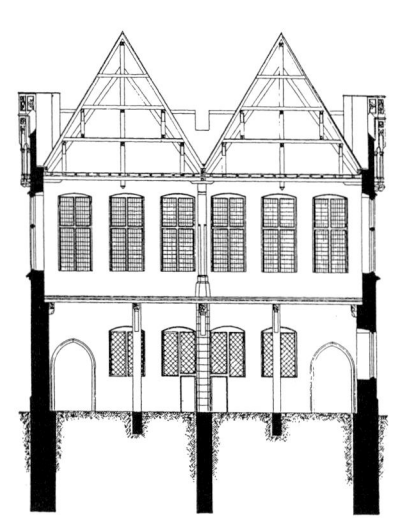

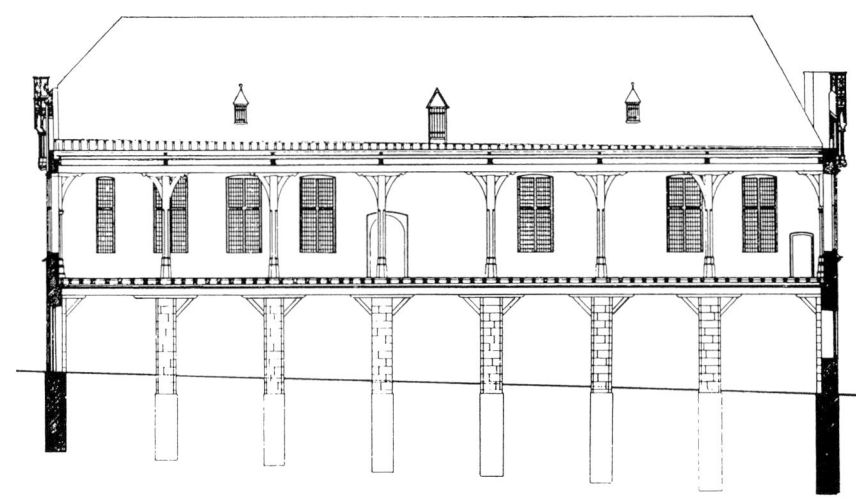

Von diesen Saalbauten, deren Konzept den planimetrischen Vorlieben der Renaissance folgt, sind jene Räume zu unterscheiden, die zwar großflächig gebaut worden sind, aber nur eine geringe Höhe besitzen, weil für sie die dritte Dimension keinen Repräsentationswert hatte oder weil tektonische Rücksichten genommen werden mußten. Zu ihnen gehören das Konstanzer Kaufhaus von 1388 mit einer Fläche des Raumes von 48 x 32 m bei 5,50 m Höhe.

Angesichts seiner Dimensionen mit 54,67 m x 23,85 m Außenmaßen bei etwa 7 m Höhe[78] müßte man den 1441-1447 gebauten Festsaal im Kölner Gürzenich der Renaissance zurechnen, wenn der »Kunstführer« ihn nicht als »gotischen Saalbau« deklarierte[79]. Damit wird der Gürzenich zu einem Musterbeispiel für die Fragwürdigkeit jeder Einordnung in Stil-Kategorien. Der Kunsthistoriker urteilt nach den ornamentalen Formen, vorzugsweise der Fassade. Der Bauhistoriker prüft die Strukturen und vergleicht die Größen. Seinen Maßen zufolge, muß der vor der Mitte des 15. Jahrhunderts entstandene Festsaal des Kölner Gürzenich als früher Renaissancebau gelten, gleichgültig in welcher Weise er ursprünglich dekoriert gewesen ist.

*PRAG, Jagdschloß Stern/Hvezda,
1555 ff., Erzherzog Ferdinand II.,
lavierte Tuschzeichnung
von Wilhelm Kandler, 1838.
▷ Z. WIRTH: »Prag in Bildern
aus fünf Jahrhunderten«,
Prag 1954*

*PRAG, Jagdschloß Stern, 1555 ff.,
Erdgeschoß M 1:500,
Erzherzog Ferdinand II.
▷ A. HAUPT 1923, Abb. 274*

13. Treppentürme

BOURGES (F), Treppenturm, ancien hôtel de ville, ancien Hôtel des Echevins, ~ 1490.
▷ *TU Berlin, Plansammlung, ehem. »Sammlung für Baukunst«*

So wie wohlsituierte Damen ihre Pretiosen an gut sichtbarer Stelle zu tragen pflegen, zum Beispiel am Hals, so offerieren potente Bauherren den kostbarsten Teil ihres Domizils möglichst frontal und zeigen damit, wie sehr sie diesen Teil schätzen. In der Architektur gibt es mehrere Details, die bevorzugt sein können: mit Sgraffiti oder Wandmalereien geschmückte Fassadenflächen, Portale oder auch Türme, die mehr sind als das Gehäuse für eine Treppe.

Solange Wendeltreppen allein der Kommunikation dienten, brauchte diese nicht besonders herausgestellt, betont oder dekoriert zu werden. Erst als ingeniöse Baumeister den Wert der Wendeltreppen meisterlich zu steigern wußten, dominierte der Kunstwert den Nutzwert. Dieser Trend begann im Kirchenbau des 14. Jahrhunderts. Peter Parler dürfte 1370 f. mit seiner gestaffelten Wendeltreppe über dem Südportal des Veitsdomes in Prag der erste Meister gewesen sein, der eine Treppe aus der Anonymität untergeordneter Bauteile befreite und weithin sichtbar zur Schau stellte. Seinem Beispiel folgte Johannes Hültz 1419 bis 1429 mit den zweiundfünfzig gestaffelten Wendeltreppen auf dem Straßburger Münsterturm. Zur gleichen Zeit entstanden freitragend gewendelte Kanzeltreppen[80]. Ihr Beispiel, im Hause Gottes allen Kirchenbesuchern vor Augen gestellt, mußte beeindrucken und zu vergleichbaren Schöpfungen anregen.

Wendeltreppentürme, in Burgen den Bauten allein nach topographischen und funktionalen Gesichtspunkten angefügt, erhielten in der Renaissance die für sie neue Aufgabe einer gesellschaftlichen Reputation. In den meist engen Burghöfen bleibt ihnen eine architektonische Wirkung versagt. Die Fortifikation mußte sich erst zum Prunkbau wandeln, um auch den Treppenturm ins rechte Licht zu setzen. Dabei überwog zunächst die Struktur der Treppe, die zeitgemäße Dekoration war zweitrangig und, wie bei den Kanzeltreppen, auf Brüstungen oder auch auf Pfeiler beschränkt. Das war in Frankreich kaum anders als in Deutschland. Auch die berühmte und meistens falsch eingeschätzte Wendeltreppe Franz I. im Schloß von Blois wirkt mehr durch ihre plastische Masse als durch ihren Zierrat. Zudem ist sie weder konstruktiv noch architektonisch bedeutend – vergleicht man sie mit deutschen Wendelsteinen. Die um fast ein halbes Jahrhundert ältere Wendeltreppe, die Arnold von Westfalen für die Albrechtsburg in Meißen (1471 ff.) geschaffen hat, ist technisch, funktional und in der Anpassung an die Architektur des Traktes, dem sie vorgesetzt wurde, fortschrittlicher als das französische Werk. Vergleicht man außerdem die Königstreppe in Blois mit dem Großen Wendelstein (1532-1536) in Torgau, so wird auch hier deutlich, wieviel kühner und eleganter, erreicht durch eine Meisterschaft in der Bewältigung statischer Probleme, dieser Bau ist, und damit den französischen Schöpfungen überlegen.

Bei allen Unterschieden sind sowohl die französischen als auch die deutschen Wendeltreppentürme dazu bestimmt, die Aufgabe der Kommunikation mit der Verpflichtung zur Reputation zu vereinen.

Bei der Erfüllung dieser Aufgabe blieben die deutschen Baumeister in einem architektonischen Bereich, der höchste technische Kunstfertigkeit voraussetzt, ihre französischen Kollegen dagegen teilten ihre Aufgabe mit den Dekorateuren, vornehmlich mit den Bildhauern.

Beispiele für französische Treppentürme

1443-1451	BOURGES, hôtel Jacques Cœur, escalier d'honneur
~1490	BOURGES, ancien hôtel de ville (ancien Hôtel des Echevins)
1501-1511[81]	MEILLANT, château, Tour de Lion
	AINAY-le-VIEIL, château[82]

Sowohl in der Konstruktion als auch in der Dekoration zeigen alle französischen Wendeltreppentürme dieser Zeit nichts, was sie von den Türmen der Spätgotik unterscheidet. Die Stufenfolgen sind konventionell um eine massive Spindel gewendelt und in einer starken Umfassungswand verankert. Ein verändertes Lebensgefühl ist weder an den räumlichen Dimensionen erfühlbar noch meßbar. Auch ihr Schmuck läßt Renaissance-Einflüsse mehr ahnen, als daß sie zur Schau gestellt werden. Wenn Kunstwissenschaftler diese und andere Bauten einem »Stil« zuordnen, so allein wegen der Bauzeit im Rahmen der determinierten Epoche, nicht wegen der sachlichen Kriterien.

Treppentürme sind im Burgen- und Schloßbau keine Seltenheiten gewesen. Sie waren notwendige Kommunikationsmittel und es gab sie darum zuhauf, doch nie in dieser extravaganten, aufs Höchste gesteigerten technischen und künstlerischen Ausführung mitten vor der Fassade eines Herrensitzes. Alle anderen Kunstgriffe der Baukunst werden durch solche Treppentürme in die zweite Reihe gedrängt. Sie sind Statisten der Hauptsache, des Treppenturmes. In seiner zentralen und zentrierenden Position gleicht er einem Juwel in der Fassung. Ohne ihn ist die Fassung eine leere Hülle. Ohne die Fassung jedoch verliert er nichts von seinem Ansehen.

Anders verhält es sich mit jenen Treppen, die nicht einem Treppenturm vor der Fassade zugehören, sondern mit ihrer Außenseite einen Abschnitt der Gebäudefront bilden. Hinter ihr sind sowohl Wendeltreppen als auch gerade einläufig zweiarmige Treppen mit Wendepodest angeordnet worden. Wegen der notwendigen Verbindung mit anschließenden Fluren und Räumen, hat der Antritt im Innern und das Podest an der Außenwand des Gebäudes zu liegen. Damit ergibt sich dasselbe gestalterische Problem wie bei den Treppen-Türmen. Die Brüstungen der Treppen-Fenster müssen einer anderen Höhe zugehören als die der Fassaden-Fenster. Bei der Lösung dieser Aufgabe offenbaren die Baumeister ihre nationalen Charaktere.

In Deutschland werden die Fenster der Treppe ungeniert so eingefügt, wie es funktionell notwendig ist. Bei Wendeltreppen betont man ihre Andersartigkeit oft durch eine dem Anstieg folgende rhomboide Form. Mag jeder sehen, daß sich hier der Aufstieg zu den Geschossen befindet. Es gibt nichts zu verheimlichen.

Französische Baumeister dachten offenbar anders. Für sie ist die Etikette wichtig, das Gehabe *comme il faut*, das angenehme Äußere, der schöne Schein. Nicht von ungefähr, waren französische Sitte und Pariser Mode international maßgebend. So konnte man sich auch im

AZAY-le-RIDEAU (F), château, Fassade des Treppenhauses, 1518–1529.
▷ *W. PRINZ/R. G. KECKS, 1985, S. 283, Abb. 316*

*CHÂTEAUDUN, château,
aile Dunois E. 15. Jh.,
Fassade der gotischen Treppe*

Treppenbau nicht mit einer Fassade abgeben, die durch eigenständige Fenster außer Façon gebracht wird. Die Lösung bestand darin, das Extraordinaire so zu distinguieren, daß es auffallen mußte. Nicht Einordnung oder Unterordnung waren gefragt, sondern Separation von dem für die Gebäudeansicht gültigen System. Das in den Gebäude-Grundriß integrierte Treppenhaus bekam eine eigene Ansichtsseite, eine eigene Fassade. Mit diesem Entschluß war eine Freiheit gewonnen, die dem gestaltenden Baumeister viele Möglichkeiten eröffnete. Er brauchte sich nicht mehr nach den anschließenden Gebäudefronten zu richten, er mußte keine Kompromisse suchen. Wie der Juwelier dem Edelstein konnte der Architekt seinem escalier d'honneur jenen Glanz der Fassung verleihen, die dem Schmuckstück angemessen ist. In diesem Sinne sind die prächtigen Treppenhäuser zu verstehen, die französische Künstler im 15. und 16. Jahrhundert geschaffen haben. Der escalier Principal wurde zum escalier de Parade.

*CHÂTEAUDUN, château,
aile Longueville 1511–1518,
Fassade der Renaissancetreppe*

Beispiele für französische Treppenhäuser hinter der Gebäudeflucht

1493	CHÂTEAUDUN, château, escalier gothique
1511-1518	CHÂTEAUDUN, château, escalier renaissance
1518-1529	AZAY-le-RIDEAU, château, escalier d'honneur
1528-1538	LA ROCHEFOUCAULD, château, escalier d'honneur
vor 1544	OIRON, château, escalier d'honneur

In Frankreich sind die Treppen nicht nur ornamentiert, sie sind nicht allein Schmuck des Hauses, sie wurden selbst zum Schmuck, zum bijou d'architecture. Da die Freude am Ornament dominiert, ist nur an den Kunstformen zu unterscheiden, welcher Epoche die Treppe angehört. Die Konstruktionen profitierten in der Renaissance noch immer von den grundlegenden Leistungen der Gotik. Auch die gerade zweiarmige Lauffigur mit Wendepodest hatte man schon um 1350 im Papstpalast zu Avignon.

Von dem Eingangsportal abgesehen, sind deutsche Wendeltreppentürme selten ornamentiert. Nur einzelne Objekte haben Verzierungen an den Lisenen oder an den Brüstungen. Die meisten Türme sind glatt geputzt. Von außen wäre ihnen kaum anzusehen, ob ihre Bauherren bereits den neuen Renaissanceformen huldigten, wenn die Fenster nicht Indizien böten. Der Schräge des Aufstiegs folgend, sind die Wandöffnungen der Treppen konventionell rhomboid. Der Kontrast mit den rechteckigen Fenstern der anschließenden Gebäudefronten muß den Schönheitssinn jedes Kunstfreundes verletzen, der sich an den harmonischen Verhältnissen italienischer Renaissancefassaden geschult hat. Zweifellos war dies der Grund, daß im Laufe des 16. Jahrhunderts auch rechteckige Treppenturmfenster entstanden.

Beispiele für rechteckige Fenster in Treppentürmen

1524	MARBURG (Lahn), Rathaus
1530-1560	STREHLA (Elbe), Schloß
1537-1595	OSCHATZ, Rathaus
1547 ff.	HEIDELBERG, Gläserner Saalbau
1550 ff.	FREIBURG i. B., Altes Rathaus
1556 ff.	LEIPZIG, Altes Rathaus
1585-1590	DARMSTADT, Rathaus
1586-1590	SCHMALKALDEN, Schloß Wilhelmsburg
2. H. 16. Jh.	BORNITZ bei OSCHATZ, Schloß
~1590?	DRESDEN, Moritzburg
1602-1620	HILLERØD (DK), Schloß Frederiksborg
~1608	DORNBURG bei JENA, Schloß
1. H. 17. Jh.	BERTOLDSBURG, Schloß

Die Rechteckfenster harmonieren nicht mit dem Aufstieg. Innen sind sie auf der einen Seite zu tief und auf der anderen Seite zu hoch. Außen passen sie sich zwar den Gesetzmäßigkeiten der Fassade an, verleugnen aber, daß sie zu einer Treppe gehören.

Synchron mit dieser Neuerung der rechteckigen Treppenturmfenster wurden die älteren rhomboiden Fenster ungeniert weitergebaut. Es scheint, als wollte man mit dieser herkömmlichen, an Spitzbogen erinnernden Form sein Traditionsbewußtsein ausdrücken. Auch haben rhomboide Fenster eine technische Logik für sich, sie sind konsequent, kompromißlos und funktional.

Beispiele für rhomboide Fenster in Treppentürmen

1530-1572	DESSAU, Schloß
vor 1537	MERSEBURG, Schloß
1538-1540	BERLIN, Kurfürstliches Schloß
1541-1553	DRESDEN, Schloß, 3 Treppentürme
1556-1558	ZEHREN bei MEISSEN, Schloß Schieritz
1559	PEGAU, Rathaus
1562-1564	ALTENBURG, Rathaus
1566 ff.	HANNOVERSCH MÜNDEN, Schloß
1572-1578	ROTHENBURG o. d. T., Rathaus
1573-1576	GERA, Rathaus
1580-1585	LEITZKAU (Altmark), Hobeck-Schloß
1585-1588	FRAUENSTEIN, Schloß
2. H. 16. Jh.	WIEN, Graben 14
E. 16. Jh.	PILLNITZ bei DRESDEN, Altes Schloß
1588-1608	HAMELN, Hämelschenburg
1609	MEISSEN, Jahnaischer Freihof

Gleichgültig, ob rechteckige oder rhomboide Fenster, beide Formen machen deutlich, daß man nicht mehr mit Aggressoren zu rechnen braucht, die es auf das Kommunikationselement Treppe im Gebäude abgesehen haben, um es nutzen oder zerstören zu können. Hier zeigt sich das neue Lebensgefühl ganz deutlich. Die Bewohner des Hauses müssen die sensiblen Verbindungslinien ihrer Existenz nicht verbergen. Man darf sie demonstrativ offenlegen.

Im Widerstreit zwischen rhomboiden und rechteckigen Fenstern haben einige Baumeister eine geradezu geniale Lösung gefunden: Sie belichteten die Aufstiege in ihren Treppentürmen durch kreisrunde Öffnungen. Kreisrunde Fenster gibt es zur selben Zeit auch an einigen Feudalbauten, wie am Alten Schloß in Pappenheim (Mittelfranken).

Beispiele für runde Fenster an Treppentürmen

~1530-1540	DIPPOLDISWALDE, Schloß
1591	NÜRNBERG, Schloß Schopperhof
~1600	FREIBERG (Sa.), Kirchgasse 15

Dem Zeitgeschmack huldigend, kommen später auch elliptische Fenster vor, wie zum Beispiel am achteckigen Treppenturm des Hauses Burgstr. 4 in Nürnberg.

*TORGAU, Schloß Hartenfels,
Großer Wendelstein,
K. Krebs 1535 f.
▷ Foto: R. Worel 1970,
Brandenburgisches Landesamt für
Denkmalpflege, 10178 Berlin*

14. Verbesserung der Belichtung

An das Steigen dunkler, nur spärlich durch Lichtschlitze erhellter Mauertreppen hat man sich zu keiner Zeit gewöhnen wollen. Wo es anging, wurde die Wandung durchbrochen, in einzelne Fenster geöffnet oder gar in Arkaden. In Zeiten permanenter äußerer Bedrohung konnte die Belichtung nur von der unbedrohten Seite her erfolgen, zum Beispiel von einem Hof. Aber auch diese Lösung war nicht unproblematisch, weil es noch kein Mittel gab, die andere Bedrohung durch schlechtes Wetter – Sturm, Regen, Schnee und Eis – abzuwehren. Deshalb finden wir die ersten großen Lichtöffnungen für Treppen neben Innenräumen, in Kirchen und Refektorien. Hier gab es den erwünschten Wetterschutz, und eine kriegerische Bedrohung war im Prinzip auch auszuschließen.

Beispiele für eine geöffnete Treppenwandung im Mittelalter

1211-1235	LIMBURG a. d. L., Dom, Emporentreppe
1212 beg.	TRIENT (I), Dom, Außenwand der Seitenschiffe
A. 13. Jh.	CHESTER (GB), Kanzel im Refektorium
~1230	HERFORD, Münster, Emporentreppe
1233-1239	MAINZ, Dom, Lettnertreppen
2. V. 13. Jh.	BEVERLEY (GB), Münster, Treppe zum Kapitelhaus
1. H. 13. Jh.	ESCATRÔN (E, Zaragoza), Monasterium de Rueda, Refektorium
M. 13. Jh.	ALCOBAÇA (P, Leira), Klosterrefektorium
M. 13. Jh.	BERGEN (N), Håkonshallen
~1260	NAUMBURG, Dom, Lettnertreppen
E. 13. Jh.	WELLS (GB), Kathedrale, Kapitelhaus

Die aufgeführten Beispiele sind Einzelerscheinungen, mit denen der Sakralbau jedoch zur Avantgarde wurde. Für Baumeister, die riesige Kathedralen wölben konnten, war die Anlage von Lichtöffnungen in Treppengehäusen kein Problem. In Pfeiler oder Säulen aufgelöste Wandungen gibt es bereits vom 11. bis ins 13. Jahrhundert als Zwerggalerien und Triforien, für Wendeltreppen in höchster Position an den Kathedralen von Prag (1371)[83] und Straßburg (1399-1439)[84] sowie auf den Türmen der Kirchen in Heilbronn (1513-1529)[85] und in Denzlingen (1547)[86]. Diese und andere Beispiele bezeugen allerdings nicht den Wunsch nach großen Öffnungen, sondern allein den Ehrgeiz, ein artistisches Können zu beweisen und darzustellen.

Spätestens seit dem 15. Jahrhundert haben die Belichtungsöffnungen der Treppen auch nach außen keinen Schießschartencharakter mehr. Sie wurden der Größe üblicher Zimmerfenster angeglichen, verschiedentlich – dem Anstieg der Treppe folgend – in rhomboider Form. Mit dem Schritt vom Belichtungsschlitz zum Fenster änderten sich überall die Bedingungen für den Treppenbau grundlegend: Die Stufen liegen nicht mehr im Halbdunkel des Gehäuses. Die bessere Sicht verbessert die Sicherheit des Steigens. Die Größe der Öffnungen ermöglicht den Ausblick und den Einblick zugleich. Man sieht und wird gesehen. Das Treppen-Haus wird zur Bühne der Selbstdarstellung. Es gewinnt an Reputation. Dazu gehören auch flachere Stufen, die ein bequemes, ein müheloses Schreiten erlauben.

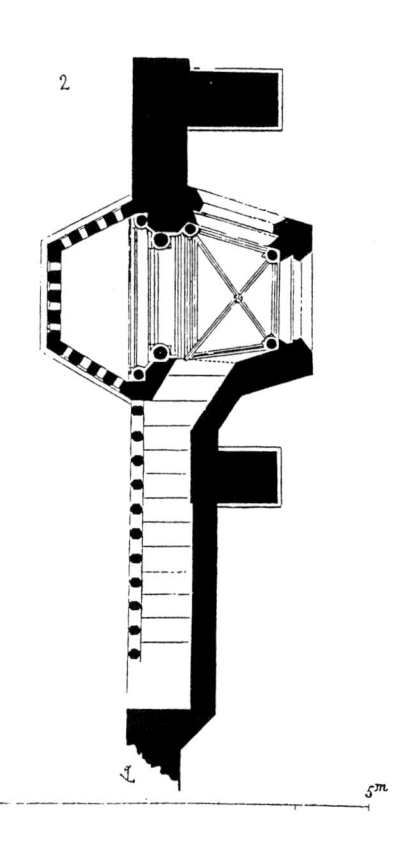

Abtei St.-Martin-des-Champs, Kanzel im Refektorium, Ansicht und Grundriß M 1:100
▷ *E. VIOLLET-le-DUC a.a.O., T. II, p. 408, 410*

Die bessere Belichtung verlangt nach einer schöneren Ausstattung des Gehäuse-Inneren, nach reliefierten Spindeln, nach skulptierten und bemalten Wänden. Die Konsequenz ist aber nicht zwingend. Je größer die Öffnung, um so geringer werden die verbleibenden Dekorationsflächen. Wenn auch noch der Spindel-Mantel, der in Frankreich fast konventionell reich verziert worden ist, entfällt, weil das Zentrum als Hohlspindel konstruiert wurde, können sich schmückende Ideen nur noch auf die Stufen konzentrieren. Da die Trittflächen einem ständigen Abrieb unterliegen, bleiben nur zwei Möglichkeiten: die Form der Stufen und ihre Unterseite. Die für Stufen obligatorische radiale Grundform läßt sich nur wenig runden oder schweifen. Größer sind die Möglichkeiten an der Stufen-Unterseite. Hier bietet sich eine schier unendliche Neigungsfläche in der Breite des Treppenlaufes, die sich durch Rillen und Kerben akzentuieren oder durch Ornamente jeder Art verzieren läßt (s. Kapitel 11).

Für das Streben nach Befreiung von mittelalterlichen Bauzwängen ist die Albrechtsburg in Meißen ein Musterbeispiel. Während dort der kleine, um 1500 gebaute Wendelstein nur sehr bescheidene Fenster bekam, hatte Arnold von Westfalen den um ein Vierteljahrhundert älteren Großen Wendelstein mit enormen Belichtungsöffnungen ausgestattet. Das Nonplusultra aber war Konrad Krebs mit seinen Prachttreppen der Schlösser in Torgau (1534-1536) und Berlin (1538-1540) gelungen. Nur mit riesigen gotischen Kirchenfenstern vergleichbar, ist die Außenwandung dieser Wendelsteine auf ein tragendes Stützensystem reduziert, in das die Stufen eingespannt sind. Die Treppentürme in Meißen, Torgau und Berlin sind mehr als nur Prestigeobjekte ihrer Bauherren. Weder die häusliche Kommunikation noch die Bequemlichkeit ließen sich durch sie verbessern. Aber die Architektur der Schlösser erhielt durch sie einen neuen, offeneren Charakter, den es in dieser Weise zuvor nicht gegeben hatte.

Größere Belichtungsöffnungen erhöhen zwar das Prestige des Bauherrn und des Baumeisters, aber es ergeben sich Konsequenzen, deren Nachteile inkaufzunehmen sind, wenn man sie nicht bewältigen kann. Große Fenster setzen die Treppe der Witterung aus. Ein Sommerregen mag hingenommen werden, Winter mit Schnee und Frost dagegen können jede Kommunikation behindern oder verhindern. Große Öffnungen sind deshalb nur eine Angelegenheit der Repräsentation, nicht der Bequemlichkeit. Bequem steigt es sich nur, wenn die Öffnungen als Fenster geschlossen werden können.

Arnold von Westfalen hatte dieses Problem bereits erkannt und gemeistert. Um die Nachteile ungünstiger Witterung zu kompensieren, umgab er die Haupttreppe der Albrechtsburg mit Loggien, die den nötigen Wetterschutz und zugleich willkommene Aussichten bieten. Auch sind sie Ruheplätze für diejenigen, denen der Aufstieg über mindestens drei Geschosse beschwerlich fällt. Schon um 1471 ist in Meißen für Bequemlichkeit unter verschiedenen Bedingungen gesorgt worden. Andere, bescheidenere Sitzgelegenheiten zum Ausruhen finden sich in Sachsen erst ~1500 in Wittenberg, 1527 in Hinterglauchau, 1545 in Pomßen und 1551 in Rochsburg.

15. Resumee

Grundlage der vorangegangenen Recherchen war die Überlegung, daß ein neues Lebensgefühl neue Produkte hervorbringen müsse, daß mit einer neuen Architektur auch neuartige Treppen entstehen. So unstreitig die These ist, so wenig genau ist der Zeitpunkt dieses Wandels bisher geprüft worden. Ihn allein durch das Auftreten einer anderen Dekoration bestimmen zu wollen, mag für Kunsthistoriker genügen, die den Anfang der Renaissance in Deutschland mit der Ausstattung der Fuggerkapelle (1509-1518) in Augsburg gleichsetzen. Doch ist das ein Einzelfall. Das Leben und die implizierten Empfindungen erschöpfen sich nicht in Kunstformen. Diese werden nur von einem kleinen Teil der Bevölkerung verstanden, geschätzt und übernommen. Weit näher ist den Menschen das, was sie körperlich erfahren, zum Beispiel ihre Kleidung oder das Ambiente des Wohnens. Zu den haptischen Erfahrungswerten gehören auch die Treppen. Unter allen Bauteilen reflektieren sie am genauesten die Lebensgewohnheiten ihrer Benutzer. Eine Untersuchung ihrer ursprünglichen Beschaffenheit und ihrer Veränderungen läßt Rückschlüsse zu, welche die oben gestellte Frage nach dem Zeitpunkt des Wandels beantworten können. Um möglichst überzeugende Ergebnisse zu erhalten, ist die generelle Frage in 14 Teilbereiche aufgeschlüsselt worden.

1. Position der Treppen im Gebäudegrundriß
Der Übergang vom gotischen Bau-Denken zu Renaissance-Ideen dürfte für den Fall der Positionierung zwischen dem Ende des 15. und der Mitte des 16. Jahrhunderts liegen.

2. Außentreppen und Freitreppen
Während Außentreppen von alters her als notwendige Treppen gebaut wurden und wegen der zu befürchtenden Aggressionen so einfach wie möglich, ohne jeden Aufwand, blieben, haben Freitreppen die Aufgabe, einladend zu wirken und zu repräsentieren. Die Intentionen sind gegensätzlich und prinzipiell zeitlos, unabhängig von allen Kunstrichtungen. Allein die Quantität von Bedrohung und Abwehr beziehungsweise von Geltungsstreben und Kommunikationsbedürfnis läßt sich an der Qualität der Treppen erkennen. Wenn die eine oder andere Ursache mit dem Lebensgefühl einer Epoche übereinstimmt, gewinnen Freitreppen eine spezielle Aussagefähigkeit. In dieser Hinsicht scheinen sich Gotik und Renaissance nicht zu unterscheiden.

3. Reittreppen und Reitrampen
Für ein neues Lebensgefühl, das Komfort und Bequemlichkeit bevorzugt, sind Reittreppen deutliche Interpreten. Ihre Bauzeiten – seit der Wende vom 15. zum 16. Jahrhundert – liegen inmitten des Trends. Sie profitierten von italienischen Einflüssen, die künstlerisch in Mitteleuropa noch nicht erkennbar waren, und bereiteten eine Lebenshaltung vor, die der neuen Kunst huldigen konnte.

4. Zwillingswendeltreppen

Die Konstruktion von Zwillingswendeltreppen ist 1371 f. von Peter Parler am Prager Veitsdom vorbereitet worden. Sie markiert um 1440 erstmals eine neue Art des Steigens, die sich mit den Bestrebungen der Renaissance verbinden läßt, aber im 15. und 16. Jahrhundert nur ein sehr geringes Interesse wecken konnte; dies allein im ehemals habsburgischen Hoheitsgebiet.

5. Geradarmige Treppen

Wenn geradarmige Treppen mit Wendepodest – ungeachtet ihres wirklichen Alters – allgemein als Kriterium für die Baukunst der Renaissance in Anspruch genommen werden, so ist dies Verfahren zwar fragwürdig, aber praktisch. Das Datum 1490 für die erste nachmittelalterliche deutsche Treppe mit 2 geraden, parallelen Armen beweist einen italienischen Einfluß etwa zwei Jahrzehnte vor dem Bau der Fuggerkapelle in Augsburg (1509-1518).

6. Vermeidung gefährlich schmaler Auftrittflächen

Die amtliche Datierung der Doppelwendeltreppe in der Stuttgarter Stiftskirche ist aus mehreren Gründen fragwürdig[87]. Auch der Vergleich mit anderen Distanzkerben läßt eine um etwa hundert Jahre spätere Entstehung vermuten. Wenn dieser Verdacht zutrifft, kamen Distanzkerben allgemein erst im 15. Jahrhundert auf, zeitgleich mit dem Bau starker Spindeln in Frankreich und synchron mit der Nachahmung italienischer Renaissanceformen nördlich der Alpen.

Ungeachtet ihrer Unvollständigkeit zeigen alle Tabellen, daß die Humanisierung des Treppenbaues, fixiert auf die beiden Kriterien Sicherheit und Bequemlichkeit, bereits im 14. Jahrhundert einsetzte, zu einer Zeit, die kunsthistorisch noch der Gotik zugerechnet wird. Auch wenn die im Treppenbau angewendeten Methoden technischer Natur sind, trugen sie doch auf ihre Weise zu einer Wandlung des Bewußtseins bei, das sich folgerichtig auch künstlerisch äußerte.

7. Laufbreiten

Allgemein wurden die als Kriterium geltenden, mehr als 120 cm breiten Treppen in Deutschland seit der 2. Hälfte des 15. Jahrhunderts gebaut, rd. vier Jahrzehnte vor der Fuggerkapelle in Augsburg (1509-1518).

8. Stufen

Von Einzelfällen abgesehen, wählte man seit dem Beginn des 16. Jahrhunderts flachere Stufen. Vermutlich hat der seit der Entdeckung Amerikas steigende Wohlstand zu einer Konjunktur auch im Bauwesen geführt. Mit den Neubauten ließen sich langgehegte Wünsche verwirklichen, die auf Komfort und Bequemlichkeit zielten. Ihre Gleichzeitigkeit mit der künstlerischen, aus Italien kommenden Neuorientierung dürfte zufällig sein, wenn man nicht den Wohlstand als gemeinsame Basis ansehen will, der sowohl das eine als auch das andere ermöglichte und der Reputation diente.

9. Handläufe
Die früheste bisher feststellbare Steigehilfe in Form eines Handlaufes entstand etwa vier Jahrzehnte vor den ersten deutschen Renaissance-Formen in der Augsburger Fuggerkapelle (1509-1518). Sie wurde durch den Nutzen erzwungen, aber vom Geltungsstreben gefördert.

10. Treppengeländer
Geländer dienten ursprünglich weit mehr der Repräsentation potenter Bauherren als der Sicherheit von Treppenbenutzern. Erst im Mittelalter verlangten karitative Bedürfnisse nach Steigehilfen, vornehmlich in Form von Handläufen. Das in kunstvollen Geländern geäußerte Schmuckbedürfnis war der Gotik ebenso eigentümlich wie der Renaissance. Dabei ist bemerkenswert, daß gotische Formen so lange beliebt blieben, bis sich die Renaissance überlebt hatte. Die barocke Ornamentik fußt ebensosehr auf gotischen Vorleistungen wie auf der Adaption antiker Ordnungen. Charakteristisch für die Epoche der deutschen Renaissance ist, daß sich in ihr die verschiedenen Einflüsse überlagerten und einen Nährboden bildeten, auf dem unterschiedliche Ideen wachsen konnten.

11. Dekorationen
Das Vorhandensein von Schmuck ist kein Zeichen einer bestimmten Kulturstufe oder künstlerischen Epoche. Von den Feigenblättern des Paradieses über die Höhlenmalereien und die Body Art bis zu dem Bilderreichtum der Neuzeit gehören schmückende Attribute zu den Grundbedürfnissen menschlichen Daseins. Das gilt auch für Gegenstände des wohnlichen Gebrauchs, wie Treppen. Nicht der Horror vacui, sondern der Drang, entweder selbst schöpferisch tätig zu sein oder fremde Leistungen zu reflektieren und zu besitzen, verlangt nach dem Dekor. In dieser Grundsätzlichkeit unterscheiden sich Gotik und Renaissance nicht. Ende und Anfang der Kunstformen zu suchen, mag Spezialisten überlassen bleiben.

12. Räume
Lebensgefühl und Raumempfinden sind eng verwandt. Ändert sich das eine, muß es das andere beeinflussen, nicht sofort, aber zwangsläufig. Die Listen zeigen, daß in Deutschland etwa eine Generation nach der Augsburger Fuggerkapelle, die noch mit einem hohen, gotisch anmutenden Raum aufwartet, planimetrisch erdachte Räume modern wurden. Es ist etwa die gleiche Zeit, in der auch Andrea Palladio (1508-1580) Bauten schuf, die primär vom Grundriß her entwickelt sind. Die Proportionslehren von Leone Battista Alberti (1404 bis 1472) dagegen waren postum 1485 erschienen, mehr als sechzig Jahre nach Brunelleschis Florentiner Findelhaus (1421 ff.), jenem Bau, mit dem die Renaissance in Italien begann. Die Änderung des Raumempfindens ist nicht durchgängig konstatierbar. Die Beziehung der Menschen zu den von ihnen genutzten Räumen richtet sich nach den gesellschaftlichen Verhältnissen, nach der Bildung der Bauherren und nach dem Vermögen, das Neue zu verwirklichen.

13. Treppentürme

Es waren die großen Meister gotischer Baukunst, Peter Parler und Johannes Hültz, die 1372 und 1419-1439 den Wendeltreppen höchste Ränge einräumten und sie damit aus ihrer bescheidenen Dienstbarkeit befreiten. Als dann im 15. und 16. Jahrhundert die Bauherren merkten, welches Renommee sich mit dem Bau kostbarer Aufstiege erzielen ließ, war der Weg vom Treppenbau zur Treppenarchitektur gebahnt. Von dem extraordinären Eindruck, den die deutschen Wendeltreppentürme, die französischen Paradetreppen und die grandiosen italienischen Aufstiege hervorriefen, profitierte die Baukunst des 17. und 18. Jahrhunderts mit ihren meisterlichen Schöpfungen, die aus dem schlichten gestuften Verbindungsweg einen künstlerischen Mittelpunkt des Hauses werden ließen.

14. Verbesserung der Belichtung

Bestrebungen, die vertikale Kommunikation durch Öffnungen zu erhellen, die größer sind als zur Verteidigung nötig ist, gibt es seit dem Beginn des 13. Jahrhunderts. Auch wenn Arnold von Westfalen 1471 mit seinem Wendelstein an der Meißener Albrechtsburg in dieser Entwicklung einen neuen Akzent setzte, sind die Übergänge fließend. Eine deutliche Zäsur, die der Renaissance zuzurechnen wäre, ist nicht erkennbar, weil man zu allen Zeiten die sich bietenden Gelegenheiten einer verbesserten Lichtzufuhr nutzte.

Verwendet man »Renaissance« als Stilbegriff, ist eine Deckungsgleichheit mit einem neuen Lebensgefühl nicht erkennbar. Die Basis für Lebensweisen und Weltanschauungen ist weitaus differenzierter als eine Kunst-Epoche. Sie läßt sich nicht auf einen Zeitabschnitt eingrenzen. Wünsche nach körperlicher und geistiger Freiheit, nach Wohlergehen und Bedürfnisbefriedigung sind allzu menschlich, ausgebreitet in der illusionären Sorgenfreiheit eines Paradieses ebenso wie in den Träumen von Schlaraffenland und fleißigen Heinzelmännchen. Heinzelmännchen sind in Form von Robotern und Computern Wirklichkeit geworden. Wünsche nach Verbesserungen dagegen sind zu extensiv, als daß sie an eine Grenze stoßen könnten. Die hier versuchten Analysen zeigen deshalb große Spannweiten, selbst bei der Beschränkung auf einzelne Kriterien.

Alle Beispiele und Vergleiche beweisen, daß es keine auf wenige Jahre zu begrenzenden Anfänge und Enden eines »Stiles« gibt. Die Übergänge fließen. Als »rein« erachtete Stilformen sind letztlich nur Exponenten einer akademischen Purifizierung, die in der Praxis zu selten vorkommt, um als Norm gelten zu dürfen. Die zahllosen Varianten, Mischungen und zeitlichen Verschiebungen führen jede Theorie ad absurdum. Es kommt darauf an, wo man die Akzente setzen will. Auch Übergänge haben ihre Höhepunkte, wie der sogenannte Übergangsstil des 13. Jahrhunderts. Die Frage nach den Anfängen der Renaissance kann nicht summarisch beantwortet werden. Es ist nötig, für die einzelnen Vorboten den Beginn ihres Auftretens festzustellen.

Damit ist allerdings nicht geklärt, ob die neue Kunstanschauung Fuß gefaßt hat und ob sie Allgemeingut geworden ist. Es könnte sich auch um einen Fremdling gehandelt haben, der keine Wurzeln schlug. Am Beispiel Nürnberg wird deutlich, daß die Renaissance nur eine Art Mitläufer neben der heimischen Gotik werden konnte. Gewiß, man hat sich an dem neuen Geschmack delektiert, man übernahm ihn, um up to date zu sein. Man leistete sich 1616-1622 sogar einen Rathausbau in Renaissance-Formen, aber letztlich doch wohl nur, weil das konkurrierende Augsburg ein Jahr zuvor mit einem Aufsehen erregenden Stadthaus begonnen hatte. Das Prestige stand auf dem Spiel. Die Begeisterung für die Renaissance war weniger überwältigend. Das reichsstädtische Selbstbewußtsein bevorzugte bis in das 17. Jahrhundert gotisch formulierte Traditionen. Lokal, national und international verbindet man mit Nürnberg die gotischen Gotteshäuser St. Sebald (~1235-1483) St. Lorenz (~1260 bis 1568) und die Frauenkirche (1352-1508). Auf dem Hauptmarkt steht wie eine gotische Fiale der Schöne Brunnen (1385-1396). Daß es außerdem Renaissance-Brunnen gibt, von denen der Tugendbrunnen neben der Lorenzkirche wie ihr kleiner Assistent wirkt, scheint symptomatisch zu sein. Der winzige Vertreter der Renaissance markiert neben dem riesigen Werk der Gotik die Wertstufe, auf die man in Nürnberg die Renaissance stellte.

Diese bewußt quantitativ bewerteten Beispiele aus Nürnberg haben in Deutschland viele Parallelen. Die Renaissance war selten eine Kunstströmung, die das Volk und seine Handwerkerschaft von Grund auf reformiert hätte. Dafür fehlten im 16. Jahrhundert noch die allgemeine humanistische Vorbildung und die bis in die Antike reichenden Geschichtskenntnisse. Das scholastische, mit der gotischen Formensprache scheinbar identische System der katholischen Kirche wirkte nach. Erst die Reformation aktivierte alle Schichten des Volkes und ließ die Renaissance im wörtlichen und gestalterischen Sinne zum Träger einer Erneuerungsbewegung werden. Doch trug der Träger nicht alle und alles. Daß die neue Kunst nicht zum Identifikationsfaktor der Architektur wurde, belegen viele Kirchen und Schlösser. Die Kraft des Mittelalters wirkte bis in die Neuzeit. Der junge Goethe war nur einer ihrer vielen Fürsprecher[88], und die Neugotik legte auf ihre Weise Zeugnis von ihren tiefen Wurzeln ab. Letztlich sind die modernen Skelettkonstruktionen auch nur eine Fortsetzung genialer Ideen, die nicht in der Antike entstanden sind.

Unter den Bauten des 16. Jahrhunderts, deren Eigentümer mit Treppen brillieren wollten, ragen drei Objekte besonders hervor: die Schlösser in Torgau, Berlin und Mergentheim. Alle drei profitierten von der Kunstfertigkeit gotisch geschulter Baumeister und Steinmetze. Daß die Bauherren und Baumeister ihr Werk in dem als zeitgemäß geltenden Geschmack dekoriert wissen wollten, ist eine verständliche, aber unbedeutende Äußerlichkeit.

Anmerkungen

1. Die Fuggerkapelle St. Anna gilt als der erste Renaissanceraum nördlich der Alpen.
▷ »Welt im Umbruch«, 1980, S. 100.
2. ▷ F. MIELKE: »Mensch und Treppe«, 1988, S. 270-274.
3. L. B. ALBERTI: »De re aedificatoria«, 1452 (1485), Bd. 1, Cap. XIII; Übers.: Durch die Treppen wird ein guter Entwurf für ein Haus verhindert. Leute, die vor den [Problemen der] Treppen Ruhe haben wollen, sollen die Treppen selbst in Ruhe lassen.
4. M. L. GOTHEIN: »Geschichte der Gartenkunst«, Jena 1926, Bd. II, S. 118.
5. F. MIELKE: »Die Styrakia und die Pfalzkapelle Karls des Großen« in »SCALALOGIA«, Bd. VI, Collectaneen 3, S. 30-38.
6. ▷ A. HAUPT: »Baukunst der Renaissance in Frankreich und Deutschland«, 1923, S. 263 f.
7. ▷ J. v. FURTTENBACH: »Architectura universalis«, 1635, S. 56;
▷ D. HARTTMANN: »Bürgerliche Wohnungs-Baw=Kunst«, 1688, S. 28.
8. Die Königshalle in Asturien ist später zur Kirche Sa. Maria de Naranco geweiht worden und dadurch erhalten geblieben.
9. ▷ N. N.: »Untersuchungen«, 1788, Reprint 1986, S. 72, No. 3.
10. L. HAUTECŒUR: »La Bourgogne – L'architecture«, T. II, Paris 1929, p. 118.
11. H. Baron v. GEYMÜLLER: »Die Baukunst der Renaissance in Frankreich«, Handbuch der Architektur, T. II, Bd. 6, Stuttgart 1898, S. 72, Fig. 26.
▷ E.-E. VIOLETT-le-DUC: »Dictionnaire«, T. V 1861, p. 292.
H. STEIN: »Le Palais Justice et la Sainte-Chapelle de Paris«, Paris 1912.
12. Vgl. die Papyrushandschrift aus einem Grab in Deir-el-Dahari, 21. Dynastie (1185-950 v. Z.), jetzt im Metropolitan-Museum, New York.
I. WOLDERING: »Ägypten. Die Kunst der Pharaonen«, Baden-Baden 1979, S. 59.
13. S. SERLIO: »Tutte l'opere d'Architettura et Prospetiva«, Venedig 1540, 1550, 1619.
14. P. MURRAY: »Renaissance«, 1989, S. 177.
15. G. KAUFFMANN: »Florenz und Fiesole«, Reclams Kunstführer Italien Bd. III, 1, 3. Auflage Stuttgart 1975, S. 146.
Nach dem von Lorenzo Medici (1515-1547) 1537 ermordeten Tyrannen Alessandro de Medici, der von Kaiser Karl V. als Herzog eingesetzt worden war, übernahm Cosimo Medici (1519-1574) die Herrschaft über Florenz und und wurde 1569 von Papst Pius VI. in seinem Amt als Großherzog der Toskana bestätigt. Panofsky irrte, wenn er schon zur Erbauungszeit der Treppe (vor 1560) von einem Großherzog schreibt. Richtig ist: Herzog von Florenz.
16. Im rechnerischen Mittel sind es 11 Steigungen zu 17,36 cm.
17. Ercolano, Insula V, 8. ▷ F. MIELKE: »Handbuch«, 1993, S. 250.
18. Aufmaß von Dr.-Ing. K.-A. Heise, Trier, am 12.4.1981.
19. ▷ F. MIELKE: »Schloßtreppen um 1600 in Dänemark«,1976, S. 65-70.
20. ▷ F. MIELKE: »Transzendente Treppen«, 1996, S. 30 ff.
21. ▷ F. MIELKE: »Handbuch«, S. 73 f.
22. ▷ F. MIELKE: »Handbuch«, S. 85.
23. H. HONDIUS: »Onderwijsinge in de Perspective Conste«, 'sGraven-Haghe 1624.
J. MOXON: »Practical Perspective; or Perspective made easie«, London 1670.
24. Ludwigsburg, Schloßkirche, G. d. Frisoni 1715 ff.
25. Gößweinstein, Wallfahrtskirche zur Heiligsten Dreifaltigkeit, Kanzeltreppe.
26. ▷ J. v. FURTTENBACH: »Architectura universalis«, 1635, S. 56.
▷ D. HARTTMANN: »Bürgerliche Wohnungs-Baw=Kunst«, 1688, S. 28.
27. Z. B. Gelnhausen, Kaiserpfalz 1180.
▷ F. MIELKE: »Handbuch«, 1993, S. 93 ff.
28. ▷ F. MIELKE: »Handbuch«, S. 283 f.
29. ▷ J. A. GOTCH: »Early Renaissance«, 1901, p. 189.
30. ▷ J. A. GOTCH: »Early Renaissance«, 1901, p. 49.
31. ▷ F. MIELKE: »Handbuch«, 1993, S. 230 f., Liste S. 232.
32. Zu dem alten Corso in der Mitte hat Papst Sixtus V. (Felice Peretti 1585-1590) zwei seitliche Straßenzüge trassieren lassen, Via di Repetta und Via del Babuino.
33. Die städtebauliche Anlage dürfte auf Jules Hardouin-Mansart zurückgehen, der 1679-1685 die Marställe in den Zwickeln an der Place d'Armes errichten ließ. Die drei von dort ausstrahlenden Achsen sind die Avenue de St.-Cloud, die Avenue de Paris und die Avenue de Sceaux.

34 ▷ F. MIELKE: »Geschichte«, 1966, S. 50 und S. 197.
35 »Meyers Konservations-Lexikon«, 4. Aufl. Leipzig 1887, Bd. VII, S. 418.
36 J. JAHN: »Wörterbuch der Kunst«, 11. Aufl. Stuttgart 1989, S. 700.
37 Entstanden 1848 nach der Parole der Französischen Revolution »*La fraternité ou la mort*«, aufgegriffen vom Fürsten Bernhard v. Bülow während einer Reichstagsrede im Dezember 1903. G. BÜCHMANN: »Geflügelte Worte«, Berlin 1961, S. 698.
38 F. BLONDEL: »Cours d'architecture«, 2., erw. Aufl. 1698, Chap. XIV, p. 693.
39 O. SCHMITT (Hrsg.): »Reallexikon zur Deutschen Kunstgeschichte«, Bd. III (1950), S. 826 f.
40 Régence: Stilrichtung der frz. Kunst zur Zeit der Regentschaft des Philippe von Orléans (1715-1723).
41 ▷ F. MIELKE: »Handbuch«, 1993, S. 263-265.
42 ▷ F. MIELKE: »Handbuch«, 1993, S. 266.
43 ▷ F. MIELKE: »Handbuch«, 1993, S. 267-269.
44 E. PANOFSKY: »Die Treppe der Libreria di S. Lorenzo«, in: »Monatshefte für Kunstwissenschaft«, 15. Jg. 1922, S. 262-274, mit 1 Tafel.
45 ▷ F. MIELKE: »Handbuch«, 1993, S. 265.
46 J. DURM: »Die Baukunst der Renaissance in Italien«, Handbuch der Architektur, Teil I, Bd. 5, 2. Aufl. Leipzig 1914, S. 226, Abb. 175 a und b.
47 ▷ F. RAUSCHER: »Der Bau steinerner Wendeltreppen«, 1889, Textbd. S. 53-56, Tafelbd. Blatt 16. Abb. auch bei ▷ F. MIELKE: »Handbuch«, 1993, S. 242.
48 Heute im Musée de Cluny. Abb. bei ▷ L. HAUTECŒUR: »La Bourgogne – L'architecture«, 1929, p. 698, Fig. 302.
49 Obwohl Nürnberg eine Stadt mit alter Tradition ist, sind die historischen Häuser äußerst mangelhaft erforscht. Die im Oktober 1996 schriftlich gestellten Fragen nach den Bauzeiten der Häuser und ihrer Treppen konnten vom Denkmalamt des Nürnberger Hochbauamtes und vom Archiv nicht beantwortet werden.
50 H. KOCH: »Gedanken eines Einsamen«. Der unbekannte Michelangelo in Rede und Prosa, Hamburg 1914, S. 18. In seiner Anmerkung (S. 90) schreibt der Herausgeber: »*Dieser von Nougaret (Anecdotes) überlieferte Ausspruch wird von Steinmann-Wittkower angezweifelt. Hollanda führt jedoch in seinen Gesprächen ebenfalls ein Lob Dürers aus Michelangelos Munde an.*«
51 ▷ G. v. BEZOLD: »Die Baukunst der Renaissance«, 1908, Teil II, Bd. 7, S. 5.
52 F. DEUCHLER: »Schweiz und Liechtenstein«, Reclams Kunstführer, Stuttgart 1968, S. 112.
53 Von späteren Ergänzungen (Bügel und Kreuz) abgesehen, dürfte die Reichskrone um 962 zur Kaiserkrönung Ottos I. angefertigt worden sein. Sie besteht aus Gold, das mit Edelsteinen und Perlen verziert ist. Auf den Schilden sind Christus als Weltenherrscher und die alttestamentlichen Könige Ezechias, David und Salomo dargestellt. Die Krone hat einen Durchmesser von 24 cm und ist 15,6 cm hoch. Sie wird in der Weltlichen Schatzkammer der Wiener Hofburg aufbewahrt.
Ausstellungskatalog »Werdendes Abendland an Rhein und Ruhr«, Essen 1956, S. 229, Nr. 388.
M. DURLIAT: »Die Kunst des frühen Mittelalters«, Freiburg/Basel/Wien 1987, Abb. 556 und 466.
54 ▷ E. AUGST: »Das Deutsche Möbel«, S. 56.
55 ▷ W. QUINGER: »Die Wappen von Hamburg I«, 1983, S. 26.
56 Aus der Literatur geht nicht hervor, welcher Ort gemeint ist. Es gibt diesen Ortsnamen bei Husum und bei Rendsburg. Beide liegen in Schleswig-Holstein.
57 ▷ S. HINZ: »Innenraum und Möbel«, 1989, Abb. 259.
58 Jetzt im Nationalmuseum Kopenhagen, Saal 36, Inv.-Nr. 16143.
59 Bei ▷ G. PAULY: »Das Altkieler Bürger- und Adelshaus«, 1924, ist irrtümlich die Haus-Nr. 20 angegeben. Die Korrektur wird dem Landesamt für Denkmalpflege Schleswig-Holstein in Kiel verdankt. Herr Dr. Lutz Wilde hatte die Freundlichkeit, sich in seinem Schreiben vom 30.7.1997 zu diesem Objekt zu äußern.
60 Die Wendeltreppe wurde beim Umbau der Kirche 1878-1884 in das nördliche Seitenschiff versetzt. Dort ist sie 1944 bei einem Luftangriff zerstört worden.
61 Die Wendeltreppe wurde 1892 nach Hannover in das Leibnizhaus transloziert. Dort ist sie 1943 verbrannt.
62 Heute im Landesmuseum Kiel.
63 Diesbezügliche Informationen werden Herrn Dr. Hans-Hartmut Schauer vom Landesamt für Denkmalpflege Sachsen-Anhalt verdankt.

64 Vgl. das von James Thompson (1700-1748) gedichtete Lied »Rule, Britannia, rule the waves«, das als Bestandteil des Dramas »Alfred« am 1.8.1740 erstmals öffentlich gesungen worden ist und einen Trend markiert, den es schon zuvor gegeben hat.
65 In Dänemark wird Heinrich Ringelink *Henrik Ringerink* genannt. Kopenhagen, Nationalmuseet, Inv.-Nr. 16143; ▷ G. BENZON: »Gamle danske trapper«, 1987, S. 123 f.
66 ▷ G. BENZON: : »Gamle danske trapper«, S. 59 ff.
67 Klauwstukken sind symmetrisch angebrachte Zierrate aus Stein oder Holz. Der Name leitet sich von den Klauen eines Tieres her. Die Mitte – ein Giebel, Portal o. ä. – wird von beiden Seiten, wie mit Klauen, eingefaßt und festgehalten.
68 Beispiel: Fachwerkhaus in Troyes (F), 14 rue Ganguerie, 16. Jh., Bauaufnahme: Jullien und Negre vom 20.9.1944 im »Centre des Recherches sur les Monuments Historique«, Paris, Inv.-Nr. D 431.
69 Beispiel: Bauernhaus in Lesmont (F, Departement Aube) von 1577. Bauaufnahme: Jullien und Negre vom 20.9.1944 im »Centre des Recherches sur les Monuments Historique«, Paris, Inv.-Nr. 2174.
70 ▷ E. AUGST: »Das Deutsche Möbel«, 1950, S. 56.
71 J. JAHN/W. HAUBENREISSER: »Wörterbuch der Kunst«, Stuttgart 1989, S. 65.
72 Vgl. Anmerkung 26.
73 Vgl. die schmiedeeiserne Spindeltreppe von 1661 in der Maria-Magdalena-Kirche zu Breslau. Der Kunstschmied heißt Georg Rolcke.
▷ »SCALALOGIA«, Bd. IV 1990, S. 13 ff.
74 M. MESSINA: Tecnica architettura urbanistica delle scale, Firenze 1948, Tav. XXVIII.
75 In den Evangelien Matthäus, Markus, Lukas und Johannes passim.
76 Nach Chr. L. FROMMEL: »Der römische Palastbau der Hochrenaissance«, Bd. 1, Tübingen 1973, S. 63 f.
77 ▷ E.-E. VIOLETT-le-DUC: »Dictionnaire«, 1834-1869, T. IV, p 124. Übersetzung: Zu Beginn des 16. Jahrhunderts verwendeten die Architekten sehr häufig das von Rippen gestützte Gewölbesystem mit Steinplatten, das ihnen erlaubte, die Wölbung mit Bildhauerarbeiten reich zu schmücken und Effekte zu erzielen, die bis dahin unbekannt waren...Diese Technik wurde oft angewandt, um beispielsweise Galerien oder Treppenläufe im gedrückten Bogen zu überwölben.
78 H. VOGTS: »Die Kunstdenkmäler der Stadt Köln«, Die Kunstdenkmäler der Rheinprovinz, Bd. 2, IV. Abt., Düsseldorf 1930, S. 290.
79 R. SCHMITZ-EHMKE, in: Georg Dehio, »Handbuch der Deutschen Kunstdenkmäler«, Nordrhein-Westfalen, Bd. 1: Rheinland, München 1967, S. 401.
80 ▷ F. MIELKE: »Steinerne Kanzeln«, 1984, S. 110-113.
81 Nach der Kartei im Centre d'Etudes Supérieures de la Renaissance in Tours.
82 Leider ist in der französischen Fachliteratur kein Erbauungsdatum zu finden.
83 Prag, Veitsdom, Wendeltreppe am südlichen Querschiff, P. Parler 1371 f.
84 Straßburg, Münster: 4 Wendeltreppen am Oktogon: U. v. Ensingen 1399-1419; Turmhelm mit 52 Wendeltreppen: J. Hültz 1419-1439.
85 Heilbronn, Kilianskirche, Wendeltreppe am Oktogon des Hauptturmes, H. Schweiner 1513-1529.
86 Denzlingen (Baden), Michaelskirche, Spiraltreppe im Turmhelm.
87 Die Konstruktion und die Profilierung der Spindel deuten darauf hin, daß die Wendeltreppe erst im 15. Jahrhundert nachträglich in den Anbau von 1324-1347 eingefügt worden ist.
88 Gemeint ist Goethes Hymne auf das Straßburger Münster »Von deutscher Baukunst«, 1773.

Literatur

AUGST, Emil:
»Das Deutsche Möbel«. Grundzüge seiner stilgeschichtlichen Entwicklung und zeitgemäßen Gestaltung,
Augsburg 1950

BENZON, Gorm:
»Gamle danske trapper«,
København 1987

BEZOLD, Gustav v.:
»Die Baukunst der Renaissance in Deutschland, Holland, Belgien und Dänemark«,
Handbuch der Architektur, Teil II, Bd.7, Leipzig 1908

BÖTTCHER, Carl:
»Altsächsische Wendeltreppen«,
Diss. TH Dresden 1909

CHASTEL, André / GUILLAUME, Jean:
»L'escalier dans l'architecture de la Renaissance«,
Paris 1985

DURM, Josef:
»Die Baukunst der Renaissance in Italien«,
Handbuch der Architektur, Teil II, Bd.5, 2.Aufl. Leipzig 1914

EHRHARDT, Günter u.a.:
»Fachwerkbauten in Mecklenburg-Vorpommern, Brandenburg, Sachsen-Anhalt, Thüringen, Sachsen«,
Berlin, München 1990

FALKE, Otto v.:
»Deutsche Möbel des Mittelalters und der Renaissance«
Stuttgart 1924

FROMMEL, Christoph Luitpold:
»Der römische Palastbau der Hochrenaissance«,
3 Bde. Tübingen 1973

FURTTENBACH, Joseph von:
»Architectura Universalis«,
Ulm 1635

GOTCH, J. Alfred:
»Early Renaissance Architecture in England«,
London 1901

HARTTMANN, Daniel:
»Bürgerliche Wohnungs-Baw=Kunst«,
Basel 1688

HAUPT, Albrecht:
»Baukunst der Renaissance in Frankreich und Deutschland«,
Handbuch der Kunstwissenschaft, Berlin-Neubabelsberg 1923, S.263 f.

HINZ, Sigrid:
»Innenraum und Möbel«. Von der Antike bis zur Gegenwart,
Berlin 1989

HAUTECŒUR, Louis:
»Histoire de l'Architecture classique en France«, Tome premier III, Paris 1967

KADATZ, Hans-Joachim:
»Deutsche Renaissancebaukunst«. Von der frühbürgerlichen Revolution bis zum Ausgang des Dreißigjährigen Krieges,
Berlin 1983

KETTING, Hermann:
»Prins Willem«. Ein Ostindienfahrer des 17. Jahrhunderts,
Bielefeld 1981

KONOVALOFF, Arpád:
»Ornament am Fachwerk«. Eine Untersuchung der Gestaltung von Bürgerhäusern in Hannoversch-Münden,
Münster 1985

KRAUTH, Theodor / MEYER, Franz Sales:
»Die Kunst- und Bauschlosserei in ihrem gewöhnlichen Umfange mit besonderer Berücksichtigung der kunstgewerblichen Form«,
Leipzig 1897

LUDWIG, Rudolf Martin:
»Die Treppe in der Baukunst der Renaissance«,
Diss. TH Dresden 1930, Kassel 1939

MAROSI, E.:
»Die zentrale Rolle der Bauhütte von Kaschau (Kassa, Košice)«
in »Acta historiae artium academiae scientiarum Hungaricae«, T. XIV, Budapest 1968,
S. 25-75

MESSINA, Mario:
»Tecnica architettura urbanistica delle scale«,
Firenze 1948

MIELKE, Friedrich:
»Die Treppe des Potsdamer Bürgerhauses im 18. Jahrhundert«,
Diss. TH Dresden 1957

MIELKE, Friedrich:
»Die Geschichte der deutschen Treppen«,
Berlin / München 1966

MIELKE, Friedrich:
»Österreichische Zwillingswendeltreppen«
in »architectura« 5.1 / 1975, S. 80-90

MIELKE, Friedrich:
Schloßtreppen um 1600 in Dänemark«
in »Burgen und Schlösser« II/1976, S.65-70

MIELKE, Friedrich:
»Lo suiluppo verso scale piu comode in fortezze e castelli tedeschi«
in »Studi castellani in onore di Piero Gazzola«,
Roma 1979, p. 121-136

MIELKE, Friedrich:
»Die Treppen im Werk Andrea Palladios«
in Atti del Convegno Internazionale su »Palladio e il Palladianesimo«,
Vicenza 1980, S. 187-186

MIELKE, Friedrich:
»Steinerne Kanzeln mit auskragend gewundener Treppe«
in »das münster« 4/1984, S.110-113

MIELKE; Friedrich:
»Das Haus Wittelsbach und die Treppenbaukunst in Bayern«
in »Burgen und Schlösser II/1984, S. 64-72;
in »SCALALOGIA«, Bd.I 1985, S.95-103

MIELKE, Friedrich:
»Peter Parlers Variation des monozentrischen Wendelprinzips und ihre Nachfolge in Mitteleuropa«
in »SCALALOGIA«, Bd.II 1986, S.79-90

MIELKE, Friedrich:
»Mensch und Treppe«. Oder die Akzeptanz der Maße,
in »De steenen droom«, Zutphen 1988, S. 270-274

MIELKE, Friedrich:
»Handbuch der Treppenkunde«,
Hannover 1993

MIELKE, Friedrich:
»Transzendente Treppen«. Treppen zwischen Erde und Himmel,
Ausstellungskatalog als Vademecum Scalalogicum, Eichstätt 1996

MÜHLMANN, Ottogerd:
»Die Nibelungenstiege«
in »Forschungen und Fortschritte« 30.Jg. H.11/1955;
in »das münster« 4/1977

MURRAY, Peter:
»Renaissance«,
Stuttgart 1989

N.N.:
»Untersuchungen über den Charakter der Gebäude; über die Verbindung der Baukunst mit den schönen Künsten und über die Wirkungen, welche durch dieselben hervorgebracht werden sollen«,
Leipzig 1788, Reprint Nördlingen 1986

PAULY, Georg:
»Das Altkieler Bürger- und Adelshaus«, Kiel 1924

PRINZ, Wolfram / KECKS, Ronald G.:
»Das französische Schloß der Renaissance«. Form und Bedeutung der Architektur, ihre geschichtlichen und gesellschaftlichen Grundlagen,
»Frankfurter Forschungen zur Kunst« Bd.12, Berlin 1985

QUINGER, Wolfgang:
»Die Wappen von Hamburg I«. Ein Konvoischiff des 17. Jahrhunderts,
Rostock 1983

RAUSCHER, Friedrich:
»Der Bau steinerner Wendeltreppen«, 2 Bde.,
Berlin 1889

SCHAUER, Hans-Hartmut:
»Die Fachwerkstadt Osterwieck«,
Arbeitsberichte des Landesamtes für Denkmalpflege Sachsen-Anhalt 1998

STEPHANY, Erich:
»Wunderwelt der Schreine«,
Frankfurt am Main 1959

STIEHL, Otto:
»Der Wohnbau des Mittelalters«,
Handbuch der Architektur Teil II, Bd.4, H.2, Leipzig 1908

TOLLET, C.:
»Les édifices hospitaliers depuis leur origine jusqu'à nos jours«,
2. Aufl. Paris 1892

VAYER, L. (Hrsg.):
»Acta Historiae Artium Academiae Scientarum Hungaricae« T.XIV,
Budapest 1968

VIOLLET-le-DUC, Eugène-Emmanuel:
»Dictionnaire raisonné de l'architecture français ...«, 10 Bde.,
Paris 1834-1869

VOGTS, Hans:
»Das Kölner Wohnhaus bis zur Mitte des 19. Jahrhunderts«,
2 Bde., Neuss 1966

»Welt im Umbruch«. Augsburg zwischen Renaissance und Barock,
Ausstellungskataloge, Augsburg 1980

WINTER, Heinrich:
»Das Hanseschiff im ausgehenden 15. Jahrhundert«,
Bielefeld 1978

Verzeichnis der Namen

ABEL, bibl. Gestalt 82
ALBERTI, Leone Battista 14, 15, 130
AMENOPHIS, ägyptischer König 33
AMMANATI, Bartolomeo 36, 37, 38, 39, 100
ANTONIO da Negroponte 106
ARNOLD von Westfalen 18, 20, 60, 110, 111, 120, 127, 131
ARTAXERXES I., pers. König 33
AUGST, Emil 91
AUGUSTUS, röm. Kaiser 70
BAUR, Max 29
BENZON, Gorm 76, 94, 98
BERWART, Blasius 10, 11, 108
BERWART, Martin 108, 110
BEZOLD, Gustav von 19, 20, 87, 117
BLONDEL, François 72, 73
BÖTTCHER, Carl 20, 41, 59, 60
BOULLÉE, Étienne Louis 69
BRAMANTE, (eigentl. Donato d'Angelo) 34, 35, 36, 43
BRUNELLESCHI, Filippo 52, 70, 130
CADES, J. 101
CATELAIN, J. 101
CAUS, Salomon de 15, 26, 35
CHASTEL, André 108, 113, 114
CORTONA, Domenico da 112
DARIUS I., der Große, altpers. König 33
DELAGARDE, J.-L. 25
DEUCHLER, Florens 88
DONATELLO (Donato di Niccolò di Betto Bardi) 101
DUNOIS, E. 122
DÜRER, Albrecht 26, 68, 69, 87
DURM, Josef 35, 36, 78
EICHHOLZ, Paul 95
ESELER jr., Nikolaus 41
ESELER von Alzey, Nikolaus 41
EZECHIEL, Prophet 69
FERDINAND II., Erzherzog 119
FILARETE (Antonio di Pietro Averlino) 68
FLECK, Walther-Gerd 80
FRANCESCO di Giorgio 68
FRANZ I. (François I.), König von Frankreich 22, 35, 75, 120
FRIEDRICH II., König von Preußen 40
FUGGER, Georg 10
FUGGER, Jakob 10
FURTTENBACH, Joseph von 68
GAILHABAUD 61
GERLACH, M. 85
GERLACH, Philipp 44
GEYMÜLLER, Heinrich von 30
GILLY, Friedrich 69
GONZAGA, Federigo, Fürst von Mantua 16
GOTCH, J. Alfred 54, 96
GOTHEIN, Marie-Luise 15
GOUJON, Jean 113

GRANTZ, Max 81
GRISEBACH, August 33
GROHMANN, Will 77
GROPIUS, Walter 69
GUBERNI, P. 112
GUILLAUME, Jean 108, 113, 114
HADRIAN, röm. Kaiser 42
HAGER, Luise 74
HAUPT, Albrecht 17, 119
HAUSSMANN, Georges Eugène 69
HAUTECŒUR, Louis 30, 31, 86
HEINRICH der Löwe 68
HEINRICH II. (HENRI II.), König von Frankreich 113
HEINRICH IV., König von Frankreich 86
HEPHAISTOS, griech. Gott 89
HINZ, Sigrid 95
HITLER, Adolf 69
HOLL, Elias 10, 12, 53, 88, 102
HOLOFERNES 101
HÜLTZ, Johannes 44, 76, 120, 131
INNOZENZ VIII., Papst 71
INSTITORIS, Heinrich 71
JANISCH, K. 49
JEAN I., Herzog von Berry 106, 107
JOFRE, Johann 92
JUDITH, bibl. Gestalt 101
KADATZ, Hans-Joachim 102
KAIN, bibl. Gestalt 82
KANDLER, Wilhelm 119
KARL der Große, röm. Kaiser 15, 16, 59, 62, 91
KARL V., röm.-deutscher Kaiser 16, 87
KARL WILHELM, Markgraf von Baden-Durlach 69
KAUFFMANN, Georg 37
KECKS, Ronald G. 121
KESTING, Edmund 77
KETTING, Hermann 93
KRAUTH, Theodor 89
KREBS, Konrad 10, 23, 58, 59, 125, 127
KRUBSACIUS, Friedrich August 76, 77
KRÜGER, H. 101
LE MUET, Pierre 74
LE VAU, Louis 74
LEDOUX, Claude-Nicolas 69
LEINS, C. F. von 108
LESCOT, Pierre 113
LONGUEVILLE, Herzogin von 42, 123
LUDWIG X., Herzog von Bayern 16
LUDWIG XII. (Louis XII.), frz. König 30
LUDWIG XIII. (Louis XIII.), frz. König 35
LUTSCH, Hans 89
MACHUCA, Pedro 16
MAGDALENA, Hl., Kirchenheilige 92
MAXIMILIAN I., röm.-deutscher Kaiser 26, 46
MERIAN, Mattheus 27
MEYER, Franz Sales 89

MICHELANGELO (BUONARROTI, Michelangelo) 35, 36, 37, 38, 39, 76, 87, 100
MIES VAN DER ROHE, Ludwig 14
MILOWITZ, E. 49
MONCONY, de 19
MORITZ von Sachsen, Kurfürst 19
MORSTADT, Vinzenz 15
MURRAY, Peter 36
NEU, H. 28
NEUMANN, Balthasar 44
NICOLAUS von Verdun 91
OSIRIS, ägypt. Gott 32
OTTHEINRICH, Pfalzgraf 17
OTTO I., röm. Kaiser u. deutscher König 90
PALLADIO, Andrea 73, 104, 130
PARLER, Peter 15, 26, 44, 76, 120, 129, 131
PAULUS, E. 26
PELLER, Martin 102, 103
PERUZZI, Baldassare 68
POL von Limburg 106, 107
PRINZ, Wolfram 24
PROKRUSTES, griech. Sagengestalt 71
QUINGER, Wolfgang 92
RAMIRO I., König von Asturien 33
RASCHDORFF, Julius C. 39, 100
RAUSCHER, Friedrich 11, 80
REIMERS, Jakobus 91
REINHART, Hans 110
RICHARDSON, C. J. 95
RIED, Benedikt 110
RIEDINGER, Georg 19, 68
RINGELINK, Heinrich (RINGERINK, Henrik) 98
ROCHEBRUNE 114
ROSKOPF, Wendel d. Ä. 41
ROSSI, Domenico Egidio 68
RUSKIN, John 100
RYFF, Walther Hermann (G. H. RIVIUS) 70

SANSOVINO, Jacopo (J. TATTI) 112
SCAMOZZI, Vincenzo 68, 73
SCHICKHARDT, Heinrich 15, 26, 68, 69
SCHINKEL, Carl Friedrich 69
SCHLAUN, J. C. 76
SCHMIEDLOVÁ, Martina 44
SCHULTZ, J. C. 99
SERLIO, Sebastiano 34, 35
SILOE, Diego de 36
SPECKLE, Daniel 68
SPRENGER, Jakob 71
STANNEK, Norbert 43
STEINDL 45
STIEHL, Otto 20, 30, 116
STÜBBEN, Josef 68, 69
STURM, Leonhard Christoph 69
TEUTSCH, V. 70
TILLY, Johann Tserclaes, Graf von 69
TRETSCH, Aberlin 108, 110
ULRICH von Ensingen 76
VAYER, L. 44
VIOLLET-le-DUC, Eugène-Emmanuel 80, 100, 113, 114, 126
VITRUV 70, 72
VOGTS, Hans 88, 118
VÖLCKERS, Otto 68
VULCANUS, altital. Gott 89
WAETZHOLDT, Wilhelm 26
WALLENSTEIN, Albrecht Wenzel von 69
WALTHER, Andreas 41
WEIGERT, H. 28
WILHELM der Eroberer 30
WINTER, Heinrich 92
WIRTH, Zdenek 15, 119
WOLDERING, Irmgard 32
WOLFF, Jakob d. Ä. 102, 103, 109
WOREL, R. 125
ZELLWEGEN, H. 49
ZWITZEL, Bernhard 16

Verzeichnis der Orte

AACHEN 15, 18, 44, 59, 62, 65, 74, 90, 91, 94
AINAY-le-VIEIL (F) 121
AIX-en-PROVENCE (F) 114
AIX-les-BAINS (F) 79, 110
ALCOBAÇA (P, Leira) 126
ALSFELD 57, 67, 74
ALTENBERG 20
ALTENBURG 124
AMBOISE (F, Loire) 42
AMBRAS (A, Tirol) 117, 118
AMORBACH 44
ANET (F) 35
ANGERS (F) 56, 64, 75, 116
ANNABERG 110
ANSBACH (Mittelfranken) 42, 79
ASCHAFFENBURG 19, 64, 68
ASPERG (Württemberg) 101
ASSIER (F) 54
ATHEN (GR) 106
AUGSBURG 53, 78, 88, 102, 128, 129, 130, 132
AUGUSTUSBURG (Sachsen) 53
AVIGNON (F) 67, 123
AYLSHAM (GB, Norfolk) 95
AZAY-le-RIDEAU (F) 54, 64, 75, 79, 114, 115, 121, 123
BAD MERGENTHEIM 58, 59, 64, 79, 108, 132
BADEN-BADEN 17, 57
BARCELONA (E) 14
BASEL (CH) 57, 88
BAYREUTH 42
BEAUFORT (LUX) 57
BEAUNE (F) 116
BELFAST (GB) 95
BERGEN (N) 126
BERKHEIM (Württemberg) 53
BERLIN 20, 42, 53, 70, 117, 118, 124, 127, 132
BERNKASTEL (Mosel) 66
BERTOLDSBURG 124
BESANÇON (F) 54
BEVERLEY (GB) 126
BEVERN 79, 108
BIETIGHEIM 32
BISCHOFSTEIN (Ostpreußen) 28
BLOIS (F) 20, 22, 58, 64, 75, 79, 120
BOLOGNA (I) 42, 43
BONN 15, 18
BONNIVET (F) 79
BORNITZ bei OSCHATZ 124
BORSTEL (Kr. Stade) 95
BOURGES (F) 64, 75, 120, 121
BRACKENHEIM (Württemberg) 79, 80
BRASILIA (BR) 69
BRAUNSCHWEIG 56
BREDA (NL) 16, 53
BREMEN 95, 99
BRESLAU (PL) 32
BRIEG 20
BRISSAC (F) 54
BRODENBACH (Mosel) 42
BÜCKEBURG 26
BURGOS (E) 36
BURY (F) 54
BUTZBACH 20
CADILLAC (F) 54
CAPRAROLA (I) 35
CHAMBORD (F) 20, 24, 25, 58, 59, 61, 64, 75
CHAREIL-CINTRAT (F, Allier) 112
CHÂTEAUBRIANT (F) 54
CHÂTEAUDUN (F) 24, 58, 62, 64, 75, 79, 80, 122, 123
CHATELLERAULT (F) 54
CHAUMONT-sur-LOIRE (F) 58, 64, 75
CHENONEAU (F) 54
CHESTER (GB) 126
CHEVERNY (F) 55
COBURG 79, 80
CORVEY (Weser) 44
COUCY (F) 116
COULONGES (F, Deux-Sèvres) 114
DANZIG (PL) 95, 99
DARMSTADT 124
DEIR-el-BAHARI (ET) 32
DENZLINGEN 126
DESSAU 20, 124
DETMOLD 79
DETTELBACH a. Main 32, 33
DIJON (F) 30, 31
DINKELSBÜHL 41
DIPPOLDISWALDE 125
DISSAY (F, Poitou) 64, 75
DORFOLD (GB, Norfolk) 95
DORNBURG bei JENA 124
DOVER (GB) 92
DRESDEN 19, 26, 67, 76, 77, 117, 118, 124
DUDERSTADT 29
EBERSBURG (Bayern) 53
ECKERNFÖRDE 95
ÉCOUEN (F) 54
EFERDING (A) 48, 51
ELLER (Mosel) 57, 67, 74
ELLWANGEN 26
ELTVILLE 62, 64
ERBACH 53
ESCATRÔN (E, Zaragoza) 126
ESSEN 15, 18
ESTEBRÜGGE (Kr. Stade) 95
FIESOLE (I) 53
FLAVIGNY (F, Côte-d´Or) 100
FLENSBURG 95, 98
FLÉVILLE (F) 54
FLORENZ (I) 36, 37, 38, 39, 52, 53, 70, 75, 100, 101, 130
FONTAINEBLEAU (F) 35
FRAMLEV (DK, Ostjütland) 94, 95

FRAUENSTEIN 124
FREIBERG (Sachsen) 125
FREIBURG i. B. 19, 57, 124
FREUDENSTADT 15, 26, 68, 69
FRICKENHAUSEN 79
GAILLON (F) 54
GERA 124
GLATT (Hohenzollern) 53
GÖPPINGEN 64, 108, 110
GÖRLITZ 29, 41, 79
GOSLAR 29, 96
GÖSSWEINSTEIN 44
GOUDA (NL) 32
GRANADA (E) 16
GRAZ (A) 29, 46, 48, 49, 67, 112
GRETTSTADT 29
GRÜNAU bei NEUBURG a.d. Donau 42
GUILDFORD (GB) 54
GÜSTROW 53
HALBERSTADT 96
HALL (A, Tirol) 89
HAMELN 26, 124
HANAU 32
HANNOVERSCH MÜNDEN 124
HEIDELBERG 15, 16, 17, 26, 27, 35, 124
HEILBRONN 79, 126
HEILIGENBERG 117, 118
HELMSTEDT 20
HENNERSDORF 89
HERFORD 126
HERKULANEUM (I, heute ERCOLANO) 38, 66
HERMANNSTADT (RO) 57
HILLERD (DK) 124
HINTERGLAUCHAU 67, 127
HIRSAU 57
HOFLÖSSNITZ bei RADEBEUL 20
HORNBURG (Kr. Wolfenbüttel) 57
HORST im Broiche 53
INGOLSTADT 95
INNSBRUCK (A) 20, 26, 53
JOSSELIN (F) 54
JOURS (F, Baigneux, Côte-d'Or) 112
JÜLICH 53
KALKAR 26
KARLSRUHE 69
KARLSTADT a. Main 32
KARNAK (ET) 33
KIEL 95
KIRCHBERG am WALDE (A) 48, 50
KLETZKE (Kr. Perleberg) 95
KLÜTZ (Mecklenburg) 95
KNOSSOS (GR) 62
KÖLN 88, 91, 94, 118
KÖNIGSBRÜCK 79
KONSTANZ 57, 118
KOPENHAGEN (DK) 98
KOŠICE (SK) 44, 45, 46, 48
KOSWIG (Anhalt) 20
KRAKAU (PL) 68
KRAUTHEIM (Württemberg) 20
KULMBACH 26, 57

LA ROCHEFOUCAULD (F) 24, 58, 64, 123
LA ROCHE-GENÇAY (F) 54
LANDSHUT 16, 17, 42, 53
LANGEAIS (F, Loire) 56, 64, 75
LARRAZET (F, Midi-Pyrénée) 79, 110
LAUENSTEIN (Oberfranken) 79
LAUTERBURG bei AALEN 42, 53
LAVARDIN (F) 110
LE PLESSIS-BOURRÉ (F) 56, 64, 75
LE PUY-du-FOU (F, Vendée) 112
LEIDEN (NL) 32
LEIPZIG 124
LEITZKAU (Altmark) 124
LES GRANGES-CATHUS (F) 108
LIMBURG a. d. Lahn. 126
LINDOS (GR) 62
LINZ a. Rhein 28
LONDON (GB) 95, 96, 97
LÜBECK 29, 68, 95, 116
LÜDINGHAUSEN (Westfalen) 67, 74
LÜNEBURG 95, 101
LUZERN (CH) 53, 57, 59
LYON (F) 35, 58
MAGDEBURG 95
MAINZ 74, 126
MANNHEIM 68
MANSFELD bei HALLE 64
MANTUA (I) 16
MARBURG a. d. Lahn 20, 124
MARIENBURG (PL) 116
MARSEILLE (F) 114
MAULBRONN 57
MEAUX (F) 30
MEILLANT (F) 64, 75, 121
MEISSEN 18, 20, 26, 60, 64, 65, 67, 74, 78, 79, 110, 111, 120, 124, 127, 131
MERSEBURG 108, 124
MIDDELBURG (NL) 93
MOLSHEIM (F) 32
MONPAZIER (F) 17
MONTAL (F) 54, 110
MONTREUIL-BELLAY (F) 42, 56, 64, 75
MONTSOREAU (F) 58, 64, 75
MÜLHAUSEN (F) 32
MÜNCHEN 53
MÜNDEN 53
MÜNSTER 76
MÜNSTERMAIFELD 67
MYKENE (GR) 90
NANTOUILLET (F) 54
NARANCO (E) 19, 33
NAUMBURG 74, 126
NEHLEN (Kr. Soest) 20
NELAHOZEVES (ÈR) 42
NEUBRANDENBURG 68
NEUBURG/Donau 64
NEUENBURG 57
NEUENSTEIN 59, 64, 79
NEUHAUS 79
NICE (F) 54
NÖRDLINGEN 29, 57, 79, 110

NÜRNBERG 57, 67, 81, 82, 83, 84, 85, 86, 87, 88, 102, 103, 104, 108, 109, 116, 125, 132
NÜRTINGEN 80
OCHSENFURT (Unterfranken) 29, 79
OFFENBACH a. M. 18, 26
ÖHRINGEN 20
OIRON (F) 24, 64, 75, 79, 117, 123
OLMÜTZ (ÈR) 32
OLYMPIA (GR) 106
OSCHATZ 29, 124
OSNABRÜCK 32
OSTENFELD 95
OSTERWIECK 96
OURSCAMP (F) 116
OVERGAARD (DK, Ostjüdland) 76
OVIEDO (E) 19
PADUA (I) 116
PAILLY (F) 54
PALMANUOVA (I, Prov. Udine) 68
PAPPENHEIM (Mittelfranken) 125
PARIS (F) 30, 54, 58, 86, 112, 113, 116
PAU (F) 54
PEGAU 124
PERSEPOLIS (IR) 33
PETERSHAGEN bei MINDEN 67, 79
PFUNGSTADT 20
PIENZA (I) 53
PILLNITZ bei DRESDEN 124
POMMERSFELDEN 40
POMPEJI (I) 33
POMSSEN 127
PONCÉ (F) 54
POOLE (GB) 93
PÖSSNECK (Thüringen) 32
POTSDAM 40, 44, 70
PRAG (ČR) 15, 16, 26, 42, 43, 44, 46, 53, 110, 116, 117, 119, 120, 126, 129
RABAT (M) 64
RASTATT 68
REIMS (F) 116
RESAFA (SYR) 33
RHEYDT 53
RIEZ (F) 110
RISSBACH (TRABEN-TRARBACH) 57
ROCHSBURG (Sachsen) 108, 127
ROM (I) 34, 35, 36, 37, 53, 69, 73, 90
ROSTOCK 95
ROTHENBURG o.d.T. 20, 57, 59, 64, 67, 79, 124
s´ HERTOGENBOSCH (NL) 95
s´-GRAVENHAGE (NL) 116
SAFFRON WALDEN (GB, Essex) 95, 97
SAINT-GERMAIN (F) 54
SAINT-LÉGER en YVELINES (F) 54
SAUMUR (F) 56, 58, 64, 75
SCHLESWIG 95, 98
SCHMALKALDEN 117, 118, 124
SCHWEIDNITZ (PL, Schlesien) 79
SCHWERIN 20
SERRANT (F) 54, 64, 75, 112

SIENA (I) 67, 78
SIERSDORF (Kr. Jülich) 53
SIGMARINGEN 57
SOEST 95
SPYKER (Rügen) 20
STAMFORD (GB, Lincolnshire) 113
STETTIN 53
STRASSBURG (F) 32, 44, 57, 70, 76, 108, 120, 126
STREHLA (Elbe) 124
STUTTGART 26, 42, 44, 57, 64, 67, 74, 129
TARASCON (F) 67
THURNAU (Oberfranken) 57, 64, 67, 74
TONDERN (DK) 95
TONNERRE (F) 116
TORGAU 20, 23, 58, 59, 64, 78, 79, 105, 117, 118, 120, 125, 127, 132
TRABEN-TRARBACH 57, 74
TRIENT (I) 126
TRIER 38, 57, 67, 73, 74
TROYES (F) 101
TÜBINGEN 57, 117, 118
TWIELENFLETH (Kr. Stade) 95
ÜBERLINGEN 57, 79
UETERSEN 95
ULM 19
URBINO (I) 53
VALETTA (M) 64
VELLBERG 20
VENEDIG (I) 53, 100, 106, 107, 112, 116
VENLO (NL) 32
VERNEUIL (F) 54
VERONA (I) 53, 78
VERSAILLES (F) 69
VICENZA (I) 116
VILLEGONGIS (F) 54
VISO DEL MARQUÉS (E) 113
VOLKACH a. Main 32
VOLONNE (F) 112
WALDBURG (Württemberg) 20
WASUNGEN (Thüringen) 20
WEIKERSHEIM (Württemberg) 42, 64, 67, 74, 117
WEISSENBURG i. B. 57, 64, 65, 79
WELLS (GB) 126
WERNIGERODE 96
WERNSTEIN 56, 57, 67, 74
WIDEVILLE (F) 54
WIEN (A) 16, 79, 124
WIMPFEN 91
WINNINGEN (Kr. Koblenz) 79
WISMAR 53
WITTENBERG 79, 127
WOLFEGG (Württemberg) 42, 117
WÜLZBURG bei WEISSENBURG 42
WÜRZBURG 59, 64
ZEHREN bei MEISSEN 124
ZEIL (Württemberg) 53
ZELL (Mosel) 57, 67, 74
ZWICKAU 78, 79

SCHRIFTEN ZUR INTERNATIONALEN TREPPENFORSCHUNG

SCALALOGIA
BAND I
Collectaneen 1
Treppen als Königinnen der Architektur • Die Treppen im Werk Andrea Palladios • Treppen im Herculaneum • Schloßtreppen um 1600 in Dänemark • Reflektionen über norwegische Treppen • Treppen islamischer Bauart und die alte Wendeltreppe in der Kirche zu Meldorf • Das Haus Wittelsbach und die Treppenbaukunst in Bayern • Die Doppelwendeltreppe der Feste Lichtenau (Mittelfranken) • Die Doppelwendeltreppe in der Regensburger Neupfarrkirche • Steinerne Kanzeln mit auskragend gewundener Treppe • Der übliche Weg der Benutzer einer Treppe • Handläufe
141 Seiten mit 158 Zeichnungen und 38 Fotografien, *vergriffen*

SCALALOGIA
BAND II
Collectaneen 2
Schinkel und die Treppenbaukunst seiner Zeit • Die Wendeltreppe der Kirche in Fredelsloh • Steinerne Treppen des 13. bis 16. Jahrhunderts in der Tschechoslowakei • Peter Parlers Variation des monozentrischen Wendelprinzips und ihre Nachfolge in Mitteleuropa • Treppen in Amsterdam • Beiträge zur Lehre vom Gehen • Die Gesellschaft für Treppenforschung (Scalalogie) e. V. im Berichtsjahr 1985/86
131 Seiten mit 117 Zeichnungen und 37 Fotografien, Ladenpreis DM 45,-
ISBN 3-7721-0088-0

SCALALOGIA
BAND III
Treppen in Eichstätt
Sakralbauten • Residenzen • Domherrenhöfe • Bürgerbauten • Grundrisse • Stufen • Geländer • Verzeichnisse
307 Seiten mit 230 Zeichnungen und 33 Fotografien, Ladenpreis DM 60,-

SCALALOGIA
BAND IV
Treppen in Breslau
Universität • Paläste • Öffentliche Gebäude • Wohnhäuser
Ausstellungskatalog
60 Seiten mit 30 großformatigen Fotografien, Ladenpreis DM 25,-

SCALALOGIA
BAND V
Treppen in Wien
Stiegen und Aufzüge in 18 Bezirken
Kirchen • Botschaften • Amts- und Bürogebäude • Schlösser • Palais • Villen • Theater • Sportstätten • Erholungsstätten • Geldinstitute • Bauten der Wissenschaft • Zinspalais und Wohnhäuser • Schulen • Glossar • Personenverzeichnis
251 Seiten mit 105 ganzseitigen Fotografien, 100 kleineren Bildern und mit 92 Zeichnungen, Ladenpreis DM 60,-

SCALALOGIA
BAND VI
Collectaneen 3
Treppen im Werk Leonardo da Vincis • Der Granusturm in Aachen • Die Styrakia • Treppen in Wehrbauten • Treppen in der Kaiserpfalz Gelnhausen • Die Wendeltreppe von Michelstadt • Die Zwillingswendeltreppe im Augustiner-Chorherrenstift Vorau • Mensch und Treppe • Das normengerechte Steigen und die öffentlichen Verkehrsmittel • Laurin-Treppe • Pyramid of the sea • Aufstiege und Niedergänge • Das Podium im Olympiastadion zu Seoul • Reitertreppen • Treppen auf Malta • Gartentreppen • Die Erzählungen aus den tausendundein Nächten und die Treppen in Vorderasien • Bücherschau
173 Seiten mit 162 Zeichnungen und 35 Fotografien
ISBN 3-929332-30-2, Ladenpreis DM 60,-

SCALALOGIA
BAND VII
Treppen in Ingolstadt
Das Münster und 4 Kirchen • Klöster • Schloß • Wehrbauten • Rathaus • Amtsgericht • Museum • 43 Bürgerhäuser • Steigungen und Steigungsverhältnisse • Geländer • Geländer-Anfänger • Handläufe • Methodik der Bestandsaufnahme von Treppen • Erfassungsbögen • Literaturverzeichnis • Glossar
204 Seiten mit 60 ganzseitigen Fotografien, 43 kl. Bildern und 282 Zeichnungen
ISBN 3-929332-31-0, Ladenpreis DM 68,-

SCALALOGIA
BAND VIII
Treppen in Potsdam
Kirchen • Stadtschloß • Schloß Sanssouci • Gartentreppen • Bildergalerie • Sinesischer Pavillon • Neues Palais • Communs • Belvedere auf dem Klausberg • Louisenturm • Teepavillon auf dem Pfingstberg • Belvedere auf dem Pfingstberg • Schloß Belriguardo • Friedrich-Denkmal • Winzerhaus • Müllerhaus • Jubiläumsterrasse • Kronprinzenpalais • Pfaueninsel-Schloß • Marmorpalais • Schloß Paretz • Charlottenhof • Schloß Babelsberg • 2 Schlösser und Parkbauten in Klein-Glienicke • Villa Liegnitz • Lindstedt • Militärbauten • Rathaus • Ständehäuser • Zivilkasino • Regierungsgebäude • Rechnungshof • Handels- und Gewerbeschule
ISBN 3-929332-33-7, Ladenpreis DM 68,-

SCALALOGIA
BAND IX
Treppen der Gotik und Renaissance
Einleitung • Position der Treppen im Gebäudegrundriß • Außentreppen und Freitreppen • Reittreppen und Reitrampen • Zwillingswendeltreppen • Geradarmige Treppen • Vermeidung gefährlich schmaler Auftrittflächen • Laufbreiten • Stufen • Handläufe • Treppengeländer • Dekorationen • Räume • Treppentürme • Verbesserung der Belichtung • Resumee • Literatur • Verzeichnis der Namen • Verzeichnis der Orte
ISBN 3-931991-22-9, Ladenpreis DM 68,-

In Vorbereitung

SCALALOGIA X
Treppen in der Kunst

SCALALOGIA XI
Collectaneen 4 • Gesammelte Aufsätze zur Treppenforschung
Scalalogie zwischen Himmel und Erde • Mensch und Treppe, oder die Akzeptanz der Maße • Ghorfas • 7 Trappen • Denkmalpflege und Treppenforschung • Das Himmelloch und die Sonnenleiter • Das Auge der Treppe • Mergentheim • Der Turm des Alten Schlosses in Bayreuth • Drehbare Wendeltreppen • Schachteltreppen • Goethe und die Treppen • Die Goldene Treppe • Gabriel de Gabrieli und das Steigende Besteck • Wandmalerei in Sulzburg • Die Treppen der Deckenmalerei im Kloster Chotěšov • Wecken

SCALALOGIA XII – **Handläufe und Geländer in Holz, Stein und Metall**
Mauern und Tafeln • Stäbe und Stabwerk • Baluster • Balusterbretter • Docken • Traljen • Ornamentgeländer

SCALALOGIA XIII – **Steinerne Wendeltreppen in türkischen Minaretten**

SCALALOGIA XIV – **Die Treppe des Potsdamer Bürgerhauses im 18. Jahrhundert**